그리스도를 본받아

The Imitation of Christ by Thomas á Kempis
Korean Translation copyright ⓒ by Poiema, an imprint of Gimm-Young Publishers, Inc., Seoul, Republic of Korea.

그리스도를 본받아

토마스 아 켐피스 지음 | 홍병룡 옮김

1판 1쇄 발행 2012. 8. 7. | **1판 10쇄 발행** 2023. 1. 6. | **발행처** 포이에마 | **발행인** 고세규 | **등록번호** 제300-2006-190호 | **등록일자** 2006. 10. 16. | 서울특별시 종로구 북촌로 63-3 우편번호 03052 마케팅부 02)3668-3260, 편집부 02)730-8487, 팩스 02)745-4827

값은 뒤표지에 있습니다. ISBN 978-89-97760-08-4 03230 | 독자의견 전화 02)730-8648 이메일 masterpiece@poiema.co.kr | 좋은 독자가 좋은 책을 만듭니다. | 포이에마는 독자 여러분의 의견에 항상 귀를 기울이고 있습니다.

* http://www.ccel.org/ccel/kempis/imitation.toc.html에 게시된 영문판을 토대로 번역하였으며, *The Imitation of Christ*(Moody, 1980)를 참고하였습니다.

* 본문 사진 ⓒ 김대진, 김승범, 노지혜, ㈜영화사 진진 〈위대한 침묵〉, 게티이미지코리아

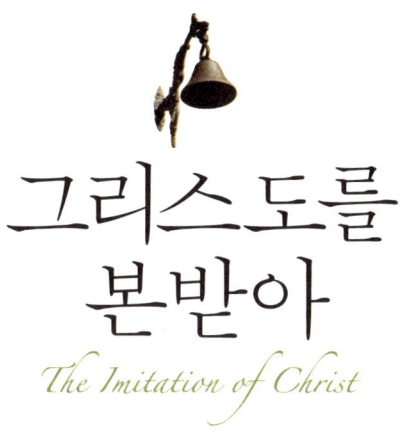

그리스도를 본받아
The Imitation of Christ

토마스 아 켐피스 • 홍병룡 옮김

포이에마

단 한 마음을 가진 사람
그 사람은 큰 평화를 누릴 것입니다.

추천의 글

내밀한 영적 사귐의 안내자

기독교 2천 년 역사를 통해 가장 사랑받는 고전으로 꼽히는《그리스도를 본받아》는 '성경 다음으로 많이 읽힌 책'이라고도 하고, '성경 다음으로 많은 언어로 번역된 책'이라고도 한다. 그만큼 기독교인들의 많은 사랑을 받고 있는 책이라는 뜻이다.

나는 청년 시절, 신학공부를 하기 전에 이 책을 만났다. 어릴 때부터 책 제목을 들어왔고 그 위대함에 대해 들어왔던 터라 큰 기대를 하고 책을 접했다. 지금 기억으로는 완역판이 아니라 발췌하여 번역한 것이었다. 당시의 번역서들이 대개 그랬지만, 그 책의 번역도 역시 가독성이 매우 낮았다. 부실한 번역으로 인해 책에 몰입하기도 어려웠고, 당시 나의 영성으로는 그 맛을 알 수도 없었다. 결국 나는 중간에 읽기를 포기했다. 그러면서 속으로

'대단치도 않구먼!'이라고 나름대로 결론을 지었다.

  이 책의 진가를 제대로 경험한 것은 30대 중반에 영적 실험을 할 때였다. 당시 나는 어릴 때부터 교회에서 배워온 영적 생활에 대해 깊은 절망감을 느끼고 처음부터 다시 훈련을 시작했다. 기도에 대해 다시 배우기 시작했고, 여러 가지 기도를 실험했으며, 기도에 관한 고전들을 읽기 시작했다. 그때 《그리스도를 본받아》를 다시 읽게 되었고, 그 깊은 맛과 심오한 세계에 눈을 떴다. 이 책은 파스칼의 《팡세》와 아우구스티누스의 《고백록》과 함께 나의 영적 세계를 활짝 열어준 은인 중 하나다.

  당시 나는 신학 대학에서 학생들을 가르치고 있었는데, 우연히 어느 출판사에서 출간한 《그리스도를 본받아》 축역판을 만났다. 번역도 좋았고, 가려 뽑은 내용도 좋았으며, 디자인도 예뻤다. 청년 시절 나의 실패를 생각하며, 나는 그 책을 여러 권 주문하여 학교 연구실에 두고 상담하러 오는 학생들에게 선물로 주곤 하였다. 어린 신학생들에게 완역판이 부담이 될 것 같았기에 축역판으로 대신했다. 그 축역판을 읽고 맛을 느낀 학생들은 완역판을 찾게 될 것이라는 계산이 내 마음속에 있었다.

포이에마에서 유려한 번역과 섬세한 작품해설, 묵상을 돕는 사진 등을 구성하여 완역판을 발행하는 것을 나는 큰 기쁨으로 여긴다. 청년 시절에 이러한 번역본이 있었다면, 나의 영적 방황은 훨씬 짧지 않았을까 싶다. 이제는 영적 생명수를 찾는 이들에게 마음 놓고 이 완역본을 추천할 수 있게 되었다. 나도 아침 경건 시간에 이 책을 반복해 읽으며 깊은 영적 경지로 나가도록 힘쓸 것이다.

이 책의 저자인 토마스 아 켐피스는 1380년에 독일 뒤셀도르프 근처에 있는 켐펜에서 태어났다. 그는 네덜란드의 데벤터르에 있는 학교에 진학했는데, 이 학교는 '공동생활형제단'The Brethren of the Common Life이 세워 운영했다. 14세기에 네덜란드에서 형성된 이 공동체는 평신도 운동으로서, 그 이름에서 보듯 보통 사람들처럼 평범한 생활을 하면서 기도와 노동 그리고 검소한 삶을 통해 하나님과 하나가 되고 그분을 위해 사는 것을 목적으로 삼았다. 토마스는 그곳에서 '켐펜 출신의 토마스'Thomas á Kempis라고 불리기 시작했고, 그것이 그의 이름이 되었다.

학교를 졸업한 다음, 토마스는 학교에서 배운 식의 삶의 방법을 지속하기 위해 아우구스티누스회 수도원에 들어간다. 그곳에서 그는 사제가 되었지만, 홀로 기도하고 노동하며 글을 쓰는 것을 좋아했다. 그는 특히 성경 필사에 공을 들였다고 전해진다. 출판 기술이 발명되기 전이었던 당시만 해도 성경을 필사하는 것 자체가 영적 훈련으로 여겨졌다. 그는 자신이 속한 단체의 지도자들의 전기도 썼으며, 그 외에도 여러 작품을 썼다. 그중 가장 중요한 작품이 1420년에서 1427년 사이에 쓴 것으로 추정되는 《그리스도를 본받아》라고 할 수 있다. 이 책은 원래 라틴어로 쓰였는데, 지금까지 세계 50여 개 이상의 언어로 번역되어 읽히고 있다.

《그리스도를 본받아》는 토마스의 내밀한 영적 고백의 기록이며 '하나님과의 대화' 기록이다. 이 책에는 또한 하나님과의 사귐을 추구하려는 사람들에게 주는 여러 가지 권고도 담겨 있다. 토마스의 글은 전체적으로 내면 영성에 기울어져 있다고 평할 수 있다. 그렇기 때문에 피상성과 분주함과 산만함으로 특징지어지는 우리 시대에 그의 글은 더욱 절실하다 할 수 있다. 다만, 하나님께서 우리에게 기대하시는 것은 내면의 성으로 파고 들어가 그곳에서 웅크리고 머물러 있는 것이 아니라, 내면의 성에서 하나님과 사귐을 나누고 그 사귐의 힘으로 세상에 나가 하나님 나라를 위해 살라는 것임을 기억해야 할 것이다.

나의 경험에 빗대어 독자들에게 한 가지 추천할 것이 있다. 이 책은 성격상 한 자리에서 완독할 책이 아니다. 그렇게 하기도 어렵고, 그렇게 할 경우 별 유익을 얻지도 못한다. 이 책에 실린 글들은 토마스의 깊은 묵상에서 나온 것이기 때문에 '묵상적 읽기'가 아니면 그 깊이를 헤아리기 어렵다. 따라서 많지 않은 분량을 정하여 매일 조금씩 읽고 묵상하는 식으로 이 책을 읽도록 권하고 싶다. 나는 《팡세》와 《고백록》 그리고 이 책을 그렇게 읽었다. 그랬기에 완독할 수 있었고, 글의 깊이를 조금이나마 알 수 있었으며, 영적 독서의 유익을 경험할 수 있었다.

자, 이제 책을 펼쳐라. 독서를 시작하기 전에 잠시 눈을 감고 기도하라. 이 책을 쓸 때 토마스에게 임했던 성령께서 당신에게도 임하시기를 기도하라. 토마스의 마음을 느낄 수 있도록 당신의 마음을 잠잠케 하고 조율시켜라.

그런 다음 감당할 수 있을 만큼만 읽어라. 읽고 나서 눈 감고 그 내용을 음미하라. 필요하다면 다시 읽어라. 눈길을 사로잡는 단어 혹은 문장에 머물라. 그렇게 충분히 묵상한 다음, 당신의 마음에 있는 것을 기도로 하나님께 올려라. 필요하다면 기도 일기에 당신의 생각을 적어라.

더 읽고 싶어도 오늘은 그것으로 만족하라. 내일의 은혜를 기대하며 감사함으로 책을 덮고, 그 사귐의 능력으로 일어서서 세상으로 나가라. 세상이 다르게 보일 것이다.

2012년 7월 버지니아에서
김영봉(와싱톤한인교회 담임목사)

차례

추천의 글 | 5

제1장
영적 생활에 유익한 권면 | 17

1. 그리스도를 본받고 세상의 모든 허영을 멸시하라 | 2. 자신에 대해 겸손하게 생각하라 | 3. 진리의 가르침 | 4. 지혜롭게 생각하고 신중하게 행동하라 | 5. 성경을 읽는 법 | 6. 지나친 갈망을 다스리라 | 7. 헛된 희망과 자만심을 버려라 | 8. 지나치게 친밀해지지 않도록 조심하라 | 9. 순종과 복종에 관하여 | 10. 지나친 말을 삼가라 | 11. 평화를 얻고 은혜 안에서 성장하라 | 12. 역경이 주는 유익 | 13. 유혹에 대처하는 법 | 14. 경솔한 판단을 삼가라 | 15. 사랑으로 일하라 | 16. 다른 사람의 결점을 참아주라 | 17. 순례자의 인생 | 18. 거룩한 조상들의 모범 | 19. 신앙인의 영적 훈련 | 20. 고독과 침묵을 사랑하라 | 21. 마음의 가책에 관하여 | 22. 인류의 불행에 관하여 | 23. 죽음에 대한 묵상 | 24. 죄인의 심판과 형벌 | 25. 삶을 개선하려고 힘쓰라

제 2 장
내면 생활에 유익한 권면 | 97

1. 내면을 가꾸는 삶 | 2. 겸손한 순종에 관하여 | 3. 평화를 사랑하는 사람 | 4. 순수한 마음과 단순한 의도 | 5. 자신을 성찰하라 | 6. 선한 양심이 주는 기쁨 | 7. 무엇보다도 예수님을 사랑하라 | 8. 예수님과 나누는 친밀한 대화 | 9. 위로에 관하여 | 10. 하나님의 은혜에 감사하라 | 11. 예수님의 십자가를 사랑하는 사람 | 12. 거룩한 십자가의 길

제 3 장
내적인 위로에 관하여 | 147

1. 신실한 영혼에게 말씀하시는 그리스도 | 2. 소리 없이 말씀하시는 진리 | 3. 하나님의 말씀을 듣는 법 | 4. 진리 안에서 겸손하게 사는 법 | 5. 하나님의 사랑이 낳은 놀라운 열매 | 6. 그리스도를 진실로 사랑하는 자 | 7. 겸손의 보호막 아래 은혜를 감추어라 | 8. 하나님의 눈에 비친 인간의 자만심 | 9. 모든 것의 궁극적 목표가 되시는 하나님 | 10. 세상을 멸시하고 하나님을 섬기는 삶 | 11. 마음의 욕망을 살피고 절제하라 | 12. 인내심을 키우고 정욕에 대항하여 싸우라 | 13. 그리스도를 본받아 겸손하게 순종하라 | 14. 자기를 자랑하지 말라 | 15. 우리의 소원과 우리의 언행 | 16. 하나님 안에서 참된 위로를 찾아라 | 17. 모든 염려를 하나님께 맡겨라 | 18. 그리스도를 본받아 잠깐의 불행을 참고 견디라 | 19. 모욕을 참고 진정한 인내심을 발휘하라 | 20. 죄의 고백과 인생의 불행 | 21. 그 무엇보다도 하나님 안에서 안식하라 | 22. 하나님

이 주신 많은 은혜를 기억하라 | 23. 내면의 평화에 이르는 네 가지 길 | 24. 다른 사람의 삶에 간섭하지 말라 | 25. 마음의 평화와 진정한 영적 성장을 위하여 | 26. 독서보다는 겸손한 기도로 얻는 자유로운 정신 | 27. 가장 큰 걸림돌인 자기 사랑을 피하라 | 28. 비방하는 소리에 대처하는 법 | 29. 환난을 당할 때 하나님을 부르고 그분을 송축하라 | 30. 하나님의 도움을 구하고 은혜의 회복을 확신하라 | 31. 모든 피조물을 버리고 창조주를 찾아라 | 32. 자기 부정과 악한 욕망의 포기 | 33. 변덕스러운 마음과 하나님을 향한 마음 | 34. 하나님은 만유 위에, 만유 안에 계시고 나의 전부가 되신다 | 35. 유혹이 없는 안전지대는 없다 | 36. 사람의 헛된 판단에 대하여 | 37. 마음의 자유를 얻기 위해 자신을 버려라 | 38. 모든 일을 지혜롭게 처리하고 위험할 때 하나님을 의지하라 | 39. 일을 성급하게 처리하지 말라 | 40. 사람은 선한 것도 없고 자랑할 것도 없다 | 41. 세상의 명예를 멸시하라 | 42. 우리의 평화는 사람에게 달려 있지 않다 | 43. 세속적인 헛된 지식에 대하여 | 44. 문제를 자초하지 말라 | 45. 모든 사람을 믿지 말고 그들의 말에 현혹되지 말라 | 46. 말 때문에 상처받을 때 하나님을 신뢰하라 | 47. 영생을 위해 모든 괴로움을 참아라 | 48. 영원한 날과 곤핍한 인생 | 49. 영생을 사모하고, 선한 싸움으로 큰 상급을 받으라 | 50. 버림 받은 사람이 하나님께 자신을 바치는 법 | 51. 근사한 일을 하기가 버거울 때는 비천한 일을 하라 | 52. 위로보다는 징계받아 마땅하다고 생각하라 | 53. 하나님의 은혜는 세상적인 것과 섞일 수 없다 | 54. 본성에 대항하는 은혜 | 55. 본성의 타락과 하나님의 은혜 | 56. 자신을 부인하고 십자가를 지신 그리스도를 본받으라 | 57. 넘어졌다고 지나치게 낙심하지 말라 | 58. 하나님의 은밀한 심판을 캐묻지 말라 | 59. 모든 소망과 신뢰를 오직 하나님께만 두라

제4장
성찬에 관한 권면 | 329

1. 어떤 경외심을 품고 그리스도를 받아야 할까? | 2. 하나님의 선하심과 사랑이 나타나는 성찬 | 3. 성찬식에 자주 참여하는 것이 유익하다 | 4. 경건하게 성찬에 임하는 사람에게 주어지는 은혜 | 5. 성찬의 존엄성과 성직자의 역할 | 6. 성찬 이전의 영적 준비과정 | 7. 자신의 양심을 살피고 삶의 변화를 추구하라 | 8. 그리스도의 희생과 자신을 포기하는 일 | 9. 자신을 하나님께 바치고 모두를 위해 기도하자 | 10. 성찬을 가벼이 여기지 말라 | 11. 신자에게 꼭 필요한 두 가지, 그리스도의 몸과 성경 | 12. 성찬에 임하는 사람이 갖춰야 할 준비 | 13. 온 마음으로 그리스도와의 합일을 추구하라 | 14. 그리스도의 몸을 받고 싶은 뜨거운 열망을 품으라 | 15. 헌신의 은혜는 겸손과 자기 부정으로 얻는 것 | 16. 필요를 그리스도께 알리고 그분의 은혜를 구하라 | 17. 사랑과 열정으로 그리스도를 받으라 | 18. 호기심으로 성찬을 탐색하지 말고 믿음으로 그리스도를 본받으라

작품해설 | 390
성찰과 토론을 위한 질문 | 402

제 1 장

영적 생활에 유익한 권면

THE
IMITATION
OF
CHRIST

1
그리스도를 본받고 세상의 모든 허영을 멸시하라

"나를 따르는 자는 어둠에 다니지"(요 8:12) 않는다고 주께서 말씀하셨습니다. 우리가 참으로 깨달음을 얻고 분별없는 마음에서 해방되려면, 그리스도의 말씀을 통해 그분의 삶과 태도를 본받아야 할 것입니다. 그러므로 우리는 무엇보다도 예수 그리스도의 삶을 묵상하는 일부터 시작해야 합니다.

🌿

그리스도의 가르침은 모든 성인聖人들의 가르침보다 뛰어납니다. 그리스도의 영을 가진 사람은 그분의 가르침 속에서 숨겨진 만나를 찾게 될 것입니다. 그럼에도 불구하고 그리스도의 복음을 듣는 사람들 가운데 그 영향을 별로 받지 않는 사람들이 많이 있습니다. 이는 그들에게 그리스도의 영이 없기 때문입니다. 그리스도의 말씀을 온전히 그리고 진심으로 깨닫고자 하는 사람은 그리스도의 삶을 본받으려고 열심히 노력해야 합니다.

🌿

겸손하지 않아서 하나님의 마음을 슬프게 한다면, 삼위일체에 관해 심오한 논쟁을 한들 그것이 무슨 소용이 있겠습니까? 고상한 말이 사람을 거룩하고 의롭게 만드는 것이 아닙니다. 덕스러운 삶이야말로 그를 하나님의 소중한 사람으로 만들어줍니다.

그래서 나는 삼위일체의 정의定義를 알려고 하기보다 차라리 양심의 가책을 느끼고 싶습니다.

설사 성경을 전부 암송하고 모든 철학자의 명언을 다 안다고 해도, 하나님을 사랑하지 않고(고전 13:2) 하나님의 은혜가 없다면, 무슨 유익이 있겠습니까? 하나님을 사랑하고 오직 그분만 섬기는 일을 제외하고는 헛되고 헛되니 모든 것이 헛될 뿐입니다(전 1:2). 이 세상을 멸시하고 천국을 향해 나아가는 것이 최고의 지혜입니다.

🌿

그러므로 덧없는 재물을 추구하고 그것을 신뢰하는 것은 헛된 일입니다. 명예를 찾아 헤매고 높은 지위에 올라가려는 것도 헛된 일입니다.

육신의 정욕을 좇는 일, 훗날 가혹한 벌을 받게 될 것이 분명한 일을 위해 노력하는 것도 헛된 일입니다. 장수하기를 바라거나 부유하게 사는 것에 신경 쓰는 것도 헛된 일입니다. 현세에만 마음을 두고 장래의 것을 내다보지 못하는 것도 헛된 일입니다. 순식간에 지나가는 것에 사랑을 두고 영원한 기쁨이 있는 곳으로 걸음을 재촉하지 않는 것도 헛된 일입니다.

🌿

"눈은 보아도 족함이 없고, 귀는 들어도 가득 차지 아니하도다" (전 1:8). 이 지혜의 말씀을 자주 생각하십시오. 그러므로 눈에 보이는 걸 사랑하기를 멈추고, 그대의 마음이 눈에 보이지 않는 것을 향하도록 열심히 노력하십시오. 자신의 정욕을 좇는 자들은 자기 양심을 더럽히고 하나님의 은총을 잃어버리기 때문입니다.

2
자신에 대해
겸손하게 생각하라

🌿

모든 사람에겐 천성적으로 알고자 하는 욕망이 있습니다(전 1:13). 그러나 하나님을 경외하지 않으면 지식이 무슨 소용 있겠습니까?

하나님을 섬기는 겸손한 농부가 천체의 경로를 알려고 애쓰는 교만한 철학자보다 낫습니다. 자신을 잘 아는 사람은 스스로를 낮게 여기며 사람의 칭찬을 기뻐하지 않습니다.

세상 만물을 다 안다고 해도 사랑이 없으면, 행실에 따라 나를 심판하실 하나님 보시기에 무슨 유익이 있겠습니까?

지나치게 알고자 하는 욕망을 끊으십시오. 그 속에 산만함과 거짓이 많이 들어 있기 때문입니다. 유식한 자는 남에게 유식하게 보이고 지혜로운 자로 인정받는 것을 좋아합니다(고전 8:1). 그 영혼에 유익하지 않은 것이 많습니다. 그리고 자신의 구원에 도움 되는 일 외의 것에 몰두하고 있다면, 그는 매우 지혜롭지 못한 사람입니다.

허다한 말이 영혼을 만족시켜주지 않습니다. 선한 삶은 마음에 위안을 주며, 순수한 양심은 하나님 앞에서 큰 확신을 갖게 합니다.

많이 알면 알수록, 더 이해하면 할수록, 삶도 그만큼 거룩해지지 않는다면, 그만큼 엄중한 심판을 받을 것입니다.

그러므로 그대가 아는 기술이나 학문 때문에 우쭐대지 말고,

오히려 그 지식으로 인해 더 겸손해지고 조심하십시오. 많은 것을 이해하고 있다 생각한다면, 알지 못하는 것이 더 많이 있다는 것도 아십시오. 너무 지혜로운 듯 보이지 말고, 오히려 무지함을 인정하십시오(롬 12:16).

그대보다 더 지혜롭고 성경을 잘 다루는 사람들이 많이 있는데, 어째서 그대는 스스로 남보다 더 낫다고 생각하십니까? 유익한 일을 위해 무엇이든 배우고 싶다면, 남들에게 알려지거나 존경받기를 바라지 마십시오.

가장 유익한 독서는 자신을 잘 알고 헤아려보는 것입니다.

자신을 아무것도 아닌 존재로 여기고, 언제나 남을 좋게 생각하고 높이 평가하는 것이 위대한 지혜이며 온전한 태도입니다.

다른 사람이 공공연하게 죄를 짓거나 흉악한 잘못을 저지르는 것을 보더라도 그대가 더 낫다고 생각해서는 안 됩니다. 그대가 과연 얼마 동안이나 온전한 상태를 유지할 수 있을지 알 수 없기 때문입니다.

우리는 모두 연약합니다(창 8:21). 하지만 그대는 자신보다 더 연약한 사람은 없다는 생각을 굳게 지켜내야 합니다.

3
진리의 가르침

🌿

덧없이 사라지는 인물들이나 말이 아니라 진리 그 자체로부터 배우는 사람은 복이 있습니다(시 94:12). 생각과 감각은 종종 우리를 속이고 진상을 분별치 못하게 합니다. 어둠에 감춰진 것들에 관해 대단한 논쟁을 벌인들 무슨 소용이 있겠습니까(전 3:9-11). 그런 것을 모른다고 해서 심판의 날에 큰 책망을 받지는 않을 것입니다.

필요하고 유익한 것은 간과한 채 신기하고 해로운 것에 주의를 기울이는 것은 참으로 어리석습니다. 눈이 있어도 보지 못하기 때문입니다(시 115:5).

🌿

〔학문이 말하는〕 속屬과 종種이 우리와 무슨 상관 있습니까? 영원한 말씀을 듣는 사람은 이런 불필요한 개념의 세계에서 이미 해방되었습니다. 한 말씀으로부터 만물이 창조되었고, 만물이 그 말씀을 선포합니다. 말씀은 만물의 시작이며 지금도 우리에게 말하고 있습니다. 말씀 없이는 아무도 올바로 깨닫거나 판단

할 수 없습니다. 만물이 하나임을 아는 사람, 만물이 하나로 이어짐을 아는 사람, 만물을 하나 안에 있다고 보는 사람은 고요한 마음을 품고 하나님 안에서 평안을 누릴 것입니다.

오, 진리가 되시는 하나님, 나로 하여금 영원한 사랑 안에서 주님과 하나가 되게 하소서. 나는 많은 것을 읽고 듣는 일에 지쳤습니다. 내가 원하고 바라는 것은 모두 주님 안에 있습니다. 하나님 앞에서 모든 학자들이 입을 다물게 하시고 모든 피조물이 잠잠하게 하소서. 그리고 오로지 주님만이 나에게 말씀하소서.

사람에게 자아를 높이려는 마음이 단순해진다면, 노력하지 않아도 더 많은 일과 높은 것을 깨닫게 됩니다. 이는 위로부터 지적인 빛을 받기 때문입니다(마 11:25; 눅 10:21). 순결하고 성실하고 견고한 심령은 많은 일을 할지라도 흐트러지지 않습니다. 모든 일을 하나님 영광을 위해 하는 사람은, 마음이 고요하고 잠잠하기에, 무슨 일을 하든지 자기의 유익을 구하지 않습니다.

마음속에서 맹렬하게 일어나는 죽지 않는 감정보다 그대를 더 괴롭히고 방해하는 것이 무엇입니까? 선하고 경건한 사람은 밖으로 어떤 일을 행하기에 앞서 자기의 내면을 정돈합니다. 그렇기 때문에 그는 악한 욕망에 휩쓸리지 않으며, 오히려 올바른 이성에 따라 일을 처리합니다. 자신을 이기기 위해 땀 흘리는 사람보다 더 큰 싸움을 하는 사람이 있습니까? 자신을 정복하고, 날마다 더 강해지며, 더 거룩해지려고 애쓰는 것이 우리의 마땅한 본분입니다.

🌿

현세에서 완전하다고 하는 것들은 모두 불완전한 부분을 갖고 있고, 우리의 지식 역시 모호한 면이 없지 않습니다. 겸손히 자기를 낮추는 일이 열심히 지식을 추구하는 일보다 하나님께 이르는 더 확실한 길입니다.

그렇다고 학식을 탓하거나 순전한 지식을 싫어해서는 안 됩니다. 학식과 지식은 그 자체로 좋은 것이며 하나님이 제정하신 것이기 때문입니다. 하지만 그런 것보다는 선한 양심과 덕스러운 삶을 언제나 먼저 추구해야 합니다.

그런데 많은 사람이 선한 삶보다 지식을 얻으려고 애쓰기 때문에 스스로 현혹되고, 좋은 열매를 맺지 못하는 것입니다.

🌿

사람들이 문제를 제기할 때처럼 악덕을 뿌리 뽑고 미덕을 심는 일에 노력을 기울인다면, 이토록 상처를 받는 일도 없을 것이고, 세상에 이처럼 엄청난 스캔들도 없을 것이며, 수도원에서 이처럼 방종이 행해지는 일도 없을 것입니다. 훗날 우리는 무엇을 읽었는지가 아니라 무엇을 행했는지에 따라(마 25장), 얼마나 말을 잘 했는지가 아니라 얼마나 덕스럽게 살았는지에 따라 심판받게 될 것입니다.

그대가 잘 알았던 사람들 가운데 지식이 높았던 학자들과 대가들이 지금은 어디에 있습니까? 지금은 다른 이들이 자리를 차지하고 있고, 지금은 그들을 기억조차 하지 않을 것입니다. 그들이 살아 있을 때는 중요한 인물처럼 보였지만, 지금은 아무도 그들을 거론하지 않습니다.

아, 이 세상의 영광은 얼마나 빨리 지나가버리는지요(전 2:11). 그들이 자기들의 지식에 걸맞게 살기만이라도 했더라면! 그랬다면 그들의 공부와 독서가 선한 목적으로 사용되었을 것입니다.

이 세상에는 하나님 섬기는 일에 관심 없고 헛된 지식만을 쌓다가(딛 1:10) 마침내 멸망하는 사람이 얼마나 많습니까? 그들은 겸손해지기보다 위대해지려고 했기 때문에 그 생각이 허망해지고 말았습니다(롬 1:21). 오히려 남을 섬기는 사람은(마 23:11) 그리스도를 얻기 위하여 세상의 모든 것을 배설물로 여기는 자는 참으로 현명한 사람입니다(빌 3:8). 하나님의 뜻을 행하고 자기의 뜻을 버리는 자는 참으로 지혜로운 사람입니다.

4
지혜롭게 생각하고
신중하게 행동하라

◉

우리는 아무 말이나 조언에 귀를 기울여서는 안 됩니다(요일 4:1). 오히려 인내심을 품고 신중한 태도로 하나님의 뜻에 따라 곰곰이 생각해야 합니다. 그런데 슬프게도 우리는 너무나 쉽게 믿고, 남에 대해 좋은 말보다는 나쁜 말 하기를 더 좋아하는 약점을 가지고 있습니다.

온전한 사람은 남에게 듣는 모든 이야기를 쉽게 믿지 않습니다. 인간은 연약하여 악에 빠지기 쉽고(창 8:21) 말에 실수하기 쉬운 존재임을(약 3:2) 알고 있기 때문입니다.

◉

너무 성급하게 행동하지 않고(잠 19:2) 자기 의견을 지나치게 고집하지 않는 것도 지혜로운 처신입니다. 귀에 들리는 모든 것을 다 믿지 않는 것과, 또 들은 것을 남에게 바로 이야기하지 않는 것도 지혜로운 일입니다(잠 17:9).

지혜와 선한 양심을 가진 사람과 상의하십시오. 그대의 책략

을 따르기보다 그대보다 나은 사람의 조언을 구하십시오(잠 12:15). 선한 삶을 사는 사람은 하나님 앞에서 지혜롭게 되고(잠 15:33), 많은 것을 경험하게 됩니다(전 1:16). 하나님께 순종하면 할수록 스스로 겸손해지고, 만사에 신중해질 것이며, 마음의 평안을 누리게 될 것입니다.

5
성경을 읽는 법

우리는 성경을 읽으면서 화려한 수사(修辭)가 아닌 진리를 찾아야 합니다. 성경의 한 구절 한 구절을, 그때 기록되었던 정신으로 읽어야 합니다(롬 15:4). 우리는 성경에서 말의 기교가 아닌 영적인 유익을 찾으려고 애써야 합니다. 성경을 읽을 때, 거대하고 심오한 책을 읽을 때와 같이 경건한 마음이 되어야 합니다.

저자의 학식이 크든 작든, 그의 권위에 휘둘리지 마십시오. 오직 순수한 진리를 사랑하는 마음으로 성경을 읽으십시오(고전 2:4). 이런저런 내용을 누가 썼는지 살피지 말고, 그 내용에 주목하십시오.

사람은 사라질 존재이지만 주님의 진리는 영원히 남습니다(시 117:2; 눅 21:33). 하나님은 사람을 차별하지 않고 여러 방법으로 우리에게 말씀하십니다(롬 2:11; 10:12; 골 3:11).

우리의 호기심 때문에 종종 성경을 묵상하는 일에 방해받기도 합니다. 그냥 넘어가야 할 대목을 자세히 조사하고 토론할 때 그런 일이 생깁니다.

유익을 얻고 싶다면 겸손하게, 단순하게, 그리고 믿음으로 성경을 읽고, 유식한 사람이라는 평판을 얻으려 하지 마십시오. 거룩한 사람들의 말을 기꺼이 탐구하고 조용히 들으십시오. 저자들의 비유를 싫어하지 마십시오. 그 비유들은 이유 없이 전해지는 게 아니기 때문입니다(잠 1:6; 전 12:9).

6
지나친 갈망을 다스리라

무엇이든 지나치게 갈망하면 마음속에서 동요가 일어나기 마련입니다. 교만한 사람과 탐욕을 품은 사람은 결코 마음의 평안을 누릴 수 없습니다. 심령이 가난하고 겸손한 사람은 모두와 더불어 평화로이 살아갑니다. 자신에 대하여 완전히 죽지 않은 사람은 쉽게 유혹에 빠지고, 작고 하잘것없는 일에도 잘 넘어집니다.

심령이 연약한 사람, 욕정에 따라 사는 사람, 감각적 쾌락을 좋아하는 사람은 세상적인 욕망에서 완전히 벗어날 수 없습니다. 그래서 그로부터 멀어질 때는 괴로움을 느끼고, 누가 자기를 반대하면 쉽게 화를 냅니다.

🌿

만일 사람이 마음 내키는 대로 행동했다 칩시다. 그러면 양심의 가책을 받아 불안해질 것입니다. 그는 자신의 정욕에 굴복한 셈이고, 이는 정작 자기가 찾는 평안을 얻는 데 아무런 도움이 되지 않기 때문입니다.

그러므로 마음의 참 평안은 정욕에 굴복할 때가 아니라 저항할 때 찾아옵니다.

따라서 세상적이고 외적인 일에 중독된 사람의 마음에는 평안이 없고, 영적이고 신실한 사람에게만 평안이 있는 것입니다.

7
헛된 희망과 자만심을 버려라

사람과 세상을 신뢰하는 사람은 공허합니다(렘 17:5). 예수 그리스도의 사랑 때문에 남을 섬기는 것을 부끄러워하지 마십시오. 그리고 이 세상에서 가난한 자로 여겨지는 것도 부끄러워하지 마십시오.

주제넘게 자기 자신을 믿지 말고, 오로지 하나님께만 희망을 두십시오(시 31:1). 감당할 만한 일을 행하십시오. 그리하면 하나님께서 그대의 선한 의도를 도우실 것입니다.

자신의 지식을 신뢰하지 말고(렘 9:23) 그 어떤 살아 있는 피조물의 명철도 신뢰하지 마십시오. 그 대신 겸손한 자를 돕고 교만한 자를 낮추시는 하나님의 은혜를 신뢰하십시오.

부유한 사람은 부를 자랑하지 말고, 강력한 힘을 가진 친구도 자랑하지 마십시오. 오히려 모든 것을 주시고 무엇보다 자기 자신을 그대에게 주기 원하시는 하나님을 자랑하십시오.

키가 크거나 외모가 아름답다고 사람들에게 자랑하지 마십시오. 조금만 아파도 외모는 쉽게 망가지기 때문입니다. 가지고 있는 천부적인 재능이나 지식을 자랑하지도 마십시오. 선천적으로 받은 모든 좋은 것을 주신 하나님을 불쾌하게 만들까 두렵습니다.

자신을 남들보다 나은 사람이라고 생각하지 마십시오(출 3:11). 사람 속에 있는 것을 아시는 하나님의 눈에 당신이 남들보다 못한 사람으로 보일까 두렵습니다.

선행을 자랑하지 마십시오(욥 9:20). 하나님의 판단은 사람의 판단과 무척 달라서, 사람을 기쁘게 하는 것이 그분의 마음을 상하게 할 때가 많기 때문입니다.

자기 속에 선한 것이 있다면 남들 속에는 훨씬 더 많이 있다고 믿고, 겸손한 마음을 품으십시오.

모든 사람보다 낮아지는 것은 전혀 해롭지 않은 일이지만, 단 한 사람보다 높아져도 그것은 그대에게 아주 해로운 일입니다. 겸손한 사람은 늘 평안을 누리지만, 교만한 사람의 마음에는 질투와 분노가 자주 일어납니다.

8
지나치게 친밀해지지 않도록 조심하라

모든 사람에게 마음을 열지 말고, 지혜로운 자 곧 하나님을 경외하는 사람과 문제를 의논하십시오(전 8:12). 젊은이와 낯선 사람과는 많은 대화를 나누지 마십시오(잠 5:10). 부자에게 아첨하지 말고, 유명 인사 앞에 나타나려고 애쓰지 마십시오.

비천하고 소박한 사람들, 그리고 경건하고 덕스러운 사람들과 교제하며, 그들과 덕을 세우는 대화를 나누십시오. 어느 한 여성과만 친밀하게 지내지 말고, 모든 선한 여성을 하나님께 위탁하십시오.

오직 하나님과 그분의 천사들과 친밀하게 지내기를 바라고, 사람들을 가까이 하는 일을 피하십시오.

우리는 모든 사람을 사랑으로 대해야 합니다. 하지만 사람들과의 친밀한 관계가 반드시 유익한 것은 아닙니다.

때로는 이런 일이 일어납니다. 직접적인 친분은 없으나 좋은 평판이 자자하여 크게 존경받던 사람이 정작 사람들 앞에 나타났을 때 상당히 실망스러운 경우 말입니다.

우리는 때때로 다른 사람과 함께함으로 상대방을 기쁘게 해준다고 생각합니다. 그러나 그때 상대방은 우리 속에 있는 성품의 결함을 발견하고는 마음 상할 수도 있습니다.

9
순종과 복종에 관하여

스스로 심판관이 되지 않고 윗사람 아래 있으면서 순종하며 사는 것은 매우 바람직한 일입니다.

남을 다스리기보다 순종하는 일이 훨씬 더 안전합니다. 사랑 때문이 아니라 어쩔 수 없어서 순종의 삶을 사는 사람들이 많이 있습니다. 이런 사람들은 불만이 많고 쉽게 고통을 호소합니다. 그들이 하나님의 사랑 때문에 기쁘게 그리고 진심으로 순종하지 않는다면, 마음의 자유를 얻을 수 없습니다.

그대가 어디로 가든지 안식을 찾을 수 없지만, 윗사람 아래서 겸손하게 복종할 때는 안식을 누릴 것입니다. 있는 자리를 바꾸면 안식을 찾을 것이라 기대했던 많은 사람들이 결국은 실망하고 말았습니다.

𝒪

실로 모든 사람이 자신의 취향에 맞는 일을 기꺼이 수행하고, 자기 마음에 드는 사람을 가장 존경하기 마련입니다. 그러나 하나님이 우리 가운데 계시다면, 평화를 위해서라도, 내 의견이 관철되는 것에 집착하는 일을 그만두어야 합니다.

  모든 것을 완전히 알 만큼 지혜로운 사람이 어디 있습니까? 그러므로 자신의 의견을 너무 신뢰하지 말고, 다른 사람의 판단에도 기꺼이 귀를 기울이십시오. 자신에게 좋은 생각이 있더라도, 하나님을 위해 그것을 버리고 다른 사람의 의견을 좇는다면, 그것은 좋은 일입니다.

𝒪

남들에게 조언하기보다 조언을 듣는 것이 더 안전하다는 말을 나는 종종 들었습니다. 각 사람의 의견이 모두 다 좋을 수도 있습니다. 그러나 특별한 이유로 타인에게 양보해야 하는데도 그것을 거부하는 것은 교만과 외고집을 드러내는 일입니다.

10
지나친 말을 삼가라

✿

가능하면 세상 일로 떠들썩한 자리를 피하십시오(마 5:1; 14:23; 요 6:15). 순수한 의도로 이야기한다 해도 세상사에 대한 이야기들은 영적 생활에 큰 걸림돌이 됩니다. 우리는 쉽게 허영심으로 더러워지고 거기에 빠지기 때문입니다. 말을 뱉고 나서 차라리 입을 다물었어야 했다고 후회하고, 사람들과 함께 있지 말았어야 했다고 후회할 때가 많습니다.

　우리는 왜 서로 이야기하는 것을 그토록 좋아합니까? 양심에 상처를 주기 전에 입을 다무는 것이 왜 그토록 어려운 것입니까?(마 7:1; 롬 2:1) 우리가 말하는 것을 그렇게 좋아하는 이유는, 상호간의 담론을 통해 위로를 주고받고 싶고, 그동안 번잡한 생각으로 지친 마음을 달래고 싶기 때문입니다. 아울러 우리는 가장 좋아하거나 갖고 싶은 것, 또는 골치 아픈 문제에 관해 말하고 생각하는 것을 아주 좋아합니다.

✿

그런데 그런 말들은 헛된 것에 불과하고 또 끝없이 이어지는 경

우가 많습니다. 그것은 참 슬픈 일입니다. 이런 외적인 위로는 하나님이 주시는 내면의 위안을 잃어버리게 만들기 때문입니다. 그러므로 우리는 세월을 헛되이 보내지 않도록 깨어서 기도해야 합니다.

입을 여는 게 좋다고 생각하면, 덕을 세우는 말을 하십시오. 선을 소홀히 여기는 악한 습관은 너무나 쉽게 경솔한 말을 내뱉게 합니다. 하지만 영적 주제에 관한 경건한 대화는 대단한 영적 성장을 이루어줍니다. 특히 한 마음과 한 영을 가진 사람들이 하나님 안에서 다 함께 모였을 때가 그렇습니다 (행 1:14; 롬 15:5-6).

11
평화를 얻고
은혜 안에서 성장하라

만일 우리가 다른 사람의 말과 행동 때문에, 그리고 우리와 상관없는 일들 때문에 분주하지 않다면, 많은 평화를 누릴 수 있을 것입니다. 다른 사람의 일에 참견하는 사람, 간섭거리를 위해 밖으로 나갈 기회를 찾는 사람, 자신의 생각에 집중하지 못하는 사람이 어떻게 오래도록 평화를 누릴 수 있겠습니까? 일편단심을 가진 사람은 복이 있습니다. 그들은 큰 평화를 누릴 것입니다.

❧

성인들은 어떻게 해서 그처럼 온전하고 깊이 있는 삶을 살 수 있었을까요? 그들은 모든 세상적인 정욕을 완전히 끊어내고자 부단히 노력했기 때문입니다. 그래서 오로지 하나님께만 마음을 고정한 채 자유로이 영적 관조를 즐길 수 있었기 때문입니다. 우리는 정욕에 휘말리는 경우가 너무 많고 덧없는 것들에 지나치게 마음을 씁니다.

또한 우리는 단 한 가지 악덕도 완전히 정복하지 못하고, 날마다 성장하고픈 뜨거운 열망을 갖지도 않습니다. 그래서 차갑거나 미지근한 상태에 머물러 있는 것입니다.

❧

자기 자신을 완전히 죽이고 자기 마음에 얽매이지 않으면, 하나님께 속한 것을 맛볼 수 있을 것이고, 그분이 주시는 풍성한 은혜를 누릴 수 있을 것입니다.

가장 큰 장애물, 아니 진정한 장애물은 아직도 정욕과, 정욕으로부터 벗어나지 못했다는 것과, 우리보다 먼저 성도들이 걸어갔던 완전에 이르는 길에 들어서려고 애쓰지 않는 것입니다. 그리고 자그마한 역경을 만나기만 해도 너무 빨리 낙심하고 인간적인 위안을 찾는 것입니다.

🌱

우리가 전장의 용사처럼 담대하게 맞서서 싸운다면, 하늘로부터 오는 도우심을 분명히 느끼게 될 것입니다. 우리에게 싸울 기회를 주시는 분, 마침내 우리가 승리를 얻을 때까지 싸우게 하시는 하나님은, 그분의 은혜를 신뢰하며 씩씩하게 싸우는 사람들을 언제든지 도와줄 준비를 하고 계시기 때문입니다.

 신앙의 성장이 몇 가지 외적인 규율을 준수하는 데만 달려 있다고 생각하면, 우리의 신앙심은 금방 바닥을 드러낼 것입니다. 이제 우리 모두 그 뿌리부터 잘라버립시다. 그리하면 정욕에서 해방되어 영혼의 참된 안식을 찾을 수 있을 것입니다.

🌱

우리가 해마다 한 가지 악을 뿌리 뽑으면 조만간 온전한 사람이 될 것입니다. 그런데 우리는 정반대의 경우를 자주 목격합니다. 신앙고백을 한 지 한참 지난 지금보다 회심했던 당시가 더 신실했다고 생각하는 경우입니다. 우리의 열정과 진보가 날마다 커져야 하는데도, 지금은 맨 처음의 열심을 조금이라도 간직할 수 있다면 좋겠다 생각합니다.

조금만 더 나 자신을 훈련시키면, 나중에는 쉽게 그리고 기쁘게 모든 일을 수행할 수 있을 것입니다.

🌱

익숙해져 있는 일을 멈추는 것은 어려운 일입니다. 하지만 우리 의지를 거슬러 행동하는 것은 더 어려운 일입니다. 그런데 작고 쉬운 문제도 극복하지 못한다면, 그보다 더 어려운 문제를 어떻게 극복할 수 있겠습니까?

처음부터 충동적인 마음에 저항하고 악한 습관을 벗어버리십시오. 그렇지 않으면 조금씩 더 큰 어려움에 빠져들지 않을까 두렵습니다. 거룩한 삶의 모범이 그대에게 얼마만큼이나 큰 내적인 평화를 가져다주고, 남들에게 얼마나 큰 기쁨을 주는지 깊이 생각한다면, 그대는 영적 성장에 더욱 신경을 쓰게 될 것입니다.

12
역경이 주는 유익

🌱

우리가 때때로 고난과 역경을 경험하는 것은 좋은 일입니다. 그런 경험을 통해, 우리는 영적인 순례자이며 세상적인 것을 신뢰해서는 안 된다는 것을 깊이 생각할 수 있기 때문입니다. 내 의견을 반대하는 것에 직면하는 것도 좋습니다. 선한 의도에도 불구하고 사람들에게 나쁜 사람으로 오해받는 것도 좋은 일입니다.

이런 일들은 종종 우리를 겸손하게 하고 자만하지 않도록 지켜줍니다. 우리가 외적으로 다른 사람들로부터 비난을 받고 신뢰받지 못할 때는 내면의 결백을 위해 하나님을 찾을 것이기 때문입니다.

그러므로 우리는 하나님을 온전히 의지해야 하고, 사람의 위로는 찾지 않아도 됩니다.

선한 사람이 악한 생각으로 괴로움이나 유혹이나 고통을 당할 때는 하나님이 얼마나 절실히 필요한 존재인지 이해하게 됩니다. 그분 없이는 자기가 어떤 선한 일도 할 수 없다는 것을 깨닫게 되기 때문입니다. 아울러 자기가 겪는 고통으로 말미암아 슬퍼하고 한탄하며 기도하게 됩니다.

그리하여 사는 일에 지쳐서, 빨리 죽음이 닥쳐와 그리스도와 함께 있게 되기를 바랄 것입니다. 또한 이 세상에서는 완전한 안정과 온전한 평화를 누릴 수 없다는 것 알게 될 것입니다.

13
유혹에 대처하는 법

❦

이 세상 사는 동안, 우리는 시련과 유혹을 피할 수 없습니다. 욥기에서 말하는 것처럼 "인생이 땅 위에서 산다는 것이 고된 종살이와 다른 것이 무엇입니까"(욥 7:1). 그러므로 각 사람은 마귀가 틈타지 않도록 유혹에 주의하고 기도로 깨어 있어야 합니다. 마귀는 잠도 자지 않고 삼킬 자를 찾으러 두루 돌아다니기 때문입니다.

유혹 따위는 아예 받지 않을 만큼 완전하고 거룩한 사람은 없습니다. 유혹이 전혀 없는 가운데 사는 것은 불가능하다는 의미입니다.

❦

유혹을 감당해내기란 무척 부담스럽고 힘든 일이지만 우리에게 아주 유익할 때가 많습니다. 그로 말미암아 사람이 겸손해지고 정결해지기 때문입니다.

모든 성도들은 많은 시련과 유혹을 통과했고 그로 인해 유익을 얻었습니다. 유혹을 이겨내지 못한 사람들은 타락하고 몰락했습니다. 이 세상에는 유혹이나 역경이 전혀 없는, 완전히 거룩한 신분도 없고, 비밀스러운 장소도 없습니다.

🍃

이 땅에 사는 동안 유혹으로부터 완전히 자유로운 사람은 아무도 없습니다. 우리는 악한 성향을 가지고 태어나서 이미 마음속에 유혹의 뿌리를 갖고 있기 때문입니다. 한 가지 유혹이나 시련이 사라지면 또 다른 유혹이나 시련이 찾아옵니다. 그리고 우리는 에덴 동산에서 타락한 존재들이기 때문에 모종의 고통을 당할 수밖에 없을 것입니다. 많은 사람이 유혹에서 도망치려고 하지만 그 속에 더 깊이 빠지고 맙니다.

도망치는 것만으로는 이길 수 없지만, 인내와 참된 겸손으로 대적보다 더 강해질 수 있습니다.

🍃

유혹을 표면적으로 피하기만 하고 그 뿌리를 뽑지 않는 사람은 유익을 얻지 못할 것입니다. 오히려 유혹이 다시 찾아올 것이고, 그는 이전보다 더 나쁜 상태에 빠질 것입니다.

유혹을 난폭하게 대하거나 끈덕지게 물고 늘어지는 것보다, 하나님의 도우심으로 조금씩 인내와 끈기를 발휘하다보면 유혹을 좀 더 쉽게 극복할 수 있을 것입니다. 유혹에 빠지면 자주 상담을 받으십시오. 또한 유혹을 받고 있는 사람을 함부로 대하지 말고, 그대가 받고 싶은 것처럼 그 사람에게 위로를 베푸십시오.

모든 악한 유혹은 불안정한 마음과 하나님에 대한 신뢰의 부족으로 시작됩니다. 키 없는 배가 파도에 이리저리 흔들리듯, 자기 목적을 쉽게 망각하는 사람은 여러 모양으로 유혹을 당하게 됩니다.

불은 쇠를 연단하고, 유혹은 의로운 사람을 연단합니다. 우리가 무엇을 할 능력을 가지고 있는지 모를 때가 많습니다. 그러나 유혹은 우리의 모습을 있는 그대로 드러내 보여줍니다.

특히 유혹이 시작될 때에 정신을 차려야 합니다. 대적이 마음속으로 들어가지 못하도록 문 바깥에서 저지하면 좀 더 쉽게 이길 수 있기 때문입니다. 그래서 누군가 이렇게 말했습니다. "초기에 저항하라. 그렇지 않으면 나중에는 소 잃고 외양간 고치는 꼴이 될 것이다."

처음에는 마음에 단순한 생각이 떠오르고, 이어서 강한 상상력이 발동되고, 그 후에는 쾌락을 느끼고, 악한 움직임이 따라오고, 마침내 거기에 넘어가고 맙니다. 이처럼 악한 대적은, 초기에 저항하지 않으면 조금씩 밀고 들어와서 결국에는 완전히 몸을 들여놓게 됩니다. 사람이 저항하는 일을 소홀히 하면 할수록 날마다 더 약해지기 마련이고, 대적은 오히려 더 강해지게 되는 것입니다.

*

어떤 사람들은 신앙생활 초기에 큰 유혹을 당하고, 또 어떤 이들은 나중에 그런 일을 겪습니다. 그리고 어떤 사람들은 인생 전반에 걸쳐 많은 유혹을 당하기도 합니다. 또 어떤 사람들은 쉽게 유혹을 받습니다. 지혜와 공의로 각 사람의 상태와 가치를 판단하고 내린 하나님의 섭리에 따른 것입니다.

*

그러므로 우리는 유혹을 받을 때 실망해서는 안 됩니다. 오히려 하나님께서 시련의 때에 도움을 주시도록 더욱 열심히 기도해야 합니다. 사도 바울의 말처럼 하나님은, 시험을 당할 때에 피할 길을 주셔서 우리가 감당할 수 있도록 하실 것이기 때문입니다 (고전 10:13).

그러므로 우리는 유혹과 시련을 당할 때마다 하나님의 손길 아래 겸손하게 자신을 낮춰야 합니다. 그분은 마음이 겸손한 사람을 구원하시고 높이 드시기 때문입니다.

유혹과 시련을 어떻게 겪느냐에 따라 그 사람의 가치가 분명하게 입증됩니다. 그로 인해 그의 상급은 더 커질 것이고, 도덕성은 더 찬란하게 빛날 것입니다. 시련이 없을 때 헌신적이고 열심을 보이는 것은 그리 대단한 일이 아닙니다. 그러나 역경을 당할 때 인내하면서 잘 감당하면, 놀라운 영적 진보를 기대할 수 있습니다.

어떤 이들은, 큰 유혹은 잘 감당하나 일상적인 작은 유혹에 굴복하는 경우가 종종 있습니다. 그것은 작은 유혹에 실패할 정도로 작은 자임을 깨닫고, 큰 유혹을 받을 때 더 겸손해지라는 의미입니다.

14
경솔한 판단을 삼가라

자신에게 눈을 돌리고 다른 사람의 행동을 판단하지 않도록 주의하십시오(마 7:1; 롬 15:1). 타인을 판단하는 것은 헛된 일일 뿐이고, 잘못된 경우가 많으며, 쉽게 죄로 이어집니다(마 12:25; 눅

12:51). 그러나 자신을 판단하고 성찰하는 것은 언제나 보람 있는 일입니다.

우리는 종종 주관적인 생각에 따라 판단합니다. 그래서 자기 애착 때문에 정확한 판단을 하지 못할 때가 많습니다. 우리 마음이 오로지 하나님만 바라보고, 육신적인 생각을 저지하고 쉽게 흔들리지 않아야 합니다.

그럼에도 마음속에서 일어나는 생각이나 바깥에서 벌어지는 일들 때문에 고민에 빠질 때가 종종 있습니다. 사람들은 종종 자신도 의식하지도 못한 채 자기 이익만 추구하는 행동을 보이기도 합니다. 그들은 자신의 뜻과 생각대로 일이 잘 풀리면 평안한 마음으로 사는 것처럼 보입니다. 그러나 일이 뜻대로 풀리지 않으면 금방 흔들리고 심란해 합니다. 판단과 의견이 서로 달라서 친구와 동료들 사이에, 신앙인들끼리도 종종 불화가 생기곤 합니다(전 3:16).

오래된 습관은 쉽게 깨어지지 않습니다(렘 13:23). 눈으로 볼 수 없는 미지의 영역으로 들어가는 것을 좋아하는 사람은 아무도 없습니다. 예수 그리스도께 순종케 하시는 하나님의 능력보다 당신의 이성이나 근면을 더 의존한다면, 그대는 깨달음을 얻는 데 오랜 시간이 걸릴 것입니다. 하나님은 우리가 그분께 완전히 복종하고 그분의 사랑에 휩싸여서 인간 이성의 좁은 한계를 뛰어넘기를 원하시기 때문입니다.

15
사랑으로 일하라

세상적인 일을 위해, 혹은 어떤 사람의 사랑을 받기 위해 악을 행해서는 안 됩니다(마 18:8). 그러나 곤궁에 처한 사람을 돕기 위해서는 때로 선한 일을 망설임 없이 뒤로 미루거나 더 나은 것으로 바꿀 필요가 있습니다. 그것은 선한 일을 놓치는 것이 아니라 더 나은 일로 바꾸는 것입니다.

사랑이 없으면 외적인 행위는 아무런 유익도 없습니다(고전 13:3; 눅 7:47). 하지만 무슨 일이든 사랑으로 행하면, 세상이 보기에 아무리 보잘것없는 일이라 할지라도, 온전한 열매를 맺게 될 것입니다. 하나님은 사람이 얼마나 많은 일을 하느냐보다 얼마나 많은 사랑으로 일하느냐를 더 중요하게 보시기 때문입니다.

✏

어떤 한 가지 일을 잘 하는 사람은 많은 일을 합니다. 자신의 뜻대로 행하기보다 공동체를 섬기는 사람이 일을 잘 하는 사람입니다(빌 2:17).

그런데 겉으로는 사랑처럼 보이지만 육신적인 정욕에 이끌려서 일하는 경우가 적지 않습니다. 천성적인 성향, 자기 고집, 보상에 대한 기대, 이기적인 욕망 등이 없는 경우를 찾긴 사실 많이 어렵습니다.

✏

참되고 완전한 사랑을 가진 사람은 자기의 유익을 전혀 구하지 않습니다(빌 2:21; 고전 13:5). 그 대신에 모든 일에서 하나님의 영광이 높이 드러나기를 소원합니다.

또한 그런 사람은 아무도 부러워하지 않습니다. 개인적인 이익을 챙기지 않고 스스로를 기뻐하지 않으며, 하나님을 즐거워하는 데서 기쁨을 느끼고자 하기 때문입니다(시 17:15; 24:6). 그는 선한 것이면 무엇이든 사람의 공로로 돌리지 않습니다. 오히려 샘과 같이 모든 것의 근원 되시는 하나님의 공로로 돌립니다. 마침내 모든 성도는 최고의 결실을 얻어 그분 안에서 안식을 누리게 될 것입니다. 참 사랑의 불꽃을 단 하나라도 가진 사람은 세상적인 것이 모두 헛될 뿐임을 분명히 알 것입니다.

16
다른 사람의
결점을 참아주라

❧

도무지 고칠 수 없는 자기의 결점이나 다른 사람의 결점을 보거든 하나님께서 바꾸실 때까지 참고 견디는 것이 바람직합니다. 어쩌면 그것이 그대의 시련과 인내를 위해 더 나은 것일 수 있습니다. 그런 결점이 없으면 우리가 행하는 모든 선행이 높이 평가받지 못할 것이기 때문입니다.

  그럼에도 그대의 결점이 마음에 걸린다면, 하나님께 도움을 구하고 꿋꿋하게 잘 견딜 수 있게 해달라고 기도해야 합니다(마 6:13; 눅 11:4).

❧

누군가에게 한두 번 경고했는데 상대방이 말을 듣지 않더라도, 그 사람과 싸우지는 마십시오. 그 대신 모든 일을 하나님께 의탁하되 하나님의 뜻이 이루어지게 해달라고(마 6:10), 하나님의 이름이 그분의 종들 가운데서 영광을 받게 해달라고, 악을 선으로 바꾸실 수 있는 그분께 기도하십시오.

다른 사람의 단점과 약점이 무엇이든지 간에 그것을 참고 견디려고 애쓰십시오. 그대 역시 많은 결점을 가지고 있어서 다른 사람들이 참고 견뎌야 하기 때문입니다(살전 5:14; 갈 6:1). 스스로를 원하는 모습으로 만들 수 없다면, 어떻게 다른 사람을 그대 마음에 들게 빚어낼 수 있겠습니까?

우리는 다른 사람이 완전해지기를 바라지만, 정작 자신의 잘못은 고치지 않습니다.

우리는 다른 사람이 많이 고치기를 바라지만, 우리 자신을 고치려고 노력하지 않습니다. 다른 사람이 멋대로 행동하면 불쾌하게 여기면서도 자신의 욕망은 절제하려고 하지 않습니다. 그래서 우리 자신을 다는 그 저울로 이웃을 달아보는 경우가 무척 드문 것입니다.

만일 모든 사람이 완전하다면, 우리가 하나님을 위해 이웃에게 고통을 당해야 할 일이 있겠습니까?

하나님은 우리에게 서로의 짐을 지는 법을 배우라고 명하셨습니다(갈 6:2). 잘못 없는 사람이 없고, 짐 없는 사람도 없고, 자기 자신으로 충분한 사람도 없으며, 완벽하게 지혜로운 사람도 없습니다. 그런즉 우리는 서로 참고 견디고, 위로하고, 돕고, 가르치고, 권면해야 합니다(살전 5:14; 고전 12:25).

역경이 닥치면 우리가 얼마나 큰 미덕과 강한 장점을 가지고 있는지 백일하에 드러납니다. 역경은 우리를 연약하게 만드는 것이 아니라, 우리의 모습을 있는 그대로 드러나게 하기 때문입니다.

17
순례자의 인생

다른 사람들과 평화롭게 지내고 싶으면, 많은 일에서 자신의 의지를 꺾는 법을 배워야 합니다(갈 6:1). 종교적 공동체나 회중 가운데 살면서 불평 없이 대화하고, 죽을 때까지 신실하게 참고 견디는 것은 결코 작은 일이 아닙니다(눅 16:10). 그곳에서 잘 살고 행복하게 생을 마친 사람은 복이 있습니다.

은혜 안에서 인내하고 또 성장하고 싶다면, 당신 스스로를 이 땅을 지나가는 나그네요 순례자로 여기십시오(벧전 2:11). 신앙생활을 영위하고 싶다면, 그리스도를 위해 이 세상에서 바보 취급

받는 것을 만족스럽게 생각해야 합니다.

🌿

종교적 습관을 기르거나 삭발하는 것은 사실 아무런 유익이 없다고 해도 과언이 아닐 것입니다. 그러나 행동과 습관을 바꾸고 정욕을 완전히 죽이면 훌륭한 신앙인이 될 것입니다.

하나님과 영혼 구원을 제외한 다른 것을 구하는 사람은 오로지 시련과 슬픔만을 맛보게 될 것입니다(전 1:17-18; 집회서 1:18). 가장 작은 자가 되어 모든 사람을 섬기려 하지 않는 사람은 오래도록 평안을 유지할 수 없습니다.

🌿

다스리려고 하지 말고 열심히 섬기십시오(마 23:11). 고난을 받고 수고하기 위해 부름 받았지, 게으름을 피우며 잡담이나 하라고 부름 받은 것이 아니라는 점을 명심하십시오.

그러므로 사람은 용광로에서 정금으로 입증되는 것입니다. 여기서는 하나님의 사랑을 힘입어 전심으로 자기를 낮추지 않으면, 아무도 견딜 수 없습니다.

18
거룩한 조상들의 모범

❧

진정 완전한 삶과 신앙이 밝게 빛나는, 거룩한 조상들의 살아 있는 모범을 생각해보십시오(히 11장). 그리하면 오늘날 우리가 행하는 일이 얼마나 보잘것없는 것인지 깨닫게 되고, 그것은 아무것도 아님을 알게 될 것입니다.

아, 우리의 인생을 그들과 비교해보면 얼마나 형편없는지 모릅니다! 그리스도를 따르는 성도들과 친구들은 굶주림과 목마름, 추위와 헐벗음, 노동과 피로, 밤샘과 금식, 기도와 거룩한 묵상, 많은 박해와 비난 가운데서 주님을 섬겼습니다.

❧

아, 그리스도의 발자취를 좇으려 했던 사도들, 순교자들, 신앙고백자들과 처녀들, 그 모든 이들은 얼마나 많은 고난을 받았는지요! 그들은 영원한 생명을 얻기 위해 세상 사는 동안 자기의 정욕을 미워했습니다(요 12:25).

아, 사막 교부들은 얼마나 엄격하게 자기 부인하는 삶을 살았는지요(마 7:14). 얼마나 오랫동안 가혹한 유혹에 시달렸는지요.

얼마나 자주 대적의 공격을 받았는지요. 얼마나 자주 간절한 기도를 드렸는지요. 얼마나 혹독한 금욕을 실천했는지요. 영적 성장을 위해 얼마나 큰 열정과 관심을 품었는지요. 정욕을 극복하기 위해 얼마나 강한 싸움을 싸웠는지요. 하나님을 향해 얼마나 순결하고 올곧은 생각을 품었는지요!

낮에는 열심히 노동하고 밤에는 기도하는 일에 열중했습니다. 노동할 때에도 정신적 기도를 멈추지 않았지만 말입니다.

그들은 모든 시간을 유익하게 사용했고, 하나님과 함께하는 시간이 너무 짧다고 느꼈습니다. 하나님을 묵상하는 기쁨이 너무나 커서 음식 먹는 일까지 잊어버렸습니다.

그들은 부와 명성과 명예와 친구와 친척을 모두 버렸습니다(마 19:29). 세상에 속한 것은 아무것도 가지려 하지 않았고, 생계에 꼭 필요한 물건만 취했습니다. 자기 몸을 돌보는 일조차 슬퍼했을 정도입니다. 그래서 그들은 세상적으로는 가난했어도, 은혜와 미덕에 있어서는 아주 부유했습니다. 겉은 궁핍한 상태였지만, 속은 은혜로 새로워서, 그들의 삶 가운데는 하나님의 위로가 넘쳤습니다.

🌱

세상에는 낯선 자들이었지만, 하나님께는 가깝고 낯익은 친구들이었습니다(약 4:4). 그들은 아무것도 아닌 존재처럼 보이고 멸시해도 좋을 만한 존재로 보였지만, 하나님의 눈에는 귀하고 사랑스러운 사람들이었습니다. 그들은 참된 겸손에 뿌리를 두고, 온전한 순종의 삶을 살았으며, 사랑과 인내의 길을 걸었습니다. 그리하여 날마다 영적인 유익을 맛보고 하나님으로부터 큰 은총을 받았습니다.

그들은 모든 종교인에게 훌륭한 본보기가 되었습니다. 그들은 우리에게 영적인 성장을 재촉합니다. 그렇기 때문에 주변의 냉소주의자들로 인해 우리가 느슨해지는 일이 없도록 해야 합니다.

🌱

모든 종교인이 성직을 시작할 때만 해도 그 열정이 얼마나 컸는지 모릅니다.

기도에 대한 헌신이 얼마나 뜨거웠는지요. 남들보다 덕스러운 사람이 되겠다는 포부가 얼마나 컸는지요. 그때는 엄격한 자기 규율이 얼마나 풍성했는지요. 스승의 가르침 아래, 모든 일에서 분명한 경외와 순종의 태도가 얼마나 많이 드러났는지요!

아직도 남아 있는 그들의 발자취를 보면 그들은 실로 거룩하고 완전한 사람들이었습니다. 용감하게 싸우면서 세상을 발로

밟았던 사람들입니다.

그런데 지금은 그저 자기가 맡은 일을 감당하기만 해도 위대한 인물로 간주되는 시대입니다.

아, 우리 시대는 얼마나 나태한지 모릅니다! 우리는 옛 시대의 열정에서 너무도 빨리 멀어진 나머지, 영적 나태함으로 가득 찬 인생이 되고 말았습니다. 경건하고 헌신적인 사람들의 모범을 많이 목격한 그대는 부디 열정이 식지 않기를 바랄 뿐입니다!

19
신앙인의 영적 훈련

좋은 신앙인의 삶은 여러 미덕으로 아름답게 장식되어서(마 5:48) 사람들에게 보이는 겉모습과 같은 내면의 모양을 지녀야 합니다. 아울러 겉으로 보이는 것보다 내면을 더 알차게 가꿀 필요도 있습니다. 하나님께서 우리를 굽어 살피시기 때문입니다(시 33:13; 히 4:12-13). 어디에 있든지 하나님을 경외하고, 천사들처럼 그분이 보시기에 순결하게 행하는 것이 최고의 본분입니다(시 15:2).

마치 오늘이 회심한 첫날인 것처럼 생각하면서, 날마다 결의를 새롭게 다지고, 갈수록 더 큰 열정을 품도록 진력해야 합니다. 그리고 이와 같이 기도하십시오. "하나님, 나의 결심이 변치 않게 하시고, 주님을 섬기는 거룩한 본분을 다하게 도와주십시오. 내가 이제껏 한 일은 아무것도 아니오니, 오늘을 온전하게 시작하도록 허락해 주십시오."

✐

영적 성장이 이루어질지 여부는 우리의 결심에 달려 있습니다. 성장하기를 원하는 사람은 부지런해야 합니다. 확고하게 결심을 다진 사람도 종종 실패할 수밖에 없는데, 아무것도 작정하지 않거나 결심을 다지지 않은 사람이 무엇을 할 수 있겠습니까?

우리는 결국 여러 방식으로 결심을 포기하지만, 영적 훈련을 가볍게 여기면 영적 손실을 입지 않을 수 없습니다. 의로운 사람들의 결심은 그들 자신의 지혜가 아니라 하나님 은혜에 달려 있습니다. 그들은 무슨 일을 맡든지 언제나 하나님께 의지하기 때문입니다. 사람이 일을 계획할지라도 그 성패는 하나님께 달려 있습니다(잠 16:9). 그 어떤 인생의 결과도 사람이 결정지을 수 없습니다.

🌿

다른 경건 활동을 하느라, 혹은 믿음의 형제를 돕느라 매일 하던 경건 훈련을 빠뜨린 경우는 다시 만회할 수 있으니 괜찮습니다. 그러나 피곤해서, 또는 중요하지 않다 생각해서 가볍게 건너뛰는 것은 하나님께 큰 죄를 짓는 일이며, 결국 우리에게 불리하게 작용할 것입니다. 그렇기 때문에 우리는 늘 최선을 다해야 합니다. 그렇게 해도 우리는 많은 일에서 쉽게 넘어집니다(전 7:20).

그럼에도 우리는 정해진 순서에 따라 항상 경건 훈련을 해야 합니다. 무엇보다 우리를 방해하는 걸림돌을 넘어서기 위해서 특히 필요합니다. 우리는 외적 자아와 내적 자아를 모두 부지런히 살피고 말끔하게 정돈해야 합니다. 둘 다 우리의 영적 성장에 중요하기 때문입니다.

🌿

끊임없이 스스로를 반성할 수 없다면, 적어도 하루에 한 번, 즉 아침이나 밤에 경건 시간을 가지십시오. 아침에는 매일 결심을 새롭게 하십시오. 밤에는 그날 행한 일, 곧 하루 동안 어떻게 말하고 행동하고 생각했는지 스스로 반성하십시오(신 4장). 우리는 말과 행동과 생각으로 하나님과 이웃에게 종종 잘못을 범하기 때문입니다.

마귀의 악한 공격에 맞서는 사람답게 단단히 준비를 하십시오. 폭식을 삼가십시오. 그리하면 육체의 사나운 욕망을 더 잘 제어할 수 있을 것입니다. 절대 게으름 피우지 마십시오. 글을 읽거나, 쓰거나, 기도하거나, 묵상하거나, 공동선을 위해 무슨 일이든 하십시오. 신체적 훈련은 신중하게 해야 하고, 모든 사람이 똑같이 실행해서는 안 됩니다.

🍃

공동으로 하지 않는 훈련은 사람들이 보도록 공공연하게 실행하지 마십시오. 사적인 훈련은 가정에서 실행하는 것이 안전합니다. 그럼에도 불구하고, 사적인 훈련을 더 하고 싶어서 공동 훈련을 게을리하는 일이 없도록 주의해야 합니다. 하지만 모든 의무와 책임을 완수한 뒤에도 시간이 남는다면, 그대의 신앙에 따라 그대 자신에게 눈길을 돌려도 무방합니다.

  모든 사람이 한 종류의 영적 훈련만 실행해서는 안 됩니다. 이 사람에게는 이런 훈련이, 저 사람에게는 저런 훈련이 적합하기 때문입니다. 훈련의 시기도 그 종류에 따라 다를 수 있습니다. 어떤 훈련은 평일에 어울리고, 또 어떤 것은 성일(聖日)에 어울립니다. 유혹당할 때 필요한 훈련이 있고, 평화롭고 고요한 때 필요한 훈련이 따로 있습니다. 우울할 때 실행하는 훈련이 있고, 주 안에서 기뻐할 때 행하는 훈련도 있습니다.

🍃

중요한 축제의 시기가 되면 좋은 훈련을 다시 시작할 필요가 있고, 성직자의 기도를 더욱 간절하게 요청할 필요가 있습니다. 축제가 있을 때마다 우리는, 마치 이 세상을 떠나 하늘의 영원한 축제에 들어가는 것처럼, 선한 결심을 다져야 합니다.

그러므로 축제 때에는, 머지않아 하나님으로부터 수고에 대한 보상을 받을 것처럼, 우리 자신을 철저히 준비시키고, 더욱 헌신적으로 살며, 주어진 규범을 충실히 지켜야 합니다.

🍃

설사 그날이 더디게 온다 해도, 우리는 여전히 준비되지 못했다는 것과, 때가 되면 나타날 그 큰 영광을 받을 자격이 없다는 것을 깊이 자각합시다(롬 7:18). 그런즉 우리 모두 떠날 때를 위해 자신을 준비시키는 일에 열심을 다합시다.

누가는 이렇게 말했습니다. "주인이 이를 때에 그 종이 그렇게 하는 것[깨어 있는 것]을 보면 그 종은 복이 있으리로다. 내가 참으로 너희에게 이르노니, 주인이 그 모든 소유를 그에게 맡기리라"(눅 12:43-44; 마 24:46-47).

20
고독과 침묵을 사랑하라

*

홀로 있을 만한 시간을 찾아서(전 3:1) 하나님의 인자하심을 자주 묵상하십시오. 쓸데없이 이상한 글들을 뒤적이지 말고, 머리를 써야 하는 글보다 양심을 자극하는 글을 읽으십시오.

쓸데없는 잡담, 게으른 발걸음, 새로운 소식들과 소문을 멀리하면, 선한 것을 묵상하는 데 필요한 시간을 충분히 얻을 수 있을 것입니다. 위대한 그리스도인들은 가능하면 사람들과 어울리는 것을 피했으며(히 11:38), 남몰래 하나님을 섬기는 길을 택했습니다.

*

철학자 세네카는 이렇게 말했습니다. "사람들과 자주 어울리는 만큼, 집으로 돌아올 때면 나는 이전보다 더 작은 자가 되어 있었습니다."

오래도록 함께 이야기를 나누어보면, 이 말이 진실인 것을 알게 됩니다. 필요 이상의 말을 삼가려고 노력하기보다 아예 말을 하지 않는 편이 더 쉽습니다. 사람이 바깥에 있을 때 자신을 잘 지키는 것보다 집에 머물러 있는 편이 더 쉽습니다. 그러므로 좀 더 내면적이고 영적인 성숙을 도모하고 싶은 사람은 예수님과 함께 어수선한 군중을 떠나 한적한 곳으로 가야 합니다(마 5:1). 남의 눈에 띄지 않게 기꺼이 집 안에 거할 수 있는 사람만이 바깥에서도 안전하게 지낼 수 있습니다.

  기꺼이 침묵을 지키는 사람만이 안정감 있게 말할 수 있습니다. 기꺼이 다스림을 받는 사람만이 안전하게 다스릴 수 있습니다. 기꺼이 순종하는 법을 배운 사람만이 확실한 명령을 내릴 수 있습니다.

마음속에 선한 양심이 없는 사람은 진정으로 기뻐할 수 없습니다. 그런데 언제나 성도들을 지켜주는 보증수표는 하나님을 경외하는 마음이었습니다. 그들의 아량과 큰 미덕이 겉으로 밝게 빛났음에도 불구하고, 그들의 열망은 결코 줄어들지 않았고 겸손한 마음이 손상되지도 않았습니다.

  반면 악인의 보증수표는 자만과 교만이며, 결국 자만과 교만이 파멸에 이르게 합니다. 그대가 비록 좋은 신앙인이나 경건한 은둔자로 보인다 할지라도, 결코 이생에서 안전할 것이라고 확신하지 마십시오.

🌿

사람들에게 존경받고 인정받는 자들이 자만심 때문에 오히려 큰 위험에 빠지는 경우가 종종 있습니다. 그러므로 많은 사람의 경우 유혹을 전혀 받지 않는 것보다 그 반대의 상황에 처하는 것이 더 유익합니다. 가끔 유혹의 공격을 받아, 지나치게 안심하거나 교만해지지 않는 것이 좋습니다. 그렇지 않으면 스스럼없이 세상 즐거움에 빠지고 말 것입니다.

아, 일시적인 기쁨을 좇지 않고 세상 것들에 얽매이지 않으려면, 얼마나 선한 양심을 가져야 하는지요. 모든 헛된 염려를 버리고, 영혼에 유익한 것만 묵상하며, 오로지 하나님만 신뢰하려면, 얼마나 큰 평안과 고요한 마음을 품어야 하는지요!

🌿

거룩한 양심에 비추어 부지런히 자기를 반성하지 않는 사람은 하늘의 위로를 받을 자격이 없습니다. 진정으로 회개하고 싶다면, 골방으로 들어가 세상의 소음으로부터 벗어나십시오. 성경에 기록된 대로 "잠자리에 누워 마음 깊이 반성하면서, 눈물을 흘리십시오"(시 4:4). 방 안에 있으면, 밖에서는 종종 잃어버리는 것들을 찾을 수 있을 것입니다.

세상에서 벗어난 방을 자주 드나들수록 더 행복해질 것입니다. 반면에 자주 드나들지 않게 되면 그 방을 멀리하게 될 것입

니다. 회심한 초기에 방 안에 머무는 것을 만족스럽게 여기고 있
다면, 그 습관을 잘 지키십시오. 그 방이 나중에는 귀한 친구가
되고 즐거운 안식처가 될 것입니다.

🌿

신앙적인 사람은 침묵과 고요함 속에서 성장하고, 성경에 숨어
있는 진리를 배웁니다. 거기에서 눈물의 강을 발견하고, 밤마다
그 속에서 자기를 깨끗하게 씻을 것입니다(시 6:6). 그리고 세상의
모든 소란으로부터 떨어진 삶을 영위함으로써 창조주와 더욱 친
밀하게 될 것입니다. 그러므로 지인들로부터 멀어지는 사람에게
는 하나님이 천사들과 함께 가까이 다가갈 것입니다.

사람이 비록 세상에서 기적을 행할 수 있다고 해도, 자신의 영
혼을 소홀히 하기보다는 조용히 살면서 자신을 돌보는 편이 더
낫습니다. 신앙인이 밖으로 잘 나가지 않고 남의 눈에 들기를 꺼
리는 태도는 참으로 칭찬할 만합니다.

🌿

그대는 왜 불법으로 금지된 것을 그토록 보고 싶어 합니까? 이
세상은 지나가고 정욕도 사라질 것입니다. 관능적 욕망은 우리
를 밖으로 나돌아 다니게 합니다. 그 시간이 지나면 그저 무거운
양심과 산만해진 마음을 갖고 집으로 돌아올 뿐입니다. 즐겁게

밖으로 나가서는 슬픔을 안고 돌아오게 되고, 흥겨운 저녁은 종종 서글픈 아침으로 이어집니다(잠 14:13).

그런즉 육체적 쾌락은 기분 좋게 시작되지만, 마지막에는 쓰라린 고통을 주고 결국 죽음에 이르게 합니다. 여기에서는 볼 수 없고 다른 곳에서만 볼 수 있는 것이 무엇입니까(전 1:10). 하늘과 땅과 모든 것들을 바라보십시오. 그로부터 만물이 창조되었습니다.

해 아래 오래도록 계속될 것을 어디에서 볼 수 있습니까? 스스로를 만족시킬 수 있다고 생각할지 모르지만, 그런 만족은 결코 얻을 수 없습니다. 그대의 눈앞에 펼쳐지는 모든 것을 볼 수 있다고 해도, 그것은 한갓 헛된 광경에 불과하지 않습니까?(전 3:2) 눈을 들어서(시 121:1) 가장 높은 곳에 계시는 하나님을 바라보고, 죄와 과실을 용서해달라고 기도하십시오.

헛된 것들은 허영심 많은 사람들에게 맡기고, 하나님이 그대에게 명하신 것에 몰두하십시오. 방문을 닫아버리고(마 6:6) 그대가 사랑하는 예수님을 부르십시오. 자신의 골방에서 그분과 함께 지내십시오. 다른 어느 곳에서도 그만큼 큰 평안을 찾을 수 없기 때문입니다.

밖으로 나가지 않고 쓸데없는 소문도 듣지 않는다면, 마음의 평안을 더 잘 유지할 수 있을 것입니다. 그러나 때때로 세상 소식을 듣는 것을 즐거워하면 그로 인해 마음이 불안해질 것입니다.

21
마음의 가책에 관하여

영적 성장을 이루고 싶다면 언제나 하나님을 경외하십시오(잠 19:23). 그리고 자유를 지나치게 갈망하지 마십시오. 모든 감각을 엄격하게 절제하고 어리석은 환락에 빠지지 마십시오.

마음의 가책을 느끼십시오. 그리하면 깊은 신앙심을 얻게 될 것입니다. 마음의 가책은 선한 길로 인도하지만, 방종은 선을 파괴합니다. 누구든지 자기가 나그네라는 사실과 자기 영혼이 많은 위험으로 둘러싸여 있다는 것을 깊이 자각한다면, 이생에서 완전한 기쁨을 맛볼 수 있습니다.

경박한 마음을 가지고 잘못을 가볍게 여기면, 우리 영혼이 얼마나 슬픈 상태에 있는지를 깨닫지 못하게 됩니다. 그래서 정작 울어야 할 때 웃어버리곤 합니다. 선한 양심과 함께 하나님을 경외하는 일 외엔 참된 자유도 얻을 수 없고 진정한 기쁨도 느낄 수 없습니다.

마음을 흩트리는 장애물을 벗어버리고 회개하러 나오는 사람은 복이 있습니다. 자기의 양심을 더럽히거나 괴롭게 하는 일을 모두 내버리는 사람은 복이 있습니다.

그런 악한 일들에 용감하게 저항하십시오. 새로운 습관으로 옛 습관을 고치십시오. 다른 사람의 일에 간섭하지 않으면, 그들도 그대 일에 참견하지 않을 것입니다.

남들과 관련된 문제로 분주해지지 마십시오. 또한 윗사람의 문제에도 휘말리지 마십시오. 맨 먼저 자신을 주시하고, 사랑하는 친구들을 훈계하기에 앞서 스스로를 열심히 훈계하십시오.

사람들의 호감을 얻지 못한다고 슬퍼하지 마십시오(갈 1:10). 오히려 하나님의 종답게 그리고 헌신적인 신앙인답게 처신하지 못하는 것을 깊이 슬퍼하십시오. 이생에 많은 위안거리가 없는 것이 차라리 안전합니다. 특히 육신적인 위안거리는 아예 없는 것이 낫습니다.

만일 우리가 하나님의 위로를 전혀 맛보지 못한다면, 그 잘못은 우리에게 있습니다. 그것은 우리가 양심의 가책을 느끼지도 않고, 헛된 외적 위안거리들을 버리지도 않기 때문입니다.

🍃

그대는 하나님의 위로를 받을 자격이 없고 오히려 많은 환난을 당해야 마땅한 사람임을 명심하십시오. 한 사람이 깊은 회개에 이르게 되면, 그에게는 온 세상이 슬픔과 고통의 현장으로 보입니다(삿 2:4; 20:26; 왕하 13장).

선한 사람에게는 애통하고 슬퍼할 일이 많을 수밖에 없습니다. 자기 자신이나 이웃이 처한 상황을 생각해보면, 이 땅에서 환난을 겪지 않는 사람이 없음을 알게 되기 때문입니다. 그래서 사람이 자신을 더 깊이 들여다보면 볼수록 그만큼 더 슬퍼하게 되는 것입니다.

우리는 죄와 악한 본성에 너무도 깊이 매여 있기 때문에 천국을 바라보는 일에 집중하지 않고, 슬퍼하며 회개하지도 않습니다.

🍃

삶보다 죽음에 대해 더 자주 생각합니까?(전 7:1-2) 그랬다면 그대는 분명 성숙하는 일에 더 많은 열정을 품게 되었을 것입니다. 또한 마음속으로 내세에서 받을 지옥의 형벌을 생각해보았다면 (마 25:41) 현세에서 어떤 고생이나 슬픔도 기꺼이 감당할 것이고, 연단도 두려워하지 않을 것입니다. 그러나 이런 생각이 마음에 들어오지 않기 때문에 우리는 여전히 즐거움을 주는 것들만 사랑하고, 미숙한 신앙에 머물러 있는 것입니다.

🌿

우리의 가련한 몸이 그토록 자주 불평을 늘어놓는 것은 영적인 빈곤함 때문입니다. 그러므로 주님이 그대에게 회개의 영을 허락하시도록 겸손한 자세로 기도하십시오. 그리고 선지자와 함께 이렇게 기도하십시오. "주께서 그들에게 눈물의 양식을 먹이시며 많은 눈물을 마시게 하셨나이다"(시 80:5).

22
인류의 불행에 관하여

🌿

만일 하나님께로 향하지 않으면, 어디에 있든지 혹은 어디로 향하든지, 그대는 불행할 수밖에 없습니다.

 원하는 대로 일이 잘 풀리지 않을 때 왜 염려합니까? 자기의 소원대로 모든 것을 소유한 사람이 과연 누구입니까(전 6:2). 나도 아니고 그대도 아니며, 이 땅에 그런 사람은 없습니다. 왕이나 감독까지 포함하여 시련이나 고통이 없는 사람은 이 세상에 존재하지 않습니다.

그러면 누가 가장 좋은 환경 가운데 있습니까? 바로 하나님을 위해 고난을 감당할 수 있는 사람입니다.

연약하고 불안정한 사람들은 "보십시오, 저 사람은 얼마나 행복한 인생을 사는지요. 그는 얼마나 부유하고, 얼마나 큰 권력과 명성을 누리고 있는지요"(눅 12:19)라고 말합니다. 그러나 눈을 들어 천국의 부요함을 보십시오. 그리하면 이생의 모든 재산이 아무것도 아님을 알게 될 것입니다. 재산을 소유하면 염려와 두려움이 따르기 마련입니다.

세상의 재물을 많이 소유한다고 행복해지는 것이 아닙니다(잠 19:1). 적당하게 소유하는 것으로 충분합니다. 이 땅에 사는 것 자체가 실로 하나의 불행입니다(욥 14:1; 전 1:17).

사람이 더 영석인 존새가 되려고 히면 할수록, 그는 이생을 괴로워합니다. 그런 사람은 인간의 타락한 모습을 더 명료하고 민감하게 느끼기 때문입니다. 먹는 것과 마시는 것, 자는 것과 보는 것, 일하는 것과 쉬는 것, 그리고 그 밖의 모든 필요에 순응하는 일은 기꺼이 모든 죄로부터 벗어나고 싶은 신앙인에게는 큰 불행이요 고통입니다.

🌿

우리가 이 세상에서 사는 동안, 내적인 자아는 이런 육체적인 필요에 부담을 느낍니다. 그러므로 선지자는 그로부터 벗어나게 해달라고 간절히 기도했습니다. "내 마음의 근심이 많사오니 나를 고난에서 끌어내소서"(시 25:17).

그런데 자기의 불행을 알지 못하는 사람들에게는 화가 있을 것이며, 이 비참하고 썩기 쉬운 인생을 사랑하는 사람들에게는 더 큰 화가 있을 것입니다(롬 8:22).

어떤 사람들은 이런 인생을 맹목적으로 사랑합니다. 그들은 노동이나 구걸을 해서 가까스로 생계를 유지하지만 그렇게라도 여기에서 계속 살 수만 있다면 하고 생각합니다. 하나님나라를 위한 일에는 전혀 관심을 기울이지 않을 것입니다.

🌿

아, 이 세상에 너무도 깊이 빠진 사람들, 오로지 육적인 것만 좋아하는 사람들은 얼마나 무분별한지 모릅니다(롬 8:5). 지금도 비참하지만, 결국 그들은 자신들이 사랑한 것이 얼마나 하찮고 무가치한 것이었는지를 통감하게 될 것입니다.

반면에 하나님의 성도들과 그리스도의 신실한 친구들은 육신을 즐겁게 하는 것들을 중요하게 여기지 않았고, 이생에서 화려한 꽃을 피우는 것들도 중시하지 않았습니다. 오히려 진지한 마음으로 영원한 부富를 갈망하며 거기에 소망을 두었습니다(벧전 1:4; 히 11:26). 그들의 마음은 눈에 보이지 않는 영원한 것을 갈망했기 때문에, 눈에 보이는 것들이 그들을 아래로 끌어내릴 수 없었습니다.

아, 나의 형제여, 그대는 영적 성장을 이룰 수 있다는 자신감을 잃지 마십시오. 아직도 그대에게 시간과 기회가 있기 때문입니다(롬 13:11; 히 10:35). 왜 그 선한 목적을 내일로 미루려 합니까? 지금 이 순간 당장 일어나서 시작하십시오. "지금이야말로 행동할 때이고, 지금이 분투할 때이며, 지금이 나 자신을 고칠 때다"라고 말하십시오.

불안과 고통을 느낄 때가 바로 축복의 시기입니다.

새롭게 회복될 장소에 도달하려면 반드시 불과 물을 통과해야 합니다(시 46:11). 전력을 다해 노력하지 않으면 결코 죄를 이길 수 없을 것입니다. 우리가 이 연약한 몸을 끌고 다니는 한, 결코 죄가 없을 수 없으며, 피로와 고통은 늘 따라옵니다.

우리는 모든 불행으로부터 벗어나 조용하게 살고 싶습니다. 그러나 죄를 범해 결백함을 잃어버렸기 때문에 그것과 함께 참된 행복도 상실하고 말았습니다(롬 7:24; 창 3:17). 그러므로 죄가 사라지고 죽을 몸이 생명에 삼킨 바 되기까지 우리는 인내하며 하나님의 자비를 기다려야 합니다(고후 5:4).

✎

아, 악을 행하는 인간은 얼마나 연약한 존재인지요(창 6:5; 8:21). 오늘은 자기의 죄를 자백하고, 내일이면 자백한 그 죄를 다시 범합니다.

 어느 순간에 나아갈 길을 잘 주시하겠다고 결심했다가, 한참 뒤에는 그런 마음을 품은 적도 없다는 듯 행동합니다. 그런즉 우리는 스스로 겸손해져야 할 이유가 있으며(마카베오 하 9:11), 결코 자만심을 품어서는 안 됩니다. 우리는 무척 연약하고 변덕스러운 존재이기 때문입니다.

 뿐만 아니라, 하나님 은혜로 겨우 얻은 것을 태만 때문에 금방 잃어버릴 수도 있습니다.

✎

그토록 쉽게 열정이 사라진다면 결국 우리는 무엇이 되겠습니까! 우리가 나누는 대화에 거룩함이 드러나지 않음에도 불구하고, 마치 만사가 형통한 것처럼 태평해진다면, 화가 임할 것입니다. 문제의식을 지니고 있다면 우리는 초보자처럼 다시금 선하게 사는 법을 배울 필요가 있습니다.

23
죽음에 대한 묵상

이 땅에서 영위되는 삶은 순식간에 종말을 맞이할 것입니다(욥 9:25-26; 14:1-2; 눅 12:20; 히 9:27). 또 다른 세계에서 그대는 어떤 모습이 될 것인지를 생각해보십시오.

사람은 오늘 있다가 내일 사라질 수 있는 존재입니다. 그리고 사람은 눈에 보이지 않으면 금방 잊히기 마련입니다. 당장의 일만 생각하고 장차 일어날 일에는 관심 없으니, 인간의 마음은 얼마나 단단하게 굳어져 있는 것일까요! 그러므로 우리는 오늘 곧 죽을 것처럼(마 25:13), 생각과 행동을 말끔하게 정돈해야 합니다. 그대에게 선한 양심이 있다면 죽음을 두려워하지 않을 것입니다(눅 12:37).

죽음보다는 죄를 피하는 편이 낫습니다(지혜서 4:16). 오늘 죽음을 준비했다면 내일 준비할 것이 필요하겠습니까(마 24:44; 25:10). 내일은 불확실합니다. 그대가 내일까지 살아 있을지 어떻게 알겠습니까?

🌿

우리의 행실이 조금밖에 바뀌지 않는다면 오래 사는 것이 무슨 소용 있겠습니까?

슬프다, 세월은 우리의 삶을 좋게 만들기보다 우리의 죄를 더 크게 만드는구나! 이 세상에서 단 하루라도 완벽하게 살 수 있다면 좋으련만!

많은 사람은 하나님을 믿은 지 얼마나 되었는지를 헤아려보지만, 삶에서 맺은 변화의 열매는 빈약한 경우가 많습니다.

죽는 것이 두렵다면, 오래 사는 것은 어쩌면 더 위험할지도 모릅니다. 언제나 죽을 순간을 염두에 두면서(전 7:1) 날마다 죽음을 준비하는 사람은 복이 있습니다. 다른 사람이 죽는 것을 보거든 그대도 똑같은 길을 가야 한다는 것을 생각하십시오(히 9:27).

🌿

아침에는 그대가, 밤이 되기 전에 죽을지도 모른다고 생각하십시오. 저녁이 되면 다음 날 아침을 맞이할 것이라고 확신하지 마십시오. 언제나 준비하십시오. 그리하여 준비되지 않은 상태에서 죽음을 맞이하는 일이 없도록 하십시오(눅 21:36).

많은 사람들이 전혀 예상치 않은 순간에 죽음을 맞이합니다. 우리가 생각하지도 않은 때에 인자가 오실 것이기 때문입니다(마 24:44; 눅 12:40). 마지막 순간이 오면, 그대는 지나간 삶에 대해 전혀 다른 생각을 하게 될 것이고, 너무도 부주의하고 태만하게 살았던 것이 후회스러울 겁니다.

🌿

아, 인생을 사는 동안에 죽는 순간 드러나고 싶은 모습대로 살려고 애쓰는 사람은 얼마나 지혜롭고 복이 있는지 모릅니다!

  세상을 철저히 멸시하는 것(집회서 12:1), 뛰어난 미덕을 함양하고자 하는 뜨거운 열망, 규율에 대한 사랑, 아프게 회개하는 것, 즉각적인 순종, 자기를 부인하는 것, 그리스도를 사랑하기에 모든 괴로움을 참는 것 등은 행복한 죽음을 보장해줍니다. 건강할 동안에는 좋은 일을 많이 할 수 있겠지만, 병들었을 땐 무엇을 할 수 있을지 모르겠습니다. 병으로 말미암아 더 나은 사람, 더욱 변화된 사람이 되는 경우는 드뭅니다. 또한 바깥으로 많이 돌아다니는 사람들도 거룩하게 되기 어렵습니다.

🌿

친구와 친척들을 의지하지 말고, 자신의 영혼을 보살피는 일을 미루지 마십시오. 사람들은 그대가 생각하는 것보다 훨씬 빨리 그대를 잊기 때문입니다. 늦기 전에 영혼을 돌보고, 선을 행하는 것이 다른 사람의 도움에 의지하는 것보다 낫습니다(사 30:5; 31:1; 렘 17:5; 48:7; 마 6:20). 지금 스스로 돌보지 않으면, 누가 그대를 보살펴주겠습니까?

지금 이 순간이 소중합니다. 지금이 구원의 날이요, 지금이 은혜를 받을 때입니다. 영원히 살 것을 바라보면서도 지금 이 순간 게으르게 살다니, 얼마나 슬픈 일입니까! 한 시간만이라도 주어진다면 스스로를 고치고 싶은 때가 올 것인데, 그 시간이 그대에게 허락될지는 나도 모르겠습니다.

✐

죽음을 두려워한다면, 큰 위험에서 자신을 건지고, 큰 두려움에서 해방될 수 있습니다.

지금 그렇게 살기 위해 노력하십시오. 그리하면 죽을 때에 두려움보다 오히려 기쁨을 느끼게 될 것입니다. 지금 세상에 대해 죽는 법을 배우십시오. 그리하면 그리스도와 함께 살기 시작할 것입니다(롬 6:8). 지금 모든 세상적인 것들을 경멸하는 법을 배우십시오(눅 14:33). 그리하면 그리스도와 함께 자유로이 살게 될 것입니다. 지금 회개하여 몸을 쳐서 복종시키십시오(고전 9:27).

그리하면 담대함을 갖게 될 것입니다.

✐

아, 어리석은 자여, 그대는 단 하루도 장담할 수 없는 처지인데 어째서 오래 살 것을 생각하십니까?(눅 12:20) 얼마나 많은 사람이 스스로를 기만하고 있다가 갑자기 세상을 떠났는지 모릅니다!

얼마나 자주 이런 소식을 듣는지 생각해보십시오. 누구는 칼에 찔려 죽었고, 누구는 물에 빠져 죽었고, 누구는 높은 데서 떨어져 목이 부러져 죽었고, 누구는 음식을 먹다가 죽었고, 누구는 놀다가 죽었다는 소식 말입니다. 어떤 사람은 불로 죽었고, 다른 어떤 사람은 칼로 죽었고, 또 다른 어떤 사람은 전염병으로 죽었으며, 또 다른 사람은 강도의 칼에 죽었습니다. 따라서 죽음은 만사의 끝인즉, 사람의 생명은 그림자처럼 순식간에 사라지는 것입니다(욥 14:2).

🍃

그대가 죽은 뒤에 누가 그대를 기억하겠습니까? 그리고 누가 그대를 위해 기도하겠습니까? 그러므로 내 사랑하는 자여, 지금 할 수 있는 일이면 무엇이든 하십시오. 그대는 언제 죽을지 알지 못하고, 죽은 뒤에 무슨 일이 일어날지 그대는 모르기 때문입니다.

시간이 있을 동안에 영원히 썩지 않는 보물을 쌓아두십시오(마 6:20; 눅 12:33; 갈 6:8). 오로지 그대의 구원만 생각하고, 오로지 하나님의 것만 신경 쓰십시오.

지금 하나님의 성도들을 존귀하게 여기고 그들의 행실을 본받음으로써 그들을 친구로 사귀십시오. 그리하면 이 짧은 인생에서 실패하더라도 영원한 처소로 데려가 줄 것입니다(눅 16:9; 히 11장).

제1장. 영적 생활에 유익한 권면

이 땅에서는 나그네와 순례자로 지내십시오(벧전 2:11). 그런 사람은 이 세상의 일과 관련 없습니다. 마음을 홀가분하게 하고 하나님을 바라보십시오. 여기에는 영원한 도성이 없기 때문입니다(히 13:14).

하늘을 향해 날마다 눈물과 함께 기도와 탄식을 보내십시오. 그리하면 그대가 죽은 뒤에 그대의 영이 무척 행복한 상태로 주님께로 나아갈 것입니다. 아멘.

24
죄인의 심판과 형벌

모든 일을 할 때 특별히 그대의 종말을 염두에 두십시오. 그 엄한 심판관 앞에서(히 10:31), 아무것도 숨길 수 없고, 선물로 무마할 수도 없고, 어떤 변명도 통하지 않으며, 오직 공평과 정의로 판단하실 심판관 앞에 어떻게 설 수 있을지 생각하십시오.

불쌍하고 어리석은 죄인이여, 때로 화난 사람의 얼굴조차 두려워하는 그대가, 모든 악행을 아시는 하나님께는 어찌 응답할 것입니까(욥 9:2). 왜 그대는 심판의 날, 아무도 다른 사람을 위해 변명하거나 대신 응답할 수 없고, 오직 각 사람이 직면해야 할 그날을 내다보며 미리 준비하지 않습니까(눅 16:9).

지금은 그대의 고통이 유익하고, 그대의 눈물이 용납되고(고후 6:4) 그대의 신음이 들리고, 그대의 슬픔이 하나님 마음을 누그러뜨리며 그대의 영혼을 정화시키는 때입니다.

🌿

인내하는 사람은 그 영혼이 정화되어 온전해질 것이며(약 1:4) 불의한 일을 당해도 자기의 손해보다 상대방의 악의에 대해 더 슬퍼하고, 적대자들을 위해 기꺼이 기도하며(눅 23:34; 행 7:60), 그들의 잘못을 마음으로부터 용서해줍니다. 잘못을 범한 사람이 누구든지 즉시 용서를 구하고, 분노하기보다 먼저 동정하고, 종종 자신의 몸을 영혼에게 완전히 복종시키기 위해 노력합니다.

우리 죄가 내세에 처벌받도록 내버려두는 것보다 현세에서 죄를 깨끗이 씻고 악덕을 끊어버리는 편이 더 낫습니다. 사실상 우리는 육신을 지나치게 사랑함으로 자신을 속이고 있습니다.

🌿

지옥의 불이 그대의 죄악이 아니면 무엇을 먹고 살겠습니까? 육신의 소욕을 따를수록, 내세에 더 많은 벌을 받을 것이며, 그 불길을 지필 더 많은 연료를 쌓는 것입니다. 사람이 무슨 죄를 범했든지 그에 합당한 형벌을 받을 것입니다.

　게으른 자는 불타는 막대기로 맞으며 앞으로 달릴 것이고, 폭식하는 자는 굶주림과 목마름으로 고통 당할 것입니다. 쾌락을 사랑하는 자는 불타는 송진과 고약한 냄새가 나는 유황에서 목욕할 것이며, 질투하는 자는 미친개처럼 고통하며 울부짖을 것입니다.

*

모든 죄는 예외 없이 그에 합당한 형벌을 받을 것입니다. 거기에서 교만한 자는 온갖 혼란으로 가득 찰 것이며, 탐욕스러운 자는 비참한 가난에 찌들 것입니다. 그곳에서의 한 시간은 천 년간의 통절한 참회보다 더 괴로울 것입니다. 여기에서는 일하다가 중간에 쉴 수도 있고 친구들의 위로를 받을 수도 있지만, 거기에서는 정죄받은 자가 조용하게 있을 수 없고 위안을 받을 수도 없습니다(욥 40:12; 41장).

　지금 죄로 인해 염려하고 슬퍼하십시오. 그리하면 심판 날에 축복받은 자들과 함께 있게 될 것입니다. 그때에는 그들을 괴롭히고 억눌렀던 행위에 대항하여 의인들이 담대하게 일어날 것입니다(지혜서 5:1). 그때에는 지금 사람들의 심판에 겸손하게 순응하는 자가 그들을 심판하러 일어설 것입니다.

　그때에는 가난하고 겸손한 자는 자신감을 되찾지만, 교만한 자는 사방에서 엄습하는 두려움에 사로잡힐 것입니다.

🍃

그때에는 이 세상에서 그리스도를 위해 멸시받던 자들이 오히려 지혜로웠음이 드러날 것입니다. 그때에는 사악한 자의 입이 봉해질 것이며(시 107:42), 모든 괴로움을 인내한 덕분에 기뻐할 것입니다. 그때에는 믿음이 있는 자는 기뻐하고, 불경스러운 자는 슬퍼할 것입니다.

그때에는 온갖 쾌락과 즐거움을 많이 경험한 자보다 자신의 육신을 정복한 자가 더욱 기뻐할 것입니다(고후 4:17). 그때에는 가난한 자의 옷이 영광스럽게 빛나고, 화려한 옷은 초라하고 보잘것없게 보일 것입니다. 그때에는 금빛 나는 궁전보다 초라한 오두막이 더 칭송받을 것입니다.

그때에는 온 세상의 권력보다도 한결같은 인내가 우리를 만족시킬 것입니다. 그때에는 단순한 순종이 세상의 모든 지혜보다 더 높임을 받을 것입니다(사 29:19).

🍃

심판 날에는 심오한 철학 지식보다 선하고 깨끗한 양심이 사람을 더 기쁘게 할 것입니다.

그때에는 세상의 모든 보물보다 부를 경멸하는 태도가 더 중요해질 것입니다. 그때에는 맛있는 음식을 많이 먹은 것보다 열심히 기도했던 것에서 더 위안을 얻을 것입니다. 그때에는 말을 많이 한 것보다 침묵을 지켰던 것이 더 즐거운 기억으로 남을 것입니다.

그때에는 천 마디의 미사여구보다 선행이 더 가치 있게 여겨질 것입니다. 그때에는 세상의 모든 즐거움보다 엄격한 삶과 통렬한 회개가 더 즐거움을 줄 것입니다.

작은 고난을 받는 데 익숙해지십시오. 그리하면 그때에는 더 심한 고통에서 구원받을 것입니다. 여기에서 먼저, 나중에 무엇을 견딜 수 있는지를 증명하십시오.

지금 그대가 작은 고통조차 견딜 수 없다면, 그때에는 어떻게 영원한 고통을 견딜 수 있겠습니까? 지금 그대가 작은 고난마저 참을 수 없다면, 나중에 지옥 불을 어떻게 감당하겠습니까?

두 개의 낙원을 동시에 가질 수 없다는 것을 명심하십시오. 이 세상에서 즐거움을 누린 뒤에 내세에서 그리스도와 함께 왕 노릇하는 것은 불가능한 일입니다.

🌿

가령, 지금까지 항상 명예와 즐거움을 누리며 살아왔다고 합시다. 그런데 만일 지금 죽는다면 그 모든 것이 무슨 소용이 있겠습니까(눅 12:20). 그러므로 하나님을 사랑하고 그분만 섬기는 일을 제외하면 모든 것이 헛된 것입니다(전 1:2). 온 마음을 다해 하나님을 사랑하는 사람은 죽음이나 형벌, 심판이나 지옥을 두려워하지 않습니다. 완전한 사랑은 하나님께 다가가는 길을 열어 주기 때문입니다(롬 8:39).

반면에 죄짓는 것을 기뻐하는 사람은 죽음과 심판을 두려워하기 마련입니다. 사랑이 그대로 하여금 죄를 짓지 않게 할 수는 없지만, 지옥을 두려워하는 마음에 죄 짓기를 멀리하게는 도와줄 겁니다. 하나님에 대한 경외심을 아예 제쳐놓은 사람은 오랫동안 선한 사람으로 있을 수 없으며, 금방 마귀의 올무에 빠지고 맙니다.

25
삶을 개선하려고 힘쓰라

늘 깨어서 하나님을 부지런히 섬기십시오(딤후 4:5). 그대가 세상을 떠나 왜 이곳에 오게 되었는지를 자주 생각하십시오. 그것은 하나님을 위해 살며 영적인 사람이 되기 위한 것이 아니었습니까? 그렇다면 그대의 수고에 대한 보상을 곧 받을 것인즉, 앞으로 열심히 전진하십시오(마 5:48). 그때가 되면 어떤 두려움이나 슬픔도 없을 것입니다(계 21:4; 22:3).

지금 이 순간 조금 더 노력하십시오. 그러면 장차 큰 안식과 영원한 기쁨을 얻게 될 것입니다(집회서 51:27; 계 21:4; 22:3). 신실하게 선을 행하면, 하나님은 약속하신 대로 넉넉히 보상해 주실 것입니다(마 25:23). 장차 승리를 얻게 될 것을 소망해야 마땅합니다(롬 5:5). 하지만 안심하지 마십시오. 혹시 나태해지거나 교만해질까 우려되기 때문입니다.

두려움과 소망 사이를 오락가락하던 사람이 슬픔에 억눌린 나머지, 교회의 제단 앞에 겸손히 엎드려 속으로 이렇게 기도했습니다. "아, 내가 좀 더 인내했어야 했다는 것을 그때 알았더라면!" 그때 그는 마음속으로 하나님이 주시는 응답을 들었습니다. "그대가 만일 그것을 알았더라면 어떻게 했겠는가? 그때에 행했을 그것을 지금 행하라. 그리하면 안전할 것이다."

이 말씀을 듣고 위로와 힘을 얻은 그는 하나님의 뜻에 자신을 완전히 의탁했고, 덕분에 그를 괴롭히던 불안도 사라졌습니다. 또한 장차 무슨 일이 닥칠까 노심초사하던 마음도 사라졌고, 이제는 하나님의 온전하시고 기뻐하시는 뜻을 알려고 노력했습니다(롬 12:2). 그것이 바로 모든 선행의 출발점이자 종착점입니다.

"여호와를 의뢰하고 선을 행하라. 땅에 머무는 동안 그의 성실을 먹을거리로 삼을지어다"(시 37:3)라고 선지자는 말했습니다. 많은 사람이 영적으로 성장하지 못하도록, 삶을 개선하지 못하게 가로막는 걸림돌이 하나 있습니다. 그것은 역경이나 싸움을 두려워하는 태도입니다.

하지만 미덕을 쌓는 사람들은 자기에게 가장 힘들고 거슬리는 역경을 극복하기 위해 최선을 다합니다. 지기 자신을 극복하고 육신의 뜻을 죽이는 사람이 더 성숙하고 큰 은혜를 얻게 되기 때문입니다.

그러나 극복하고 죽여야 할 것들을 모든 사람이 똑같이 가진 것은 아닙니다. 정욕이 많은 사람이라도 부지런하면 열심 없는 온건한 사람보다 더 빨리 성장합니다.

특히 우리의 변화를 돕는 것이 두 가지 있습니다. 하나는, 우리의 악한 본성으로부터 과감히 등 돌리는 일이고, 다른 하나는 우리에게 가장 부족한 미덕을 쌓기 위해 열심히 노력하는 것입니다.

흔히 그대를 불쾌하게 하는 타인의 모습에서 자신을 본다면, 그것을 극복하기 위해 부지런히 노력하십시오.

🌿

어디에 있든지 그대의 영혼에 유익한 것을 모으십시오. 좋은 본보기를 보거나 듣거든, 그것을 본받기 위해 분발하십시오. 반면에 책망받을 만한 것을 보면 그와 똑같이 행하지 않도록 주의하십시오. 혹시라도 그런 행동을 했다면 즉시 그것을 바로잡기 위해 애쓰십시오. 그대의 눈이 다른 사람을 관찰하듯이(마 7:3) 다른 사람들도 그대를 눈여겨보고 있습니다.

열정과 헌신, 잘 다듬어지고 훈련된 모습을 지닌 믿음의 형제들을 보는 것은 얼마나 유쾌하고 즐거운 일인지요(엡 5장 혹은 4:1, 16; 고전 12:18; 전 3:1).

이와 반대로, 자신이 받은 소명에 전념하지 않고 제멋대로 사는 모습을 보는 것은 얼마나 슬프고 마음 아픈 일인지 모릅니다. 그들이 받은 소명의 선한 목적을 소홀히 하고, 본분이 아닌 일로 분주한 모습을 볼 때 얼마나 가슴 아픈지 모릅니다!

🌿

그대가 했던 신앙고백을 마음에 새기고, 십자가에 못 박히신 구원자의 모습을 영적인 눈으로 바라보십시오. 하나님의 길에 들어선 지 오래되었음에도 불구하고, 예수 그리스도를 본받기 위해 노력하지 않는 당신은, 그분의 삶을 바라보며 부끄러움을 느껴야 마땅합니다.

주님의 지극히 거룩한 생애와 고난을 바라보며 진지하고 경건하게 훈련하는 신앙인은 유익한 모든 것을 발견할 것입니다. 그는 예수님이 아닌, 더 나은 어떤 것을 추구할 필요도 없을 것입니다.

십자가에 못 박힌 예수님이 우리 마음속으로 들어오시기만 한다면(갈 2:20; 6:14), 이 모든 진리를 얼마나 빨리, 또 완전하게 배울 수 있을까요!

🌱

뜨거운 신앙인은 자기에게 주어진 모든 일을 잘 감당합니다. 그러나 게으르고 냉소적인 사람은 고생에 고생을 거듭하고 사방으로 괴롭힘을 당합니다. 그런 사람은 내적인 위안도 없고, 외적인 위안거리도 찾을 길이 막혀 있기 때문입니다.

규율에 따라 살지 않는 신앙인은 큰 위험에 노출되어 그 영혼이 망하게 됩니다. 자유분방함과 안일함을 구하는 사람은 이런저런 일로 마음이 상하기 때문에 언제나 괴로움을 안고 살아가게 될 것입니다.

🌱

우리 입술과 온 마음으로 하나님을 찬양하는 일만 존재한다면 얼마나 좋겠습니까! 먹거나 마시거나 잠잘 필요 없이 항상 하나님을 찬양하고 영적인 훈련에만 몰두할 수 있다면 얼마나 좋겠습니까! 그렇게 되면, 지금과 같이 육체의 많은 욕구들을 채우느라 얽매이지 않을 것이기에 지금보다 훨씬 더 행복할 것입니다.

이런 욕구들이 전혀 없고 오직 영적인 묵상만 할 수 있다면 좋으련만, 지금은 영적인 묵상을 즐기는 경우가 너무나 적습니다.

🌿

사람이 피조물에게서 위안을 찾지 않는 경지에 이르면, 하나님을 온전히 즐거워하기 시작합니다. 그때 그는 무슨 일이 닥치더라도 만족할 것입니다.

그때에는 큰 일로 인해 기뻐하지도 않고, 작은 일로 인해 슬퍼하지도 않을 것입니다. 대신 그에게 전부가 되신 하나님께 자신을 완전히 의탁할 것입니다(롬 11:36; 고전 8:6; 12:6; 15:28). 하나님에게는 썩거나 죽는 것이 없습니다. 만물은 그분을 위해 존재하며, 지체 없이 그분께 순종합니다.

🌿

언제나 인생의 끝을 기억하고(집회서 7:36), 잃어버린 시간은 다시 돌아오지 않음을 명심하십시오. 신중하고 부지런해야만 미덕을 쌓을 수 있다는 것을 반드시 기억하기 바랍니다. 열정이 식어 미지근해지기 시작했다면(계 3:16), 그것은 곧 악해질 것이라는 징조입니다. 그러나 영적인 열정으로 충만하면, 하나님의 은혜로운 도움과 사랑으로 말미암아 깊은 평안을 맛보고, 고된 일도 덜 힘들게 느낄 것입니다.

열정적이고 부지런한 사람은 무슨 일이든 할 준비를 갖춘 사람입니다. 육체적인 노동을 하는 것보다 악과 정욕에 저항하는 것이 더 어려운 법입니다. 사소한 잘못을 피하지 못하는 사람은 조금씩 더 큰 잘못에 빠지게 됩니다(집회서 19:1).

낮 시간을 유익하게 보내면 저녁에는 기쁨을 맛볼 것입니다. 자기 자신을 잘 감시하고, 스스로 분발하며, 자신에게 경고하십시오. 그리고 다른 사람들이 어떻게 대하느냐와 상관없이 그대 자신을 소중히 여기십시오. 영적인 면에서 자신에게 엄격하면 할수록, 더 큰 영적 성장이 이루어질 것입니다. 아멘.

제 2 장

내면 생활에 유익한 권면

THE
IMITATION
OF
CHRIST

그리스도를 본받아

1
내면을 가꾸는 삶

"하나님의 나라는 너희 안에 있다"(눅 17:21)고 주님이 말씀하셨습니다. 마음을 다하여 주님께 돌아오고(욜 2:12), 이 비참한 세상을 버리십시오. 그리하면 그대의 영혼이 안식을 찾을 것입니다. 외적인 것은 멸시하고 내적인 것에 몰두하는 법을 배우십시오. 그리하면 그대 안에서 하나님나라를 보게 될 것입니다. "하나님의 나라는… 성령 안에 있는 의와 평강과 희락"(롬 14:17)이며, 그것은 믿지 않는 자에게는 주어지지 않는 것들입니다.

당신의 내면에 그리스도를 위한 훌륭한 기치를 마련하면, 그분이 친히 오셔서 위로해 주실 것입니다. 그분의 모든 영광과 아름다움은 내면에 있으며(시 45:13), 거기에 그분의 기쁨도 있습니다. 그분은 속사람을 자주 찾아오시고, 속사람과 달콤한 대화, 즐거운 위로, 큰 평화, 근사한 친밀함을 나누십니다.

🍃

신실한 사람이여, 신랑을 맞이할 마음의 준비를 갖추십시오. 그리하면 그분이 오셔서 그대 안에 살겠다고 약속하실 것입니다. 왜냐하면 그리스도께서 이렇게 말씀하셨기 때문입니다. "사람이 나를 사랑하면 내 말을 지키리니…우리가 그에게 가서 거처를 그와 함께 하리라"(요 14:23). 그러므로 그리스도에게만 거처를 내어드리고, 그 밖의 모든 존재에게는 들어오는 것을 허락하지 마십시오.

그리스도가 있으면, 그대는 부유하고 풍족한 사람입니다. 그분은 그대의 모든 일을 돕는 신실한 도우미가 될 것이기에 당신은 사람을 의지할 필요가 없습니다. 사람은 금방 변하고 자주 실망시키지만, 그리스도는 영원히 살아 계시고(요 12:34) 끝까지 우리 곁에 굳건히 서 계십니다.

🍃

비록 어떤 사람이 우리에게 유익하고 소중하다 할지라도, 크게 신뢰해서는 안 됩니다(렘 17:5). 또한 사람이 때때로 우리를 반대하더라도 크게 슬퍼해서도 안 됩니다. 오늘 편을 들어주었던 사람들이 내일이면 그대를 반대할지도 모릅니다. 그들은 종종 바람처럼 쉽게 돌아서곤 합니다.

하나님을 완전히 신뢰하고(벧전 5:7), 그분만을 경외하며, 그분을 사랑하십시오. 하나님은 그대에게 응답하실 것이고, 가장 좋은 것을 허락하실 겁니다. 여기엔 영원한 도시가 없으므로, 어디에 있든지 그대는 나그네요 순례자입니다. 또한 마음속 깊이 그리스도와 연합하지 않으면, 안식을 찾을 수 없을 것입니다.

🕮

이곳은 그대가 안식할 장소가 아닌데 왜 이곳저곳을 기웃거립니까? 그대의 본향은 하늘에 있으므로(빌 3:20), 이 땅의 모든 것은 그저 스쳐지나가는 것으로 보아야 합니다. 모든 것은 지나가기 마련이고(지혜서 5:9), 그대도 함께 지나가고 말 것입니다.

이 땅의 것에 집착하지 않도록 조심하십시오. 혹시 그런 것에 사로잡혀 멸망할까 두렵습니다. 그대의 생각을 가장 높은 곳에 계신 하나님께 두고, 그리스도께 자비를 베풀어달라고 끊임없이 기도하십시오. 하늘의 것을 묵상할 수 없다면, 그리스도의 수난에서 안식을 찾고, 그분의 거룩한 상처를 깊이 생각하십시오.

주 예수의 상처와 고귀한 흔적을 향해 열심히 달려가면, 환난 중에도 큰 위로를 느끼게 될 것입니다. 또한 사람들의 멸시에 크게 신경을 쓰지 않게 될 것이고, 비난하는 말도 쉽게 감당할 수 있을 것입니다.

🍃

그리스도 역시 세상에 계실 때 사람들에게 멸시를 받았고, 도움이 가장 절실한 순간에 지인들과 친구들에게 버림 받았습니다(마 1장; 12:24; 16:21; 요 15:20). 그리스도께서 기꺼이 고난과 멸시를 받으셨는데, 그대는 감히 누구를 원망하는 것입니까?

그리스도께서 수많은 대적들과 험담하는 자들을 직면하셨는데, 그대는 모든 사람이 친구와 은인이 되기를 바라는 것입니까? 그대에게 역경이 닥치지 않으면 어떻게 인내하여 면류관을 얻을 수 있겠습니까?(딤후 2:5) 기꺼이 역경을 감내할 생각이 없으면, 어떻게 그리스도의 친구가 될 수 있겠습니까?

그리스도와 함께 왕 노릇하고 싶다면 그분과 함께, 그리고 그분을 위해 고난을 받으십시오.

🍃

단 한번이라도 '주 예수의 내면 생활' 속으로 들어가서 그분의 뜨거운 사랑을 조금이나마 맛본 적이 있다면, 자신의 편안함이나 불편함을 개의치 않고 오히려 험담하는 사람들의 비방을 기뻐하게 될 것입니다. 예수님의 사랑은 사람으로 하여금 자기 애착을 내려놓게 만듭니다.

예수님과 진리를 사랑하는 사람, 내적으로 성숙한 그리스도인, 지나친 애착에서 자유로운 사람은 하나님을 향해 나아갈 수 있고, 영적으로 자신을 높이 끌어올릴 수 있으며, 기쁨으로 안식을 누릴 수 있습니다.

🌱

모든 것을 타인의 평가와 말에 휘둘리지 않고, 있는 그대로 판단하는 사람은 참으로 지혜롭습니다.

그는 사람의 교훈이 아니라 하나님의 가르침을 받는 사람입니다(사 54:13). 내면을 가꿀 줄 아는 사람, 외적인 것에 가치를 두지 않는 사람은 신앙적 훈련을 수행하는 데 특별한 장소나, 시간이 중요하지 않음을 압니다.

영적인 사람은 외적인 것을 중요하게 생각하지 않기 때문에 쉽게 마음을 정돈하여 묵상할 수 있습니다. 그런 사람은 일시적으로 필요한 노동이나 사업 때문에 방해받지 않습니다. 모든 일에 쉽게 적응합니다.

내면이 잘 정돈되어 있는 사람은 사람들의 기묘하고 사악한 행위에 마음을 쓰지 않습니다. 사람은 외적인 문제에 마음 끌릴수록 삶에 방해를 받습니다.

🌱

평온하게 지내며 죄에서 벗어나 깨끗한 생활을 한다면, 모든 것이 합력하여 선을 이루고(롬 8:28) 성숙하게 될 것입니다. 그러나 많은 일들이 그대를 불쾌하게 만들고 괴로움을 안겨줍니다. 그것은 아직 자신에 대하여 완전히 죽지 않았고, 세상적인 것들로부터 멀어지지 않았기 때문입니다.

피조물에 대한 불순한 사랑만큼 사람의 마음을 더럽히고 얽어매는 것은 없습니다. 외적인 위안거리를 거부한다면, 하늘에 속한 것을 깊이 묵상할 수 있고, 내적인 기쁨을 얻을 수 있을 것입니다.

2
겸손한 순종에 관하여

누가 그대의 편이고, 누가 대적인지 생각하지 마십시오(롬 8:31; 고전 4:3). 대신 자신이 무엇을 하고 있는지를 생각하고, 그대가 하는 모든 일에 하나님이 동행하고 계시는지에 마음 쓰십시오.

선한 양심을 가지십시오. 그리하면 하나님께서 보호해 주실 것입니다(시 28:7). 하나님이 도와주시는 사람은 그 어떤 악한 행동으로도 해칠 수 없습니다. 잠잠히 고난을 감당하다 보면, 주님이 그대를 돕는 것을 분명히 보게 될 것입니다.

그분은 구원할 시기와 방법을 알고 계시므로, 그분께 자신을 완전히 맡겨야 합니다. 사람을 도와주고 모든 혼란한 상태에서 벗어나게 하는 것이 하나님의 뜻입니다. 다른 사람들이 우리의 잘못을 알고 책망하는 것은 우리를 더욱 겸손하게 만들어줄 것입니다.

사람이 겸허하게 자기의 잘못을 인정하면, 다른 사람을 쉽게 진정시키고, 화난 사람을 만족시켜줄 수 있습니다. 하나님은 겸손한 사람을 보호하고 구원하십니다(약 3장 혹은 4:6; 욥 5:11). 그분은 겸손한 자를 사랑하고 위로하며 가까이 하십니다. 그분은 겸손한 자에게 큰 은혜를 베푸십니다.

하나님은 겸손한 자가 한참 낮아진 뒤에 그를 영광스러운 자리로 높여 주십니다. 하나님은 겸손한 자에게 자기의 비밀을 나타내시고(마 11:25), 그를 다정하게 당신에게로 이끌어주실 것입니다.

겸손한 사람은 책망을 받을 때에도 평안을 잃지 않습니다. 그는 세상이 아니라 하나님을 의지하기 때문입니다. 다른 사람에게서 자신보다 더 나은 점을 발견하기 전에는, 조금이라도 성장했다고 생각하지 마십시오.

3
평화를 사랑하는 사람

🌿

먼저 그대 자신이 평화를 지키십시오. 그리하면 다른 사람들에게 평화를 가져다 줄 수 있을 것입니다. 평화로운 사람은 지식이 있는 사람보다 더 좋은 일을 합니다. 정욕적인 사람은 선을 악으로 바꾸기도 하고, 쉽게 악을 믿기도 합니다. 평화를 사랑하는 사람은 모든 것을 선으로 바꿉니다(고전 13:5).

평화를 누리는 사람은 아무도 의심하지 않습니다. 그러나 불만과 고민을 안고 있는 사람은 온갖 의심으로 마음이 흔들리고, 그 자신이 안식을 누리지 못할 뿐 아니라 다른 사람까지도 평안을 누리지 못하게 합니다. 이런 사람은 말해서는 안 될 것을 말하고, 꼭 해야 할 일을 빠뜨리곤 합니다. 그는 남들이 해야 할 일은 생각하면서도(마 7:3), 자기 스스로 해야 할 일은 소홀히 합니다.

그러므로 먼저 그대 자신에 대해 신중한 열심을 품으십시오(행 1장 혹은 22:3). 그런 다음에야 이웃의 유익에 대해서도 열심이 있음을 바로 보여줄 수 있을 것입니다.

❧

그대는 자신의 행동에 대해 변명하는 법을 잘 알고 있습니다. 하지만 다른 사람의 변명은 기꺼이 받아주지 않습니다. 스스로를 탓하고 형제를 용서하는 것이 더 옳은 일입니다. 다른 사람이 그대를 참아주기 바란다면, 그대도 다른 사람을 참아주는 법을 배워야 합니다(갈 6:2; 고전 13:7).

보십시오, 그대가 진정한 사랑과 겸손에서 얼마나 당신이 동떨어져 있는지를! 그대는 남에게 화를 내는 법은 알면서도 자신에게 분노하는 법은 모르고 있기 때문입니다.

선하고 온유한 사람과 잘 어울려 지내는 것은 대단한 일이 아닙니다. 이것은 모든 사람이 자연스럽게 즐거워하는 일이고, 누구나 평화로운 관계를 맺기 원하며, 자기 마음에 드는 사람을 사랑하기 때문입니다. 그러나 까다롭고 비뚤어진 사람, 무질서한 사람, 혹은 거슬리는 사람과 평화롭게 지낼 수 있는 것은 큰 은혜이며, 매우 칭찬받을 만하고 용감한 일입니다.

❧

스스로 평화를 지키고 다른 사람들과도 평화롭게 지내는 사람들이 더러 있습니다. 그리고 스스로 평화를 지키지 못할 뿐만 아니라 다른 사람들까지 평화롭지 못하게 하는 사람들도 더러 있습니다. 이들은 다른 사람들에게도 물론 골칫거리지만, 스스로에게 더 골치 아픈 사람들입니다. 그리고 스스로 평화를 지키면서 다른 사람들도 평화를 누리도록 인도하려고 애쓰는 사람들이 있습니다.

그렇지만 이 비참한 인생을 사는 동안 우리가 누리는 평화는, 역경을 경험하지 않는 데서 오는 것이기보다는 겸허하게 고난을 겪는 데서 옵니다. 고난을 겪는 법을 가장 잘 아는 사람이 평화를 가장 잘 지킬 것입니다. 이런 사람은 자기를 정복한 자요, 세상의 주인이며, 그리스도의 친구요, 하늘나라의 상속자입니다.

4
순수한 마음과 단순한 의도

사람은 두 날개를 사용하여 이 세상을 벗어나 날아오를 수 있습니다. 그 두 날개는 바로 단순함과 순수함입니다. 우리의 의도는 단순해야 하고, 우리의 애정은 순수해야 합니다. 단순함은 하나님을 향해 나아가고, 순수함은 그분을 이해하고 맛봅니다. 무절제한 애정에서 자유로워질 수 있으면, 선한 행동을 하기가 어렵지 않습니다.

오로지 하나님의 뜻과 이웃의 유익만을 깊이 생각하고 또 추구한다면, 그대는 내면의 자유를 완전히 누리게 될 것입니다. 마음이 성실하고 올곧다면, 모든 피조물이 인생의 거울이요 거룩한 교훈을 담은 책이 될 것입니다. 하나님의 선하심을 표현하기에 작고 비천한 피조물은 없습니다(롬 1:20).

🌱

내면이 선하고 순수하다면(잠 3:3-4; 시 119:100), 아무런 방해를 받지 않고 모든 것을 제대로 보고 이해할 수 있을 것입니다.

순수한 마음은 천국과 지옥을 꿰뚫어봅니다. 누구나 내면의 상태에 따라 외적인 판단을 내리는 법입니다. 이 세상에 기쁨이 있다면, 그것은 순수한 마음을 가진 사람의 것임이 분명합니다. 그리고 어디엔가 환난과 염려가 있다면, 악한 양심이 그것을 가장 잘 알 것입니다.

쇠를 불속에 넣으면 녹이 사라지고 쇠가 새빨갛게 달아오르는 것처럼, 온전히 하나님을 향하는 사람은 모든 나태함을 벗어버리고 새 사람으로 변하게 됩니다.

🌱

열정이 식고 미지근해지기 시작하면, 조그만 수고로움도 두려워하게 되고 쉽게 위로받고 싶어 합니다. 그러나 그가 일단 자신을 완전히 극복하고 담대하게 하나님의 길을 걷기 시작하면, 이전에는 무겁게만 느꼈던 것을 가볍게 여기게 됩니다.

5
자신을 성찰하라

우리 자신은 그리 신뢰할 수 있는 존재가 아닙니다(렘 17:5). 종종 우리 안에는 은혜가 없고, 때로는 총명도 없기 때문입니다. 우리 내면에는 아주 작은 빛이 있을 뿐인데, 그것마저 부주의로 인해 금방 잃고 맙니다. 뿐만 아니라, 우리 내면의 어두움을 보지 못할 때도 많이 있습니다.

우리는 종종 악을 행하고, 설상가상으로 잘못을 변명하기도 합니다(시 141:4). 우리는 때때로 감정에 의해 동요하고, 그것을 열정적인 것으로 생각합니다. 다른 사람이 가진 작은 문제는 책망하면서도 우리 속에 있는 큰 문제는 그냥 넘어갑니다(마 7:5).

자신이 다른 사람들에게 고통당하는 것은 재빨리 느끼고 심각하게 생각하지만, 다른 사람이 나 때문에 고통당하는 것은 개의치 않습니다. 자신의 일을 잘 수행하고 제대로 생각하는 사람은 다른 사람을 판단할 이유를 별로 찾지 못할 것입니다.

✐

내면이 깊은 그리스도인은 다른 모든 것을 제쳐놓고 먼저 자신을 돌봅니다(마 16:26). 또한 자신을 부지런히 살피는 사람은 다른 사람들에 관해 많은 말을 하지 않습니다. 다른 사람의 일에 대해 침묵하면서 자기 자신을 주시하지 않으면, 결코 내면이 깊은 신자가 될 수 없습니다. 오로지 하나님과 자신에게만 주의를 기울인다면, 바깥에서 어떤 일을 보게 되든지 동요하지 않을 것입니다(고전 4:3; 갈 1:10).

그대가 자기 자신과 함께 있지 않을 때는 대체 어디에 있는 것입니까? 모든 목표를 달성했다 하더라도 스스로를 소홀히 했다면 무슨 유익이 있겠습니까? 마음의 평안과 참으로 통일된 목적을 갖고 싶다면, 모든 것을 뒤로 제쳐놓고 오직 자신만을 직시해야 합니다.

✐

이 세상 모든 염려에서 해방될 수 있다면, 크게 성장할 것입니다. 그러나 세상적인 것들을 귀중하게 생각하면, 크게 후퇴할 것입니다. 하나님을 제외한 그 어떤 것도 위대한 것으로, 높은 것으로, 즐거운 것으로, 마음에 드는 것으로 여기지 마십시오. 다른 피조물로부터 받는 모든 위로를 허망한 것으로 생각하십시오 (전 1:14).

하나님을 사랑하는 사람은 그분보다 못한 모든 것을 경멸합니다. 오직 하나님만이 영원하시고, 위대하시며, 모든 피조물을 충만케 하십니다. 그분만이 우리 영혼의 위로자요 마음의 참 기쁨이 되십니다.

6
선한 양심이 주는 기쁨

신한 사람의 영광은 선한 양심이 증거해 줍니다(고전 1:31). 선한 양심을 가지십시오. 그리하면 언제나 기쁨을 누리게 될 것입니다. 선한 양심은 많은 열매를 맺을 수 있고, 역경 속에서도 매우 기뻐합니다. 악한 양심은 항상 두려워하고 불안해 합니다(지혜서 17:11).

마음이 그대를 정죄하지 않으면 편안히 쉴 수 있을 것입니다. 선한 일을 행하지 않았다면 결코 기뻐하지 마십시오. 죄인들은 결코 진정한 기쁨을 맛볼 수 없고 내면의 평화도 느낄 수 없습니다. 주님이 "악인에게는 평강이 없다"(사 57:21)라고 말씀하시기 때문입니다.

설사 그들이 "우리는 평안하며, 재앙이 우리에게 임하지 않을 것이고(눅 12:19), 누가 감히 우리를 해칠 수 있겠는가?"라고 말하더라도, 그들을 믿지 마십시오. 왜냐하면 하나님의 분노가 갑자기 임할 것이고, 그들의 행위가 헛되이 돌아가고, 그들의 생각도 허망해질 것이기 때문입니다.

선한 자가 환난을 자랑하는 것은 어려운 일이 아닙니다. 그것은 곧 주님의 십자가를 자랑하는 것이기 때문입니다(롬 8장 혹은 5:3; 갈 6:14).

사람들이 주고받는 영광은 수명이 짧은 법입니다(요 5:44). 이 세상의 영광에는 항상 슬픔이 수반되기 마련입니다. 선한 사람의 영광은 그 양심에 있지 사람들의 소문에 있지 않습니다. 의로운 사람의 기쁨은 하나님으로부터 오며(고후 3:5) 하나님 안에 있습니다. 그리고 그들의 기쁨은 진리로부터 옵니다.

참되고 영원한 영광을 누리기 원하는 사람은 일시적인 영광에 관심이 없습니다. 그리고 일시적인 영광을 구하거나 세상의 영광을 마음으로 바라는 사람은 하늘의 영광을 사랑하지 않습니다. 사람들의 칭찬이나 비난에 아랑곳하지 않는 사람은 커다란 마음의 평온을 누릴 수 있습니다.

🍃

양심이 깨끗한 사람은 쉽게 만족하고 평온을 되찾을 것입니다. 칭찬을 받는다고 더 거룩해지는 것도 아니고, 비난을 받는다고 더 무가치해지는 것도 아닙니다.

있는 모습 그대로가 바로 당신입니다. 또한 아무도 그대를 하나님의 눈에 보이는 모습보다 더 위대한 존재라고 말해서는 안 됩니다. 그대 속에 무엇이 있는지를 생각해보면, 사람들이 말하는 바에 개의치 않을 것입니다.

사람은 외모를 보지만 하나님은 마음을 보십니다(삼상 16:7). 사람은 행실을 고려하지만 하나님은 마음의 의도를 중시하십니다. 항상 선을 행하고 자기를 하찮게 여기는 것이 겸손한 사람의 특징입니다. 피조물의 위로를 구하지 않는 것이 순결함과 내적 확신을 보여주는 증거입니다.

🍃

밖에서 자기를 증언할 사람을 구하지 않는 사람은 하나님께 완전히 헌신한 사람입니다. "옳다 인정함을 받는 자는 자기를 칭찬하는 자가 아니요, 오직 주께서 칭찬하시는 자니라"(고후 10:18)고 바울은 말했습니다. 마음으로 하나님과 동행하고 자기 애착에 사로잡히지 않는 것이 영적인 사람의 상태입니다.

7
무엇보다도
예수님을 사랑하라

예수님을 사랑하는 것이 무엇인지 알고, 그분을 위해 자기를 낮추는 자는 복이 있습니다(시 119:1-2).

무엇보다 오직 예수님만 사랑해야 하므로, 그분을 위해 사랑하는 모든 것을 버려야 마땅합니다(신 6:5; 마 22:37). 세상에 대한 사랑은 거짓되고 불안정합니다. 그러나 예수님을 사랑하는 일은 진실하고 영원합니다. 세상에 집착하는 사람은 연약한 그것과 함께 넘어질 것입니다. 그러나 예수님을 마음에 품은 사람은 영원히 굳건하게 설 것입니다.

모두가 떠나갈 때 그대를 버리지 않는 사람, 결국 그대가 망하도록 내버려두지 않는 사람을 사랑하고 그를 친구로 삼으십시오. 언젠가는, 원하던 원하지 않던, 모든 것과 이별해야 합니다.

❧

살든지 죽든지 예수님을 가까이 하고, 그분을 전적으로 신뢰하십시오. 모든 것이 실패로 끝나더라도 그분만은 그대를 도울 수 있기 때문입니다.

그대가 사랑하는 예수님은 어떤 경쟁자도 허락하지 않는 분이십니다. 그분은 홀로 그대의 마음을 주관하고 최고의 왕좌에 앉기를 원하십니다. 그대가 모든 피조물로부터 완전히 자유로워질 수 있다면, 예수님은 기꺼이 그대와 함께 살고 싶어 하실 것입니다.

예수님과 아무 상관 없는 사람들에게 무엇을 의탁하던 간에, 그것은 잃어버린 것이나 별반 다르지 않습니다. 바람에 날리는 갈대를 신뢰하지도 말고 의지하지도 마십시오. 모든 육체는 풀이요, 모든 육체의 영광은 들의 꽃과 같이 시들고 말 것이기 때문입니다(사 40:6).

❧

사람의 외모만 쳐다보면 순식간에 속아 넘어갈 것입니다. 거기에서 위로와 이득을 얻으려고 하면, 너무나 자주 손해를 보게 될 것이기 때문입니다.

모든 것에서 예수님을 찾으려고 하면, 분명히 그분을 찾게 될 것입니다. 그대가 자기를 찾으려고 하면 그대 자신을 찾게 되겠지만, 이는 그대에게 해害가 될 것입니다. 사람이 예수님을 찾지 않으면, 그 사람은 온 세상과 모든 대적보다 자신에게 더 해를 끼칠 것이기 때문입니다.

8
예수님과 나누는
친밀한 대화

예수님이 함께 계시면 만사가 형통하고, 아무것도 어렵지 않아 보입니다. 그러나 예수님이 계시지 않으면, 모든 것이 어렵습니다. 예수님이 마음속에서 우리에게 말씀하시지 않으면, 그 어떤 위안이라도 아무런 가치가 없습니다. 그러나 예수님이 단 한 말씀만 하셔도 우리는 큰 위로를 받게 됩니다.

마르다가 막달라 마리아에게 "선생님이 오셔서 너를 부르신다"(요 11:28)라고 말하자, 마리아는 울던 자리에서 급히 일어나지 않았습니까?

예수님이 그대를 눈물의 골짜기에서 영적인 기쁨으로 불러내실 때가 진정 행복한 순간입니다.

그대에게 예수님이 없다면 삶이 얼마나 무미건조하고 힘들겠습니까. 예수님이 아닌 다른 것을 갖고 싶어 한다면, 그것은 얼마나 어리석고 헛된 일입니까. 이것은 온 세상을 잃는 것보다 더 큰 손실이 아닙니까(마 16:26).

예수님이 없다면, 도대체 세상이 무엇을 줄 수 있겠습니까? 예수님 없는 상태야말로 끔찍한 지옥이고, 예수님과 함께 있는 것은 향기로운 낙원입니다. 예수님이 함께 계시면, 어떤 원수도 그대를 해칠 수 없을 것입니다(마 13:44).

예수님을 찾은 사람은 좋은 보물을 찾은 것이고(롬 8:35), 실로 모든 선good보다 뛰어난 선Good을 찾은 것입니다. 그리고 예수님을 잃은 사람은 실로 많은 것을 잃은 것입니다. 아니, 온 세상보다 더 많은 것을 잃었습니다! 가장 가난한 사람은 예수님 없이 사는 사람입니다(눅 12:21). 가장 부유한 사람은 예수님과 잘 지내는 사람입니다.

예수님과 대화하는 법을 아는 것은 위대한 예술이고, 예수님을 간직하는 법을 아는 것은 위대한 지혜입니다.

평화를 사랑하십시오. 그리하면 예수님이 그대와 함께 하실 것입니다(잠 3:17). 경건한 마음을 가지십시오. 그리하면 예수님이 그대와 함께 지내실 것입니다. 바깥으로 눈을 돌리면, 곧 예수님을 쫓아내고 그분의 은총을 잃어버리게 될 것입니다.

예수님을 쫓아내고 그분을 잃어버리면, 누구에게 도망갈 것이며 누구를 친구로 삼겠습니까? 친구 없이는 잘 살 수 없습니다. 그리고 무엇보다 예수님이 친구가 되지 못한다면, 그대는 실로 슬프고 쓸쓸하기 그지없을 것입니다. 그런즉 다른 것을 신뢰하거나 기뻐한다면, 그대는 바보처럼 행동하는 셈입니다.

예수님을 실망시키기보다는 온 세상이 우리를 대적하게 하는 편이 더 낫습니다. 그러므로 우리에게 소중한 것들 가운데서 무엇보다 예수님만을 극진히 사랑하도록 하십시오.

예수님을 위해 모든 사람을 사랑하되, 예수님은 그분 자체로 사랑하십시오. 오직 예수님만을 특별히 사랑하십시오. 그분만이 모든 친구보다 뛰어난, 선하고 신실한 친구이기 때문입니다.

예수님 안에서, 친구들은 물론이고 적들도 그대에게 소중한 존재가 되게 하십시오. 그 모두를 위해 기도하되 그들 역시 예수님을 알고 사랑하게 되기를 간구하십시오(마 5:44; 눅 6:27-28).

다른 사람들에게 특별한 칭찬이나 사랑받기를 기대하지 마십시오. 그런 칭찬과 사랑은 그 무엇에도 비할 바 없는 하나님께만 속한 것이기 때문입니다. 누군가의 마음이 그대에게 쏟아지기를 기대하지도 말고, 그대의 마음을 누군가에게 쏟으려 하지도 마십시오. 오히려 예수님이 그대 안에, 그리고 모든 선한 사람 안에 계시기를 바라십시오.

❦

순결하고 자유로운 내면을 가꾸십시오. 그대의 마음이 어떤 피조물과도 얽히지 않게 하십시오. 주님이 얼마나 아름다운 분이지를 자유롭게 생각하고 또 알고 싶으면, 순결한 마음으로 하나님께 나아가며, 그분 앞에서 발가벗은 상태가 되어야 합니다. 그리고 하나님 은혜를 힘입어 바른 길로 인도하심을 받으십시오. 모든 것을 버린 채 오로지 그분과만 하나가 되지 않는다면, 결코 진정한 행복에 도달할 수 없습니다.

하나님의 은혜가 사람에게 임할 때에만 그는 모든 일을 할 수 있기 때문입니다. 그리고 그 은혜가 떠나면, 가련하고 연약한 상태가 되어 오직 채찍질만 당하게 될 것입니다. 이런 경우에 그대는 낙담하거나 절망해서는 안 됩니다. 꾸준히 하나님의 뜻에 의지하면서 무슨 일이 닥치든지 예수 그리스도의 영광을 위해 견디십시오. 겨울이 지나면 여름이 오고, 밤이 지나면 낮이 돌아오듯이, 폭풍이 지난 뒤에는 평온이 깃들 것이기 때문입니다.

9
위로에 관하여

　

우리가 하나님의 위로를 받고 있을 때는 사람을 대수롭게 여기지 않습니다. 사람의 위로와 하나님의 위로가 모두 없는 상태를 감수하는 것(빌 2:12), 하나님의 영광을 위해 배척당하는 심정을 기꺼이 감내하는 것, 무슨 일에서든지 자기 유익을 구하지 않고 자기 공로를 내세우지 않는 것은 참으로 위대한 일입니다.

　은혜가 임했기 때문에 기뻐하고 믿음을 보이는 건 그리 대단한 일이 아닙니다. 이는 모든 사람이 누리고 싶어 하는 순간입니다. 하나님 은혜에 푹 빠진 사람은 쉽게 앞으로 나아갑니다. 전능하신 분에게 업혀 최고 안내자의 인도를 받는 사람이 전혀 자기 짐의 무게를 느끼지 않는 것은 놀랄 일이 아닙니다.

　

우리는 항상 우리를 위로할 만한 것을 찾고 싶어 합니다. 그리고 사람이 자기를 벗어버리는 일은 그리 쉽지 않습니다.

　거룩한 순교자 로렌스Lawrence와 그의 사제는 세상이 주는 모든 즐거움을 멸시함으로써 이 세상을 극복했습니다. 그는 그리스도를 사랑했기 때문에 자기가 극진히 사랑했던 하나님의 대사제 식스투스Sixtus가 자기에게서 멀어지는 것도 참고 견디었습니다. 그러므로 그는 창조주의 사랑으로 사람에 대한 사랑을 정복한 셈입니다. 그는 사람의 위로보다 하나님을 기쁘시게 하는 것을 택한 것입니다.

그대 역시 하나님에 대한 사랑 때문에 가깝고 소중한 친구와 헤어지는 법을 배우도록 하십시오. 친구에게 버림을 받더라도 너무 괴로워하지 마십시오. 우리는 결국 서로 헤어져야 할 존재임을 알기 때문입니다.

*

사람이 자기 자신을 완전히 정복하고 온 마음을 하나님께로 향하게 하려면, 마음속에서 오랫동안 엄청난 싸움을 해야 합니다.

사람이 자신을 신뢰할 때는 쉽게 인간적인 위로를 구하는 경향이 있습니다. 그러나 진심으로 그리스도를 사랑하는 사람과 열심히 미덕을 쌓으려는 사람은 그런 위안거리에 의지하지 않고 달콤함을 구하지도 않습니다. 오히려 힘겨운 훈련을 더 좋아하고, 그리스도를 위해 심한 고생을 감수하는 편을 선택합니다.

*

그러므로 하나님이 그대에게 영적인 위로를 주시면, 감사함으로 받되, 그것이 그대의 공로 때문에 주어진 것이 아니라 하나님의 선물임을 명심하십시오. 우쭐대지도 말고, 지나치게 기뻐하지도 말고, 주제넘게 굴지도 마십시오. 오히려 그 선물로 인해 더 겸손해지고, 조심하고 두려워하는 태도로 모든 행동을 하십시오. 이제 그 시간은 지나가고 유혹이 따라올 것이기 때문입니다.

위로가 그대에게서 떠난다 해도 절망에 빠지지 마십시오. 오히려 겸손하고 인내하는 자세로 위로부터 오는 은혜를 기다리십시오. 하나님은 그대에게 더욱 풍성한 위로를 다시 주실 것입니다.

이는 하나님의 길을 경험해본 사람들에게는 전혀 새로운 것도 아니고 낯선 것도 아닙니다. 위대한 성도들과 옛 선지자들은 그처럼 변화무쌍한 상황을 자주 경험했기 때문입니다.

시편기자는 하나님의 은혜를 맛보았을 때 이렇게 말했습니다. "내가 형통할 때에 말하기를 영원히 흔들리지 아니하리라 하였도다"(시 30:6). 그러나 은혜가 떠나가자, 자신에게서 발견한 것을 이렇게 표현했습니다. "주의 얼굴을 가리시매 내가 근심하였나이다"(시 30:7b). 하지만 그 모든 어려움 속에서도 그는 낙심하지 않고 더욱 간절하게 하나님께 기도했습니다. "여호와여, 내가 주께 부르짖고, 여호와께 간구하겠습니다"(시 30:8).

마침내 그는 기도의 열매를 받았고, 기도 응답을 받은 것을 이렇게 간증했습니다. "여호와께서 들으시고, 나를 긍휼히 여기시고, 나를 돕는 자가 되었습니다"(시 30:10).

그래서 어떻게 되었습니까? "주께서 나의 슬픔이 변하여 내게 춤이 되게 하시며, 나의 베옷을 벗기고 기쁨으로 띠 띠우셨나이다"(시 30:11).

위대한 성도들이 그런 경험을 했다면, 연약하고 가련한 우리는 때로 뜨겁고 때로 차갑다 하더라도 결코 낙심해서는 안 됩니다. 성령은 자신의 기뻐하는 뜻에 따라 오기도 하고 가기도 하기 때문입니다(요 3:8). 그래서 축복받은 욥은 이렇게 말하지 않았습니까? "아침마다 권징하시며, 순간마다 단련하시나이까"(욥 7:18).

그런즉 나는 오직 하나님의 큰 자비와 오직 하늘의 소망 이외에, 그 무엇에다 소망과 신뢰를 둘 수 있겠습니까?

나에게 신앙의 형제나 신실한 친구가 있든지, 거룩한 책이나 아름다운 글이나 향기로운 노래와 찬송이 있든지, 이 모든 것은 사실 도움밖에 되지 않고 약간의 맛을 더할 뿐입니다. 실로 은혜가 나를 버리면, 홀로 가련한 인생을 살 수밖에 없습니다. 그런 때는 인내하는 일과, 하나님 뜻에 따라 나 자신을 부인하는 것(눅 9:23)보다 더 나은 치료책이 없습니다.

🌱

아무리 믿음 좋은 신앙인이라도 때로는 은혜가 떠나가거나 열정이 식어가는 것을 경험하기 마련입니다. 이제까지 아무리 기쁨이 충만하고 큰 깨달음을 얻은 성도라도 머지않아 어떤 유혹이든 받지 않는 경우는 없습니다. 하나님을 위해 환난으로 연단을 받지 않은 사람은 하나님을 깊이 묵상할 만한 자격이 없기 때문입니다.

유혹이 먼저 온다는 것은 그 후에 위로가 따를 것이라는 표시이기도 하기 때문입니다. 유혹을 이긴 사람에게는 하늘의 위로가 주어질 것이라고 약속되어 있습니다. "이기는 그에게는 내가… 생명나무의 열매를 주어 먹게 하리라"(계 2:7).

🌱

사람에게 하나님의 위로가 임하는 것은 그가 더 강해져서 역경을 견딜 수 있게 하려는 것입니다. 그 뒤에 유혹이 따라오는데, 이는 그가 아무것도 자랑하지 못하게 하기 위해서 입니다. 마귀는 잠을 자지 않으며(벧전 5:8), 우리의 육신도 아직 죽지 않았습니다. 그러므로 그대는 마귀와 싸우려는 마음을 멈추지 마십시오. 그대의 좌우에 둘러선 적들도 결코 쉬지 않기 때문입니다.

10
하나님의 은혜에 감사하라

🍃

그대는 수고하기 위해 태어난 것인데(욥 5:7) 왜 쉬려고 합니까? 위로받기보다는 인내할 것을, 기쁨을 얻기보다는 십자가를 질 것을 늘 생각하십시오(눅 14:27). 항상 영적인 기쁨과 위안을 받을 수만 있다면, 그것을 기꺼이 받으려고 하지 않을 사람이 이 세상에 있겠습니까? 영적인 위안이야말로 세상의 모든 즐거움과 육신의 쾌락을 능가하기 때문입니다.

세상의 모든 즐거움은 헛되거나 부정不淨하지만, 영적인 기쁨은 하나님이 순결한 마음속에 불어넣는 것이며, 미덕에서부터 솟아나는 즐겁고 정당한 것이기 때문입니다. 그러나 누구든지 원하는 대로 항상 하나님의 위로를 누릴 수는 없습니다. 머지않아 유혹의 순간이 찾아오기 때문입니다.

🍃

거짓된 마음의 자유와 자기 과신은 하나님께로 통하는 방문을 가로막는 큰 걸림돌입니다. 하나님은 우리에게 기꺼이 위로의 은혜를 베푸시지만, 사람은 이에 대해 감사하지 않는 잘못을 저지르고 있습니다. 그래서 은혜의 선물이 우리 안에서 흐를 수가 없는 것입니다. 우리가 그 선물을 주시는 분에게 감사하지도 않고, 그 원천과 근원에 온전히 감사를 돌리지도 않기 때문입니다(집회서 1:5). 은혜는 언제나 마땅히 감사할 줄 아는 사람에게 주어지는 것이기에, 교만한 자는 겸손한 자에게 주어지는 은혜를 빼앗기게 될 것입니다.

🌱

나는 양심의 가책을 앗아가는 위로를 원치 않으며, 마음을 오만하게 하는 묵상을 즐거워하지도 않습니다.

  높다고 다 거룩한 것은 아니며, 향기로운 것이라고 다 선한 것은 아닙니다. 또한 모든 소원이 다 순수한 것은 아니며, 우리에게 소중한 모든 것이 다 하나님을 기쁘시게 하는 것도 아닙니다. 그래서 나는 나를 좀 더 겸손하게, 좀 더 거룩한 경외감을 품게, 좀 더 나 자신을 포기하게 만드는 은혜를 기꺼이 받아들입니다.

  은혜의 선물을 통해 가르침을 받고, 그 은혜가 떠나갔을 때 연단받은 사람은 그 어떤 선이라도 자기 것으로 돌리지 않을 것이고, 스스로를 가련하고 헐벗은 존재라고 고백할 것입니다. 하나님의 것은 하나님께 드리고(마 22:21), 그대의 것은 그대에게 돌리십시오. 이 말은, 은혜에 대한 감사는 하나님께 드리고, 그대에게는 오직 죄와 죄로 인한 형벌만 돌려야 한다는 뜻입니다.

🖋

자신을 항상 가장 낮은 자리에 두십시오(눅 14:10). 그리하면 가장 높은 자리가 주어질 것입니다. 가장 낮은 자리가 없으면 가장 높은 자리도 없을 것이기 때문입니다. 하나님 앞에서 가장 위대한 성도들은 그들 자신이 보기에는 가장 작은 자들입니다. 더 높은 자리에 오를수록 그들의 마음은 그만큼 더 겸손하게 됩니다. 진리와 하늘의 영광으로 충만한 사람들은 헛된 영광을 바라지 않습니다.

하나님 안에 깊이 뿌리를 둔 사람들은 결코 교만할 수 없습니다. 무슨 좋은 것을 받았든지 모든 것을 하나님의 은혜로 돌리는 사람들은 서로 영광을 주고받으려 하지 않고, 오히려 하나님으로부터 오는 영광만 받고 싶어 합니다. 그리고 무엇보다도 그 자신과 모든 성도들 안에 계신 하나님을 찬양하기 원하고, 항상 그렇게 하기를 원합니다.

🖋

그러므로 가장 작은 은사에 감사하십시오. 그리하면 더 큰 은사를 받기에 합당한 사람이 될 것입니다. 가장 작은 은사마저도 가장 크다 생각하고 가장 보잘것없는 은사를 아주 귀중한 은사로 생각하십시오. 은사를 주시는 분이 얼마나 귀한 분인지를 생각하면, 어떤 은사도 하찮게 여기거나 보잘것없는 것으로 보지 않을 것입니다. 가장 높으신 하나님이 주신 것이면 결코 하찮을 수 없기 때문입니다.

그렇습니다. 설사 그분이 형벌과 채찍을 주시더라도, 그것을 감사함으로 받아야 합니다. 하나님이 우리에게 무슨 일이 일어나도록 허락하시든지, 언제나 우리의 유익을 위해 그렇게 하시기 때문입니다.

하나님의 은혜를 간직하고 싶은 사람은 주어진 은혜에 감사하고, 설사 은혜가 떠나더라도 참고 견딜 필요가 있습니다. 그리고 그 은혜가 되돌아오도록 기도하고, 그것을 잃지 않도록 늘 조심하고 겸손해야 합니다.

11
예수님의 십자가를 사랑하는 사람

오늘날 하늘나라를 사랑하는 사람은 많지만, 예수님의 십자가를 지려는 사람은 별로 없습니다. 예수님께 위로받으려고 하는 사람은 많지만, 환난을 달라고 하는 사람은 별로 없습니다. 예수님과 같이 식사하려는 사람은 많지만, 금식하려는 사람은 별로 없습니다.

모든 사람이 그분과 함께 기뻐하길 원하지만, 그분을 위해 혹은 그분과 함께 무슨 일이든 기꺼이 감수하겠다는 사람은 없습니다. 많은 사람이 예수님을 좇아 떡을 떼는 자리에는 가지만, 고난의 잔을 마시는 자리까지 가는 사람은 없습니다(눅 9:14; 22:41-42). 많은 사람이 예수님이 베푸신 기적에는 경의를 표하지만, 치욕스러운 십자가를 좇는 사람은 소수에 불과합니다.

사람들은 역경이 생기지 않는 한 예수님을 사랑합니다. 많은 사람은 예수님으로부터 위로를 받는 한, 그분을 찬양하고 송축합니다. 그러나 예수님이 스스로를 숨긴 채 잠시 동안이나마 그들을 떠나시면, 그들은 불평을 늘어놓기 시작하거나 깊은 실의에 빠집니다.

그러나 특별한 위로를 받기 위해서가 아니라 그저 예수님을 위하는 마음으로 그분을 사랑하는 사람들은, 편안한 상태에 있든지 격심한 환난과 고뇌 가운데 있든지, 주님을 송축합니다. 그리고 하나님이 그들을 위로하지 않는 것처럼 느껴지는 상황에도, 그들은 언제나 그분을 찬양하고, 항상 그분께 감사를 드리기 원합니다.

✐

자기 이익이나 자기 사랑과 섞이지 않은, 예수님에 대한 순수한 사랑은 얼마나 강력한 힘이 있는지요! 언제나 안락함을 추구하고 있는 사람을 일컬어 삯꾼이라고 부르지 않습니까?

그들은 항상 자기의 이익과 편의만 생각하면서 그리스도보다는 그들 자신을 사랑하는 모습을 보여주지 않습니까?(빌 2:21) 아무것도 바라지 않고 기꺼이 하나님을 섬기려는 사람은 과연 어디에서 찾을 수 있습니까?

✐

세상적인 것을 사랑하는 마음을 완전히 비울 만큼 영적인 사람을 발견하기란 참으로 드문 일입니다. 진정으로 마음이 가난하고, 모든 피조물에 대해 초연한 자를 어디에서 찾을 수 있겠습니까? 그렇습니다, 그런 사람은 저 멀리 땅 끝에서 온 진주보다 더 값진 사람입니다(잠 31:10).

설사 한 사람이 자기의 모든 재산을 내어준다 할지라도, 그것은 아무것도 아닙니다. 설사 그가 깊이 회개한다 할지라도, 그것은 별것 아닙니다.

설사 그가 모든 지식을 통달한다 할지라도, 그는 여전히 갈 길이 멉니다. 그리고 설사 그가 매우 덕스럽고 뜨거운 신앙을 가지고 있다 할지라도, 부족한 것이 많이 있습니다. 그 가운데서도 특히 그에게 가장 필요한 한 가지가 부족합니다.

그것이 무엇입니까? 그것은 모든 것을 포기함으로써 자기를 버리고 자기를 완전히 부인하며(마 16:24), 자기를 사랑하기 때문에 보유하는 것이 전혀 없는 상태입니다. 그리고 그가 마땅히 할 일을 다 마친 뒤에는 자기가 행한 일이 아무것도 없다고 생각해야 할 것입니다.

설사 자신이 높이 평가할 만한 일을 했다 하더라도, 스스로는 그렇게 생각하지 말아야 합니다. 오히려 참으로 무익한 종이라고 인정하는 것이 필요합니다. 진리이신 주님이 이렇게 말씀하시지 않았습니까? "너희도 명령받은 것을 다 행한 후에 이르기를 우리는 무익한 종이라. 우리가 하여야 할 일을 한 것뿐이라 할지니라"(눅 17:10). 그러면 그는 마음이 가난하고 발가벗은 상태가 되어, 선지자의 말대로 "나는 외롭고"(시 25:16) 괴롭다고 고백할 것입니다.

그러나 세상에 그보다 더 부유하고 강하며 자유로운 사람은 없습니다. 그는 자기 자신을 비롯한 모든 것을 버려두고 떠날 수 있고, 스스로 가장 낮은 자리에 처할 수 있기 때문입니다.

Pro Memorialibus Incar-
abulen:

Pº el monasterio

12
거룩한 십자가의 길

*

"자기를 부인하고, 자기 십자가를 지고 나(예수)를 따를 것이니라"(마 16:24). 주님의 이 말씀은 많은 사람에게 어려운 명령으로 다가옵니다. 그러나 다음과 같은 최후의 말씀을 듣는 것은 그보다 훨씬 더 어려운 일입니다. "저주를 받은 자들아, 나를 떠나… 영원한 불에 들어가라"(마 25:41).

하지만 지금 십자가의 말씀을 기꺼이 듣고 따르는 사람들은 영원한 저주의 선고를 두려워하지 않을 것입니다(시 112:7). 장차 주님이 심판하러 오실 때 이 십자가의 표시가 하늘에 높이 걸릴 것입니다. 그때가 되면, 십자가에 못 박힌 그리스도를 평생 동안 본받은 모든 제자들이 담대한 마음으로 심판관이신 그리스도께 나아올 것입니다.

*

그럼에도 그대는, 하늘나라로 인도할 십자가를 지는 것을 왜 두려워합니까? 십자가 안에 구원이 있고, 십자가 안에 생명이 있고, 십자가 안에 있을 때 적으로부터 보호받을 수 있고, 십자가 안에 하늘의 감미로운 향기가 있고, 십자가 안에 마음의 강건함이 있고, 십자가 안에 영적인 기쁨이 있고, 십자가 안에 고상한 미덕이 있으며, 십자가 안에 완전한 성화聖化가 있습니다.

오직 십자가 안에만 영혼의 구원이 있고 영생에 대한 소망이 있습니다. 그러므로 십자가를 지고 예수님을 따르십시오(눅 14:27). 그리하면 그대는 영원한 생명으로 들어갈 것입니다. 예수님은 우리보다 앞서 자기 십자가를 지셨으며(요 19:17), 그대를 위해 십자가에서 죽으셨습니다. 그러므로 그대 역시 십자가를 지고 십자가에서 죽기를 바라는 마음을 가지십시오.

예수님과 함께 죽으면, 또한 그분과 함께 살게 될 것이기 때문입니다. 그리고 그분과 함께 고통을 받으면, 또한 그분과 함께 영광에 참여하게 될 것입니다(고후 1:5).

🍃

보십시오! 모든 것이 십자가 안에 있고, 그런즉 모든 것이 우리가 죽는 것에 달려 있습니다. 거룩한 십자가의 길과 날마다 우리가 죽는 것 이외에는 생명에 이르는 길, 참된 내면의 평화에 이르는 길이 없기 때문입니다.

가고 싶은 곳이면 어디든지 가보고, 하고 싶은 일이면 무엇이든 해보십시오. 거룩한 십자가의 길보다 더 높은 길을 찾을 수 없고, 그보다 더 안전한 길도 찾을 수 없습니다. 그대의 뜻과 판단에 따라 모든 일을 처리하고 정리해보십시오. 그러면 원하든 원하지 않든, 고난이라는 것은 반드시 겪을 수밖에 없다는 것을 알게 되고, 따라서 십자가를 발견할 수밖에 없을 것입니다. 몸의 고통을 느끼든지 영혼의 고통을 느끼든지, 그대는 영적인 고난에 시달리게 될 것입니다.

🍃

때로는 하나님께 버림 받을 것이고, 때로는 이웃에게 괴로움을 당할 것이며, 때로 자기 자신이 싫증나기도 할 것입니다. 어떤 치료책이나 위안거리로도 거기서 벗어날 수 없고, 그 고통을 줄일 수도 없습니다. 그것이 하나님을 기쁘시게 하는 한, 참고 견디는 수밖에 없습니다.

하나님은 그대가 아무런 위로도 받지 못한 채 환난을 감수하고, 자신을 그분께 완전히 의탁하고, 환난으로 더욱 겸손하게 되는 법을 배우기를 바라시기 때문입니다. 그리스도의 수난과 같은 것을 몸소 체험한 사람이 아니면 결코 그것을 공감할 수 없습니다. 그러므로 십자가는 항상 준비되어 있으며 도처에서 그대를 기다리고 있습니다.

어디로 달아나든지 십자가를 피할 수는 없습니다. 어디로 가든지 그대 자신을 데려가는 것이며, 거기에서 자신을 발견할 것이기 때문입니다. 위로 가든 아래로 가든, 밖에 있든 안에 있든,

어느 방향으로 몸을 돌리든지, 곳곳에서 십자가를 발견하게 될 것입니다. 내면의 평화를 누리고 영원한 면류관을 받고 싶다면, 어디에서든 반드시 인내해야 합니다.

🌿

기쁘게 십자가를 진다면, 이후엔 십자가가 그대를 지고 원하던 목표로 데려가 줄 것입니다. 비록 이 땅에는 그런 곳이 없지만, 고통이 끝나는 곳으로 인도할 것입니다.

억지로 십자가를 진다면, 스스로 새로운 짐을 만들어 부담을 늘리는 것이고, 그럼에도 불구하고 여전히 그 짐을 지지 않을 수 없을 것입니다.

설사 하나의 십자가를 떨쳐버린다 하더라도, 분명히 또 다른 십자가를 발견하게 될 것이며, 어쩌면 그것이 더 무거운 것일 수도 있습니다.

🌿

누구도 피할 수 없는 것을 그대는 피할 수 있을 것이라고 생각합니까? 이 세상에 사는 성도들 가운데 십자가와 환난이 없는 사람이 어디에 있습니까?

우리 주 예수 그리스도조차 이 땅에 사는 동안 고뇌가 없으셨던 순간이 단 한 시간도 없었습니다. "그리스도가 이런 고난을 받고, 〔죽은 자 가운데서 다시 살아나서〕 자기의 영광에 들어가야 할 것이 아니냐"(눅 24:26) 하고 그분이 말씀하셨습니다. 그런데도 어찌하여 그대는 거룩한 십자가의 길, 곧 왕도가 아닌 다른 길을 찾으려고 합니까?

그리스도의 전 생애가 곧 십자가요 순교였는데도 그대는 스스로 편안함과 즐거움을 찾고 있습니까?

고난을 겪는 것 말고 다른 것을 찾고 있다면, 그대는 속고 있는 것입니다. 그렇습니다, 그대는 속고 있는 것입니다. 우리의 일생은 고통으로 가득 차 있고(욥 7:1), 사방이 수많은 십자가들로 둘러싸여 있기 때문입니다. 그리고 사람이 영적으로 성숙하면 할수록, 그만큼 더 무거운 십자가와 만나곤 합니다. 하나님에 대한 사랑과 함께 배척받았다는 슬픈 감정도 더 커지기 때문입니다.

이런 사람은 비록 온갖 고난을 당한다 하더라도, 자기 십자가를 짐으로써 자기에게 많은 유익이 돌아온다는 것을 알고 있기 때문에 어느 정도 위로를 받을 수 있습니다. 그가 자신을 기꺼이 고난에 내어맡기는 동안에, 그 모든 짐이 하나님의 위로를 믿는 믿음으로 바뀌게 되기 때문입니다.

그리고 육체가 괴로움으로 쇠약해질수록, 영은 내적인 은혜로 더욱 강해지는 법입니다.

그리고 때로는 그리스도의 십자가를 본받고 싶은 마음 때문에 환난과 역경을 원하는 심정을 품게 되어, 슬픔과 고난이 사라지기를 바라지 않을 것입니다(고후 4:16; 11:23-30). 그는 하나님을 위해 더 많이 고생하고 더 무거운 짐을 지면 질수록, 그만큼 더 하나님에게 합당한 인물이 될 것으로 믿기 때문입니다.

이처럼 연약한 육체 안에서 그토록 많은 일을 할 수 있고 또 실제로 그렇게 하는 것은 사람의 능력이 아니라 그리스도의 은혜입니다. 그래서 육신이 본성으로는 항상 싫어하고 멀리하는 것을 영적인 열정에 힘입어 마주하고 사랑하게 되는 것입니다.

🍃

십자가를 지는 것, 십자가를 사랑하는 것, 몸을 쳐서 복종시키는 것, 명예를 피하는 것, 기꺼이 책망을 감내하는 것, 자기를 멸시하고 남에게 멸시받기를 바라는 것, 모든 역경과 손실을 참고 견디는 것, 이 세상에서 성공하기를 바라지 않는 것 등은 인간의 본성에 따른 것이 아닙니다.

자기 자신을 의지한다면, 결코 이런 일을 스스로 성취할 수 없습니다(고후 3:5). 그러나 주님을 의지하면, 하늘로부터 강인한 힘이 내려와서 그대가 세상과 육신을 다스릴 수 있게 될 것입니다. 믿음으로 무장하고 그리스도의 십자가 표시를 갖고 있으면, 그대의 대적인 마귀도 두려워하지 않을 것입니다.

🍃

그러므로 그대는 그리스도의 선하고 신실한 종이 되어, 사랑으로 말미암아 그대를 위해 십자가에 못 박히신 예수님처럼 당신의 십자가를 담대하게 지십시오. 이 비참한 인생길에서 만나는 수많은 역경과 여러 종류의 시련을 참고 견딜 준비를 갖추십시오. 이런 고난은 그대가 어디로 가든지 그대와 함께할 것이고, 어디에 숨든지 분명 만나게 될 것이기 때문입니다.

 이처럼 환난과 슬픔을 피할 수 있는 어떤 해결책이나 수단도 없습니다. 그러니 그대는 그것을 견디는 수밖에 없습니다. 주님의 친구가 되어 그분과 관계를 맺고 싶다면, 용감하게 주님의 잔을 마십시오(마 20:23; 요 18:11). 위로의 문제는 하나님께 맡기십시오. 그분이 자신을 기쁘시게 하는 뜻에 따라 행하시게 하십시오.

 하지만 그대는 스스로 환난을 당할 채비를 갖추고, 그것을 가장 큰 위로로 생각하십시오. 비록 그 모든 고난을 홀로 감당할 수 있다 하더라도, 이생에서의 고난은 장차 올 영광과 비교할 만한 가치가 없는 것입니다.

🌿

장차 이런 경지에 이르게 되면, 저 환난이 감미롭게 보일 것이고(롬 5:3; 갈 6:14), 그리스도를 위해 그것을 즐기게 될 것입니다. 그때에는 모든 일이 잘될 것으로 기대하십시오. 그대는 이 땅에서 낙원을 찾은 것이기 때문입니다. 그러나 고난을 받는 일이 어렵고 그로부터 도망치고 싶은 마음이 드는 한, 그대는 불안을 떨칠 수가 없고, 어디를 가든 고난을 피하고 싶은 심정이 따라다닐 것입니다.

🌿

곧 고난을 받고 죽는 일에 헌신한다면, 그대는 훨씬 나은 상태가 될 것이고 금방 평안을 찾을 수 있을 것입니다. 비록 바울과 함께 셋째 하늘에 이끌려 간 적이 있다 하더라도(고후 12:4), 그것이 앞으로 고난 받지 않을 것이라는 보장은 아닙니다. 예수님은 "그가 내 이름을 위하여 얼마나 고난을 받아야 할 것을 내가 그에게 보이리라"(행 9:16)고 말씀하셨습니다.

　예수님을 사랑하고 그분을 종신토록 섬기고자 하면, 계속해서 고난을 받게 될 것입니다.

🌿

아, 예수님의 이름을 위해 고난 받기에 합당한 자로 여김을 받다니요(행 5:4). 장차 그대에게 얼마나 큰 영광이 돌아갈 것인지, 하나님의 모든 사람들에게 얼마나 큰 기쁨이 될 것인지, 또한 그대의 이웃에게 얼마나 큰 격려가 될 것인지를 생각하면 너무나 감격스럽습니다! 모든 사람이 인내를 칭송하지만, 기꺼이 고난 받겠다는 사람은 별로 없기 때문입니다.

그대는 그리스도를 위해 약간의 고난을 받는 것을 기뻐해야 할 충분한 이유가 있습니다. 많은 사람들이 세상을 위해 더 심한 고통을 받기 때문입니다.

❧

그대는 죽임 당하는 삶을 살아야 한다는 것을 꼭 명심하십시오 (시 44:22). 사람이 자기 자신에 대해 죽으면 죽을수록, 한층 더 하나님을 위해 살기 시작합니다. 누구든지 그리스도를 위해 겸손히 역경을 견디지 않으면, 하늘의 것을 이해하는 일은 불가능합니다.

그리스도를 위해 기쁘게 고난 받는 것, 이보다 더 하나님을 흡족하게 하는 것이 없고, 이 세상에서 이보다 더 그대에게 유익한 것이 없습니다. 선택할 수만 있다면, 많은 위로로 마음을 달래기보다 그리스도를 위해 고난 당하는 편을 택하는 것이 바람직합니다. 그래야만 그대가 더욱 그리스도를 닮아가고 모든 성도들을 본받게 될 것이기 때문입니다. 우리의 덕스러운 성품과 영적인 능력은 많은 즐거움과 안락함에 있는 것이 아니라, 큰 환난과 고난을 철저히 견디는 데 있기 때문입니다.

🌿

사람을 구원하는 일에 고난보다 낫거나 더 유익한 것이 있었다면, 확실히 그리스도께서 말과 행동으로 그것을 보여주셨을 것입니다. 그리스도는 그분을 따랐던 제자들을 비롯하여 그분을 따르기 원하는 모든 사람들에게, 십자가를 지라고 명백히 권고하셨기 때문입니다. "아무든지 나를 따라오려거든, 자기를 부인하고 날마다 제 십자가를 지고 나를 따를 것이니라"(눅 9:23).

그러므로 우리가 모든 것을 샅샅이 읽고 살핀 뒤에는 다음과 같은 결론을 내려야 마땅합니다. "우리가 하나님의 나라에 들어가려면 많은 환난을 겪어야 할 것이라"(행 14:22).

제 3 장

내적인 위로에 관하여

THE
IMITATION
OF
CHRIST

그리스도를 본받아

1
신실한 영혼에게 말씀하시는 그리스도

🍃 제자의 말

"내가 하나님 여호와께서 하실 말씀을 들으리니"(시 85:8). 자신의 내면에서 말씀하시는 하나님의 음성을 듣고(삼상 3:9), 그분의 입에서 나오는 위로의 말씀을 받는 사람은 복이 있습니다. 하나님의 속삭임에 귀를 기울이고(마 13:16-17), 이 세상의 많은 속삭임에는 아랑곳하지 않는 사람은 복이 있습니다.

바깥에서 들리는 음성에는 귀를 기울이지 않고, 안에서 들리는 진리의 가르침에 귀 기울이는 사람은 참으로 복이 있습니다. 바깥에 있는 것에 대해서는 눈을 감고, 내면에 있는 것을 응시하는 눈은 복이 있습니다.

내면세계로 깊이 들어가고, 하늘의 비밀을 받기 위해 매일 훈련하며 더욱더 헌신된 자로 자신을 준비시키는 사람들은 복이 있습니다. 세상 모든 걸림돌을 떨쳐버린 채, 하나님을 위해 기꺼이 시간을 내는 사람들은 복이 있습니다.

🌱 주님의 말씀

내 영혼아, 하늘의 것들을 생각하고 정욕의 문을 닫아버려라. 그리하면 하나님께서 말씀하시는 것을 들을 수 있으리라(시 85:8).

네가 사랑하는 분이 이렇게 말씀하신다. "나는 네 구원이라"(시 35:3). 네 평강이요 네 생명이라. 너는 나와 함께 있을지어다. 그리하면 너는 평안을 찾을 것이니라.

일시적인 것은 모두 내려놓고 영원한 것만 추구하여라. 모든 일시적인 것들은 유혹하는 덫이 아니고 무엇인가? 만일 네가 창조주에게 버림 받는다면, 그 모든 피조물이 무슨 소용이 있는가? 모든 일시적인 것들을 던져버리고, 창조주를 기쁘게 하기 위해 힘쓰고 그분에게 신실하려고 노력하라. 그리하면 참된 축복을 누리게 될 것이다.

2
소리 없이
말씀하시는 진리

🌿 **제자의 말**

오 주님, 말씀하옵소서. 주의 종이 듣겠나이다(삼상 3:10). 나는 주의 종이오니 나를 깨닫게 하사 주의 증거들을 알게 하소서(시 119:125). 내 마음이 주의 입에서 나오는 말씀을 향하게 하소서. 주의 말씀이 이슬처럼 내리게 하소서. 이스라엘 자손들은 때때로 모세에게 이렇게 말했습니다. "당신이 우리에게 말씀하소서. 우리가 들으리이다. 하나님이 우리에게 말씀하시지 말게 하소서. 우리가 죽을까 하나이다"(출 20:19).

주님께 간절히 구하오니 제발 그렇게 하지 마십시오. 오히려 선지자 사무엘과 같이 겸손하게 그리고 진심으로 이렇게 간구합니다. 주님, 말씀하옵소서. 주의 종이 듣겠나이다.

모세나 다른 선지자들이 말하게 하지 말고, 우리 주 하나님께서 친히 내게 말씀하옵소서. 그들이 없어도 주님은 나를 가르칠 수 있으나, 주님이 없으면 그들은 아무런 소용 없기 때문입니다.

선지자들은 말씀을 외칠 수는 있지만, 성령을 줄 수는 없습니다. 그들은 실로 훌륭한 말을 할 수 있지만, 주님이 잠잠하시면,

마음을 불타오르게 할 수는 없습니다.

그들은 문자를 가르치지만, 주님은 그 뜻을 열어주십니다. 그들은 신비로운 것을 말하지만, 주님은 그 숨은 의미를 풀어주십니다. 그들은 주님의 계명을 선포하지만, 주님은 우리가 그것을 수행하도록 도와주십니다.

그들은 길을 가리키지만, 주님은 그 길을 걷게 하십니다. 그들은 외적인 일만 할 수 있지만, 주님은 가르침과 깨달음을 주십니다.

그들은 물을 주지만, 주님은 풍성한 열매를 주십니다. 그들은 큰 소리로 외치지만, 주님은 듣는 사람에게 깨달음을 주십니다.

그러므로 모세가 내게 말하게 하지 마시옵고, 영원한 진리이신 나의 주, 나의 하나님께서 친히 말씀하옵소서. 혹시 내가 겉으로만 경고를 받고 내면이 불타오르지 않으면, 죽어서 열매 없는 자로 판명될까 두렵습니다.

혹시 말씀을 듣고도 행함이 없는 자, 말씀을 알고도 사랑하지 않는 자, 말씀을 믿고도 지키지 않는 자가 되어 정죄를 받을까 두렵습니다. 그런즉 주님, 말씀하옵소서. 주의 종이 듣겠나이다. 주님께 영생의 말씀이 있기 때문입니다(요 6:68).

주님이여, 말씀하옵소서. 내 영혼이 아무리 부족해도, 나를 위로해 주시고, 나의 삶을 바로잡아 주옵소서. 찬양과 영광과 존귀를 주님께 영원히 돌리나이다.

3
하나님의 말씀을 듣는 법

🌿 주님의 말씀

아들아, 내 말 곧 세상의 철학자와 현인의 모든 지식을 뛰어넘는, 지극히 달콤한 말을 들어라. "내가 너희에게 이른 말은 영이요 생명이라"(요 6:63). 사람의 지혜로 헤아릴 수 없는 것이니라. 내 말은 헛된 칭찬을 듣기 위해 가까이해서 안 되고, 잠잠한 가운데 들어야 하며, 오직 겸손한 태도로 큰 사랑을 품고 받아야 한다.

🌿 제자의 말

오 주님, 당신에게 가르침을 받는 사람과 주님의 법을 배우는 사람은 복이 있습니다. 주님은 그에게 환난의 날을 피하게 하고 안식을 얻게 하실 것이며(시 94:12-13), 땅에서 버림 받지 않게 하실 것입니다.

🌿 주님의 말씀

나는 태초로부터 선지자들을 가르쳤고(히 1:1), 오늘까지 모든 사람에게 말하기를 그치지 아니하였으나, 많은 사람의 마음이 굳어져서 내 음성을 듣지 아니하였다.

🌿 제자의 말

대부분의 사람은 하나님의 말씀보다 세상의 말을 더 즐겨 듣습니다. 그리고 하나님이 기뻐하시는 일보다 육체의 정욕을 좇는 일을 더 잘 합니다.

🌿 주님의 말씀

세상은 일시적이고 비천한 것만 약속하는데도 사람들이 열렬히 환영한다. 그러나 나는 가장 값지고 영원한 것을 약속하는데도 사람들의 마음이 반응하지 않는다. 이 세상과 왕들을 섬길 때와 같이 모든 일에서 그토록 주의 깊게 나를 섬기고 순종하는 사람이 있느냐?

🌿 제자의 말

"시돈이여, 너는 부끄러워할지어다"라고 바다가 말했습니다(사 23:4). 그 이유를 알고 싶다면, 다음과 같은 말을 잘 들어보십시오. 많은 사람이 작은 소득을 얻기 위해서는 먼 길을 떠나면서도, 영원한 생명을 얻기 위해서는 땅에서 한 발자국도 떼려고 하지 않습니다. 아주 보잘것없는 보상을 열심히 추구합니다. 적은 돈을 얻기 위해 때로는 부끄러운 싸움도 꺼리지 않습니다. 헛된 일과 약속된 사소한 것을 위해 밤낮으로 고생하기를 마다하지 않습니다.

🌱 주님의 말씀

아, 슬프도다! 변치 않는 선善을 위해서, 헤아릴 수 없는 보상을 위해서, 최고의 영예를 위해서, 끝없는 영광을 위해서는 조금만 피곤해도 불평을 늘어놓는구나. 그러므로 게으르고 불평하는 종들아, 너희들은 부끄러워할지어다. 너희들은 생명이 아니라 오히려 파멸로 치닫고 있도다. 그대가 진리를 기뻐하는 것 이상으로 그들은 헛된 것을 더 즐거워하는구나.

사실, 때때로 그들의 희망은 좌절된다. 그러나 나의 약속은 아무도 속이지 않으며(롬 1:16; 마 24:35), 나를 신뢰하는 자를 빈손으로 보내지 않는다. 만일 누구든지 끝까지 신실하게 내 사랑 안에 거하면, 나는 약속한 것을 반드시 줄 것이며, 내가 말한 것을 반드시 이룰 것이다. 나는 모든 선한 사람들에게 상급을 주는 자다(계 2:23; 마 5:6; 25:21). 그리고 나에게 헌신한 모든 사람들을 칭찬하는 자다.

내 말을 마음에 새기고, 부지런히 묵상할지어다. 유혹을 당할 때 이 말이 그대에게 절실히 필요한 것이다. 읽어도 이해할 수 없는 것들은 내가 찾아갈 때에 깨닫게 될 것이다.

내가 선택한 자들을 두 가지 방법으로 찾아갈 것인데, 하나는 시험이고 다른 하나는 위로이다. 그리고 나는 날마다 그들에게 두 가지 교훈을 주는데, 하나는 그들의 악덕을 책망하는 것이고, 다른 하나는 미덕을 기르도록 권면하는 것이다. 내 말을 듣고도 그것을 멸시하는 사람은 마지막 날에 심판관 앞에서 심판을 받게 될 것이다.

헌신의 은혜를 달라고 간구하는 기도

나의 주 나의 하나님! 당신은 나에게 선, 그 자체이십니다. 내가 누구이기에 감히 당신께 아뢰오리이까(창 18:27; 삼상 18:18, 23). 나는 당신의 가련하고 비천한 종이며 야비한 인물이고, 말로 표현할 수 없을 만큼 불쌍하고 비열한 존재입니다.

그런데도 주님은 나를 기억하시니, 그것은 내가 아무것도 아니고, 아무것도 가지지 못했으며, 아무것도 할 수 없기 때문입니다.

오직 주님만이 선하고 의롭고 거룩하십니다. 당신은 모든 것을 능히 할 수 있고, 모든 것을 이룰 수 있고, 모든 것을 충만케 하는 분이며, 오직 죄인들만 빈손으로 남겨두시는 분입니다. 제발 당신의 자비를 기억하시고, 은혜로 내 마음을 가득 채워주십시오. 주님은 당신의 일이 무익하고 헛되게 끝나는 것을 원치 않는 분이십니다.

주께서 자비와 은혜로 나를 강건케 하지 않으시면, 내가 어떻게 이 비참한 인생을 살아낼 수 있겠습니까? 주님의 얼굴을 나에게서 돌리지 마십시오(시 69:17). 주님이 찾아오시는 날을 미루지 마시고, 당신의 위로를 거두지 마십시오. 그리하면 내 영혼이 마른 땅과 같이 될까 두렵습니다.

주님, 나를 가르쳐 주의 뜻을 행하게 하십시오(시 143:10). 주님의 눈에 합당하게 그리고 겸손하게 살도록 가르쳐주십시오. 주님은 나의 지혜요, 진실로 나를 아시고, 세계가 창조되기 전부터 그리고 내가 세상에 태어나기 전부터 나를 아셨기 때문입니다.

4
진리 안에서 겸손하게 사는 법

🌿 주님의 말씀

내 아들아, 너는 내 앞에서 진리 가운데 행하고, 항상 순전한 마음으로 나를 찾으라(창 17:1; 지혜서 1:1). 진리 가운데 행하는 사람은 악한 공격으로부터 보호받을 것이고, 진리가 유혹자들로부터 그리고 악인들의 비방으로부터 자유롭게 할 것이다(요 8:32).

진리가 너를 자유롭게 하면, 너는 진실로 자유로워질 것이고, 사람들의 헛소리를 상관하지 않을 것이다.

🌿 제자의 말

주님, 그것은 진리입니다. 말씀대로 간구하오니, 그 말씀이 나와 함께하고, 주의 진리가 가르치고, 나를 인도하고, 끝까지 나를 안전하게 지키도록 해 주옵소서. 그 말씀으로 나를 모든 악한 욕정과 무절제한 사랑으로부터 자유롭게 해 주옵소서. 그리하면 내가 아주 자유로운 마음으로 당신과 동행하게 될 것입니다.

🌱 주님의 말씀

내 눈에 옳고 만족스러운 것들을 너에게 가르치겠다. 네 죄를 심히 불쾌한 마음과 슬픈 심정으로 반성하고, 선을 행했다고 해서 결코 네 자신을 높이 평가하지 말라.

진실로 너는 죄인이며, 온갖 정욕에 종노릇하고 거기에 얽매여 있다. 너는 항상 아무것도 아닌 것에 주의를 기울인다. 그리고 빨리 낙심하고, 쉽게 항복하고, 순식간에 혼란에 빠지고, 쉽게 풀어지는 존재다. 너는 자랑할 만한 것이 하나도 없고(고전 4:7), 스스로 부끄러워해야 할 일은 많이 있다. 너는 스스로 자신을 이해할 수 없을 정도로 매우 연약한 존재이기 때문이다.

그러므로 네가 무엇을 행하든지 그것을 크게 생각하지 않도록 하라. 아무것도 중요하게 여기지 말고, 귀중하고 훌륭한 것으로 여기지 말며, 존경할 만한 것으로 여기지 말고, 근사한 것으로 여기지 말며, 칭찬할 만하고 바람직한 것으로 여기지 말고, 오직 영원한 것만 바랄지어다.

그 무엇보다도 영원한 진리를 기뻐하라. 부족한 너의 모습을 언제나 달갑지 않게 생각하라. 그 무엇보다도 너의 잘못과 죄를 두려워하고 탓하고 피하라. 이 문제는 세상의 그 무엇을 잃어버리는 것보다 더 심각하게 생각해야 한다.

내 눈에 진실하게 행동하지 않는 사람들이 더러 보인다(집회서 3:21-23; 고후 2:17). 그들은 자신의 구원을 소홀히 한 채 이상한 호기심과 자만심에 이끌려서, 내 비밀을 알고 싶어 하고, 하나님께만 속한 것을 알려고 한다. 내가 그들을 방해하면, 그들은 자만심과 호기심 때문에 큰 유혹과 죄에 빠지는 경우가 많다.

너는 하나님의 심판을 두려워하고, 전능하신 분의 분노를 무서워하라. 하지만 지극히 높은 분이 하시는 일을 논의하지 말고, 네가 얼마나 큰 잘못을 저질렀는지, 네가 얼마나 많은 선한 일을 소홀히 했는지를 반성하며 너의 죄악을 부지런히 살펴라.

어떤 이들은 자기의 신앙을 책으로, 어떤 이들은 그림으로, 어떤 이들은 조각품으로 표현한다. 어떤 이들은 나를 입에 담지만 마음에는 두지 않는다(사 29:13).

다른 한편, 그 마음이 깨달음을 얻고 그 정서가 깨끗하게 정화되어 언제나 영원한 것을 갈망하고, 세상 소문 듣는 것을 꺼리며, 인간 본성에 따른 필요에 순응하는 것을 슬퍼하는 사람들이 있다. 이들은 진리의 영이 그들 속에서 말씀하시는 것을 알아듣는다(시 25:5).

진리의 영은 그들에게 땅의 것을 멸시하고 하늘의 것을 사랑하라고 가르치며, 세상을 무시하고 밤낮으로 하늘나라를 갈망하라고 가르치기 때문이다(시 1:2).

5
하나님의 사랑이 낳은 놀라운 열매

🌿 **제자의 말**

하늘에 계신 아버지, 나의 주 예수 그리스도의 아버지여, 나와 같은 가련한 피조물을 기억하시겠다고 약속하셨으니 하나님을 찬양합니다. 자비로운 아버지, 모든 위로의 하나님이여(고후 1:3), 나같은 무가치한 자에게 위로를 내려주시니 감사를 드립니다. 하나님의 독생자 예수, 위로자이신 성령과 더불어 하나님을 언제나 송축하며 영원토록 하나님께 영광을 돌립니다.

아, 내 영혼을 사랑하시는 분, 주 하나님이여, 당신이 마음속으로 들어오시면 내 속에 있는 모든 것이 기뻐할 겁니다. 주님은 나의 영광이요 마음의 기쁨이십니다. 주님은 나의 소망이요, 환난 날에 피난처가 되십니다(시 32:7; 59:16).

그런데 나는 아직도 사랑이 부족하고 덕스럽지 못한 사람이기에, 주님의 도우심과 위로가 필요합니다. 그러므로 자주 찾아오셔서 주의 거룩한 훈계로 나를 가르쳐주옵소서.

나를 악한 정념에서 해방시켜주시고, 내 마음에 있는 온갖 과도한 애착을 치유해 주옵소서. 내면이 치유되고 완전히 깨끗해지면, 나는 사랑할 만한 자격을 갖추고, 고난을 견딜 만한 용기를 가지며, 인내할 만한 끈기를 갖게 될 것입니다.

사랑은 위대한 것입니다. 그렇습니다. 참으로 위대하고 선합니다. 사랑은 홀로 모든 무거운 짐을 가볍게 만들고, 고르지 않는 것을 고르게 짊어집니다. 사랑은 짐이 아닌 짐을 나르고(마 11:30), 쓴 맛을 내는 모든 것을 달콤하게 만들기 때문입니다.

예수님의 고귀한 사랑은 사람에게 위대한 일을 행하도록 촉구하고, 언제나 완전한 것을 갈망하게 해줍니다.

사랑은 높이 들리기를 바라고, 낮고 천한 것에 억눌리기를 원치 않습니다. 사랑은 자유롭게 되기를 바라고, 모든 세상적인 애착과 구별되기를 원합니다. 그리고 사랑은 일시적인 번영에 얽매이지 않으며, 역경에 정복당하지 않기를 바랍니다.

하늘과 땅을 모두 둘러보아도, 사랑보다 더 달콤한 것, 더 용감한 것, 더 높은 것, 더 넓은 것, 더 유쾌한 것, 더 충만한 것, 더 나은 것은 없습니다. 사랑은 하나님에게서 났으며, 모든 피조물 위에 계시는 하나님의 품 안에서만 안식할 수 있기 때문입니다.

사랑을 하는 사람은 날고, 뛰며, 기뻐합니다. 그는 자유의 몸이라 아무런 제약도 받지 않습니다. 그는 모든 것을 주고도 모든 것을 가지고 있습니다. 그는 모든 것 위에 높이 계시는 분, 모든 것의 원천이 되시는 분 안에서 안식하기 때문입니다. 그는 선물에 주목하지 않고, 선물 주신 분에게 눈을 돌립니다.

사랑은 한계를 알지 못하고, 모든 한계를 넘어 뜨겁게 타오릅니다. 사랑은 수고하기를 아무렇지 않게 생각하며, 힘닿는 것 이상으로 노력하고, 불가능하다고 불평하지 않습니다. 사랑은 모든 것이 정당하고, 가능하다고 생각하기 때문입니다.

그러므로 사랑은 능히 모든 것을 맡을 수 있고, 많은 일을 완수하며, 사랑을 모르는 자가 넘어지는 지점에서 일을 성취합니다.

사랑은 늘 깨어 있고 잠을 자지 않습니다(롬 8:19). 지쳤으나 피곤해 하지 않고, 에워싸였으나 갇히지 않고, 놀랐으나 흔들리지 않습니다. 오히려 살아 있는 불꽃과 타오르는 횃불처럼 위를 향해 솟아오르고, 모든 것을 뚫고 무사히 통과합니다.

사랑을 하는 사람은 그의 외치는 소리를 알아듣습니다. 사랑이 "나의 하나님, 나의 사랑이시여, 당신은 나의 것이며, 나는 당신의 것입니다"라고 말할 때, 그것은 하나님의 귀에 큰 소리로 들리는 외침, 영혼의 열렬한 애정을 담은 소리이기 때문입니다.

내 사랑의 폭을 넓혀주십시오. 사랑하는 것과 사랑에 녹아드는 것과 당신의 사랑에 흠뻑 젖는 것이 얼마나 달콤한지를 내 마음속 입술로 맛보게 해 주십시오.

내가 사랑에 사로잡혀서 넘쳐흐르는 열정과 흠모의 심정으로 나 자신을 넘어 저 높은 곳에 오르게 해 주십시오. 사랑의 노래를 부르며 높은 곳에 계신, 당신을 따르게 해 주십시오.

나 자신보다 당신을 더 사랑하고, 당신을 사랑하기 위해 나 자신을 사랑하게 해 주옵소서. 그리고 사랑의 법이 명하듯이, 당신을 진실로 사랑하는 사람들은 모두 당신 안에 있습니다.

사랑은 신속하고, 성실하고, 다정하고, 유쾌하며, 호의적입니다. 또한 용감하고, 인내하고, 신실하고, 신중하고, 오래 참고, 씩씩하며, 결코 자기의 유익을 구하지 않습니다(고전 13:5). 어떤 상황에 처하든지 사람이 자기의 유익을 구하면, 사랑을 잃어버리기 때문입니다(고전 10:33; 빌 2:21).

사랑은 신중하고, 겸손하고, 정직합니다. 또한 유약함이나 경박함에 굴복하지 않고, 헛된 것에 주목하지 않으며, 술 취하지 않고, 순결하고, 한결같고, 조용하며, 모든 면에서 조심합니다.

사랑은 윗사람에게 순종하고 복종하지만, 자신에게는 언제나 냉정합니다. 그리고 하나님이 자기에게 좋은 것을 주시지 않을지라도, 언제나 하나님을 신뢰하고 바라보며, 그분께 헌신하고 감사합니다. 슬픔 없이는 아무도 사랑 안에 살 수 없기 때문입니다.

모든 고난을 감수하고 사랑하는 하나님의 뜻을 굳게 따를 준비를 갖추지 않은 사람은 하나님을 사랑하는 자라고 불릴 자격이 없습니다(롬 8:35). 사랑하는 사람은 자기가 사랑하는 이를 위하여 힘들고 싫어하는 모든 것을 기꺼이 감수해야 하고, 역경이 닥친다고 그로부터 등 돌려서는 안 됩니다.

6
그리스도를 진실로 사랑하는 자

🌿 **주님의 말씀**

내 아들아, 너는 사랑함에 있어선 아직 용기 있고 사려 깊은 사람이 아니란다.

🌿 **제자의 말**

오 주님, 왜 그런가요?

🌿 **주님의 말씀**

조그마한 반대에 부딪쳐도 너는 맡은 일을 그만두고 너무나 간절히 위로를 구하기 때문이란다. 용기 있는 연인은 유혹을 당해도 흔들리지 않고, 적의 교묘한 설득에도 넘어가지 않는단다. 나는 그를 풍부에 처하게 하여 기쁘게 만들어주기도 하고, 그와 같이 역경에도 처하게 한단다(빌 4:11-13).

생각이 깊은 연인은 자기를 사랑하는 분이 주는 선물보다 주시는 분의 사랑을 더 귀하게 여긴다. 그는 선물의 가치보다 선한 뜻을 더 높이 평가하고, 모든 선물을 자기가 사랑하는 분보다 못하게 여긴다. 마음이 고결한 연인은 선물에 매몰되지 않고, 그 모든 선물보다 나에게 더 마음을 둔다.

때때로 네가 원하는 만큼 나나 성도들을 사랑하지 못한다 하더라도, 모든 것을 잃는 것은 아니다. 네가 느끼는 좋고 달콤한 애정은 은혜로 말미암은 것이고, 하늘의 본향을 미리 맛보는 것이다. 하지만 그런 감정은 오고 가는 것이므로 거기에 너무 기대지 말라.

그러나 마음에 생기는 악한 움직임에 대항하여 싸우고 마귀의 제안을 조롱하며 물리치는 것은(마 4:10) 뚜렷한 미덕의 표시이고, 장차 큰 상급을 받을 것이다.

그러므로 네 마음속에 어떤 이상한 환상이 밀어닥치더라도, 그로 인해 괴로워하지 말라. 너는 용감하게 자신의 목표를 견지하고, 하나님을 향한 바른 뜻을 굽히지 말라.

때로 갑자기 환희에 사로잡혔다가 다시금 네 마음이 익숙한 공허감을 느끼는 것은 환상이 아니다. 그런 것은 네가 일부러 만드는 것이 아니라, 마지못해 참고 견디는 것이기 때문이다. 그런즉 그것 때문에 네가 화가 나고 싸우고 싶어 하는 한, 그것은 상급의 문제이지 손해를 보는 문제가 아니다.

예로부터 존재하는 원수는 무슨 수를 써서라도 네가 선한 것을 갈망하지 못하게 방해하고, 일체 신앙의 훈련을 하지 못하게 막으려고 애쓴다. 그 가운데서도 특히 하나님의 성도들을 존경하지 못하게 하고, 나의 수난을 기념하지 못하게 하고, 죄를 기억하는 유익한 행습을 방해하고, 자신의 마음을 주의 깊게 살피지 못하게 하고, 미덕을 쌓겠다는 확고한 목표를 지키지 못하게 방해한다.

그는 너에게 온갖 악한 생각을 불러일으켜서 네 마음속에 피로감과 공포심을 조성하고, 기도와 거룩한 독서를 멀리하게 만든다. 그는 겸손한 고백을 싫어하며, 가능하면 네가 성찬에 참여하지 못하게 만들고 싶어 할 것이다.

그가 너를 속이려고 덫을 놓을지라도 그를 믿지 말고 좋아하지도 말라.

그가 너에게 악한 생각과 더러운 생각을 불러일으킬 때는 이렇게 비난하라. "이 더러운 영아, 물러가라(마 4:10; 16:23). 이 비열한 놈아, 부끄러운 줄 알아라! 그런 것을 내 귀에 넣는 너야말로 가장 더러운 귀신이다."

"이 사악한 사기꾼아, 나에게서 떠나라! 너는 나와 아무 상관이 없다. 예수님이 용맹스러운 전사로 나와 함께하실 것이며, 너는 저주를 받을 것이다."

"내가 네 제안을 승낙하느니 차라리 무슨 고통이든 받고 죽는 편이 낫겠다."

"너는 입을 다물고 잠잠하여라. 네가 내게 많은 괴로움을 주어도, 나는 더 이상 네 말을 듣지 않겠다. '여호와는 나의 빛이요, 나의 구원이시니, 내가 누구를 두려워하리요'(시 27:1)."

"온 군대가 나를 대적하여 진 칠지라도, 내 마음이 두려워하지 아니할 것이다. 주는 나를 도우시는 분이요 나의 구원자시다."

너는 선한 군인과 같이 싸워라(시 27:14; 딤전 6:12). 때로 네가 연약하여 쓰러진다 하더라도, 나의 풍성한 은혜를 신뢰함으로 이전보다 더 큰 힘을 덧입으라. 헛된 쾌락을 추구하고 교만한 마음을 품지 않도록 각별히 조심하라. 이런 것은 많은 사람을 잘못에 빠뜨리고, 치료가 불가능한 무분별한 상태로 몰아넣는다.

교만한 자는 스스로 주제넘게 굴다가 넘어지나니, 이것이 너에게 경종을 울려 너는 늘 겸손한 사람이 되어라.

7
겸손의 보호막 아래 은혜를 감추어라

🌿 주님의 말씀

내 아들아, 네가 받은 믿음의 은혜는 감추는 편이 더 유익하고 안전하다. 네 자신을 뽐내지 말고, 그 은혜를 자랑하지 말며, 그것을 너무 깊이 생각하지 말라. 오히려 받을 자격이 없는 너에게 주어진 것이니만큼, 네 자신을 멸시하고 은혜 받은 것을 두려워하라.

은혜에 대한 애착은 금방 거꾸로 바뀔 수도 있으므로 거기에 너무 의존해서는 안 된다. 은혜를 받았을 때는, 그 은혜가 없을 때 얼마나 비참하고 궁핍했는지를 생각하라.

너의 영적 생활의 진보는 위로의 은혜를 받는 데에만 달려 있지 않다. 오히려 기도의 훈련을 게을리 하지 않고 다른 의무들도 소홀히 하지 않는다면, 은혜가 사라지더라도 겸손과 자기 부인과 인내의 태도로 잘 견딜 수 있다. 너에게 주어진 일을 힘과 지식이 닿는 데까지 기쁘게 수행하고, 네가 느끼는 무미건조함이나 마음의 불안 때문에 자신을 완전히 등한시하지 말라.

많은 사람은 일이 잘 풀리지 않을 때 곧바로 조급해지거나 나태해진다. 사람의 길이 항상 그의 능력에 달려 있는 것이 아니라 (렘 10:23; 롬 9:16), 허락하고 싶을 때 허락하시고, 원할 때 위로를 주시고, 원하는 만큼 주시고, 원하는 사람에게 주시는 하나님의 능력에 달려 있는 것이기 때문이다. 이것은 다만 그분의 뜻과 기뻐하심에 달려 있을 뿐이다.

신앙생활에 대한 분별력이 없는 사람들은 스스로 파멸에 빠져 버렸다. 그것은 자신의 약점을 충분히 고려하지 않은 채 자기의 능력을 뛰어넘는 일을 했기 때문이며, 이성의 판단보다 마음의 욕망을 좇았기 때문이다. 그리고 그들은 하나님을 기쁘시게 하는 것보다 더 큰 일을 할 수 있다고 주제넘게 굴었기 때문에 그분의 은혜를 신속히 잃어버리고 말았다.

스스로 하늘에 둥지를 튼 사람들(사 14:13)은 무력하고 하찮은 부랑자가 되었다. 비천하고 가난해져서, 그들 자신의 날개가 아니라 내 날개 아래서 신뢰하는 것을 배워야 했다. 나의 길을 걸어본 경험이 없는 초보자들은 분별력 있는 사람들의 조언을 듣지 않으면, 쉽게 속임을 당하고 갈기갈기 찢겨 버린다.

경험이 많은 사람들을 신뢰하기보다 자기 생각을 따를 경우, 적어도 그들이 자만심을 버리기 싫어한다면, 위험한 결말을 맞이하게 될 것이다. 스스로 지혜롭다고 생각하는 사람이 겸손하게 다른 사람의 다스림을 받는 경우는 무척 드물다.

많은 학식을 지녀 헛된 자만에 빠지는 것보다 적은 지식으로 겸손한 태도를 가지고 있는 편이 낫다. 많이 가지고 교만해지는 것보다 적게 가지는 편이 낫다(시 16:2; 17:10).

무력했던 시절, 주어진 은혜를 잃어버릴지도 몰라 주님을 두려워하던 시절을 잊은 채, 온전히 기쁨에 몰입하는 것은 지혜로운 행동이 아니다. 역경이나 환난을 당하면 금방 지나친 절망감에 빠져서 나를 충분히 신뢰하지 않는 것도 결코 지혜로운 태도가 아니다.

평화로운 때에 지나치게 안전을 도모하는 사람(살전 5:6)은 예기치 않은 일에 낙담하고 두려움에 떠는 경우가 많다. 너에게 계속 겸손하고 절제할 수 있는 지혜가 있고, 너의 영을 철저히 다스릴 수 있는 지혜도 있다면, 위험에 쉽게 빠지지 않을 것이다.

'영적인 열정이 네 속에서 불타오를 때, 그 빛이 너를 떠날 때를 생각하라'는 말은 훌륭한 조언이다. 그리고 이런 일이 일어났을 때에는 그 빛이 다시 돌아올 수 있다는 것을 기억하라. 그것은 너를 경고하고 또 내 영광을 위해 내가 일시적으로 거둔 것이기 때문이다(욥 7장).

네 뜻대로 언제나 일이 잘 되는 것보다 그런 시련이 오히려 더 유익할 때가 많다.

한 사람의 가치는 그가 얼마나 많은 소망을 갖고 있는지에 따라, 혹은 성경에 대한 지식에 따라, 혹은 더 높은 지위로 오른 것에 의해 평가되어서는 안 되기 때문이다. 그보다는 그 사람이 진정한 겸손에 뿌리박고 있고 하나님의 사랑이 충만한지, 항상 순수하고 성실하게 하나님의 영광을 구하고 있는지, 스스로를 아무것도 아니라 생각하고 진심으로 멸시하고 있는지(시 85:10), 심지어는 남들에게 존경을 받는 것보다 멸시받고 업신여김을 당하는 것을 더 기뻐하는지 여부에 따라 평가해야 한다.

8
하나님의 눈에 비친 인간의 자만심

🌿 제자의 말

티끌과 재에 불과한 내가 어찌 감히 주님께 아뢰겠습니까?(창 18:27). 내가 자신을 그 이상으로 생각하면 주님이 막아주십시오. 내 죄가 참된 증인을 하므로, 나는 그것을 반박할 수 없기 때문입니다.

그러나 내가 자신을 낮추고, 스스로 아무것도 아니라고 생각하고, 모든 자존심을 거두고 스스로 티끌과 같은 존재가 된다면, 주님의 은혜가 나에게 임하고 주님의 빛이 내 마음에 가까이 다가올 것입니다. 그리고 아무리 작은 것일지언정 그 모든 자존심이 '나는 아무것도 아니다'라는 골짜기에 완전히 삼켜져서 영원히 소멸되고 말 것입니다.

거기에서 주님은 나에게, 내가 현재 무엇인지, 과거에 무엇이었는지, 그리고 내가 어디에서 왔는지를 친히 보여주실 것입니다. 나는 그것을 알지 못했기 때문입니다.

나를 홀로 내버려두시면, 나는 그저 연약한 존재로 남을 것입니다. 그러나 주님이 잠깐만 나를 바라보시면, 나는 즉시 강해지고 새로운 기쁨으로 충만할 것입니다. 그리고 죄의 무게로 가라앉고 있던 내가 당신의 은혜로운 포옹으로 말미암아 위로 솟아오를 수 있을 것입니다.

주님의 사랑은 나를 보호하고, 수많은 필요를 덜어주고, 당면한 위험에서 지켜주며, 셀 수 없이 많은 악에서 나를 건져줍니다. 나는 부당하게 나를 사랑하다가 나를 잃어버렸습니다(요 12:25). 그러나 이후에 오직 주님만을 찾고 순수하게 사랑함으로써 나 자신과 당신을 모두 찾았고, 그 사랑에 힘입어 내가 아무것도 아닌 존재임을 더욱 확실히 깨달았습니다. 이는 지극히 자비로운 주님께서 나를, 감히 바라거나 간구하는 것 이상으로 과분하게 대우해 주시기 때문입니다.

나의 하나님이신 당신을 송축합니다. 나는 어떤 은혜도 받을 자격이 없지만, 주님의 풍성하고 무한한 선하심이 배은망덕한 자와 당신께 등을 돌린 자들에게까지 한없는 은혜를 베풀어주셨습니다. 당신을 찬양합니다(마 5:45). 우리의 얼굴을 당신께로 돌리게 하셔서, 감사와 겸손과 헌신을 배우게 하십시오. 당신은 우리의 구원이요, 우리의 용기요, 우리의 힘이 되십니다.

9
모든 것의 궁극적 목표가 되시는 하나님

주님의 말씀

내 아들아, 네가 참으로 축복받고 싶으면, 내가 너의 최고의 목표이자 궁극적인 목표가 되어야 한다. 이런 결심을 하면, 너의 세상적인 욕심과 이기심이 깨끗이 정화될 것이다.

무슨 일에서든지 자기의 유익을 구하면, 너는 즉시 약해지고 열매 맺지 못하게 될 것이다.

내가 모든 것을 주었으니, 그 모든 것을 내게 맡겨라.

그 모든 것은 최고의 선인 나에게서 흘러나왔음을 생각하라(집회서 1:5). 그러므로 모든 것이 원초적 근원인 나에게로 돌려져야 마땅하다.

작은 자와 큰 자, 가난한 자와 부유한 자를 막론하고 누구나 살아 있는 샘과 같은 나에게서 생명수를 길어서 마신다(요 4:14). 나를 기꺼이 그리고 자유로이 섬기는 사람들은 은혜 위에 은혜를 받을 것이다. 그러나 내가 아닌 다른 것을 자랑하고픈 사람이나(고전 1:29), 개인적인 미덕에서 즐거움을 얻으려는 사람은 참된 기쁨을 누리지 못하고, 그 마음이 넓어지지 못할 것이며, 여러

면에서 편협해지고 방해를 받게 될 것이다.

그러므로 너는 좋은 것이면 무엇이든 네 자신의 공로로 돌려서는 안 되고, 다른 어떤 사람의 공로로 돌려서도 안 된다. 오히려 그 모든 것을 하나님의 은혜로 돌려야 한다. 하나님이 없으면 사람은 아무것도 가질 수 없기 때문이다. 내가 모든 것을 주었으니(고전 4:7), 그 모든 것이 내게로 다시 돌아오는 것이 나의 뜻이다. 그러므로 모든 감사를 내게 돌릴 것을 엄중히 요구한다.

이것이 바로 헛된 영광을 패주하게 만드는 진리이다. 하늘의 은혜와 참 사랑이 있으면, 질투도 없고 편협한 마음도 없을 것이며, 자기 사랑도 너를 지배할 수 없을 것이다. 신적인 사랑은 모든 것을 이기고 영혼의 모든 능력을 키워주기 때문이다.

참으로 지혜롭다면, 오직 내 안에서 기뻐하고 나에게만 소망을 둘 것이다. 하나님 한 분 외에는 선한 자가 없고(마 19:17; 눅 18:19), 하나님만이 그 무엇보다도 찬양받을 분이고 만유 안에서 송축받을 분이기 때문이다.

10
세상을 멸시하고
하나님을 섬기는 삶

🌿 제자의 말

주님, 이제는 내가 잠잠히 있지 않고 말씀을 드립니다. 저 높은 곳에 계시는 나의 하나님, 나의 주, 나의 왕께서 들으시도록 이렇게 말하렵니다. "주를 두려워하는 자를 위하여 쌓아두신 … 은혜가 어찌 그리 크신지요"(시 31:19).

그런데 주를 사랑하는 사람들에게 당신은 어떤 분이십니까? 주를 온 마음으로 섬기는 사람들에게 어떤 분이십니까?

당신을 사랑하는 사람들에게 내려주시는 은혜, 당신을 깊이 묵상할 때 따르는 그 달콤함은 말로 다 표현할 수 없습니다. 그 무엇보다도 깊은 묵상을 통하여 내게 당신의 달콤한 사랑을 보여주셨습니다. 주님으로부터 멀어져서 길을 잃었을 때, 다시 나를 데려와서 주님을 섬기게 하셨고, 주님을 사랑하도록 명하셨습니다(창 1:27; 시 119:73; 마 15장 혹은 10:37).

오 영원한 사랑의 샘이시여, 내가 주님에 대해 무슨 말을 하겠습니까? 내가 쇠약해지고 길을 잃은 뒤에도 나를 기억하겠다고 약속해 주신 주님을 내가 어찌 잊을 수 있겠습니까?

주님은 종에게 기대 이상으로 자비를 베풀어주셨고, 과분하게 은총과 인자를 보여주셨습니다. 이 은총을 내가 어떻게 보답할 수 있겠습니까(시 116:12). 모든 사람이 모든 것을 버리고, 세상을 포기하고, 종교적 삶을 살도록 허락받은 것은 아니기 때문입니다. 온 창조세계가 주님을 섬겨야 마땅한데, 내가 주님을 섬기는 것이 그리 대단한 일입니까(삿 16:15).

주님을 섬기는 일이 내게 크게 보여서는 안 됩니다. 그런데도 그것이 내게는 크게 보이는 게 사실입니다. 주님이 나같이 가련하고 부족한 자를 용납하여 당신을 섬기게 하셨고, 당신의 사랑하는 종들과 하나 되게 하셨기 때문입니다.

보십시오, 내가 가진 모든 것이 주님의 것이고, 내가 주님을 섬길 때 사용하는 것도 마찬가지로 모두 주님의 것입니다(고전 4:7). 그런데 실은 내가 주님을 섬기기보다 주님이 나를 섬기십니다.

보십시오, 주님이 사람을 섬기려고 창조하신 하늘과 땅은 당신이 무슨 명령을 하든 그것을 날마다 수행할 준비를 갖추고 있습니다. 뿐만 아니라, 주님은 사람을 섬기게 하려고 천사들까지 임명하셨습니다(시 91:11; 히 1:14).

이보다 더 놀라운 사실은, 주님이 몸소 사람을 섬기는 데 동의하셔서 당신 자신을 내어주기로 약속하신 것입니다.

이처럼 헤아릴 수 없이 많은 은혜를 주셨는데, 나는 당신께 무엇을 드릴 수 있습니까? 내가 일생 동안 당신을 섬길 수 있다면 그렇게 하겠습니다. 아니, 단 하루라도 당신을 온전히 섬길 수만 있다면 좋겠습니다.

진실로 주님은 모든 섬김과 모든 영광을 받으시기에, 그리고 영원히 찬양받으시기에 합당한 분입니다. 진실로 당신은 나의 주님이고, 나는 당신의 가련한 종입니다. 그런즉 나는 온 힘을 다해 당신을 섬길 의무가 있으며, 지칠 줄 모르고 당신을 찬양해야 마땅한 존재입니다.

나는 그렇게 하고 싶습니다. 그것이 나의 소원입니다. 무엇이든 부족한 것이 있다면, 당신께 간구하오니, 내게 채워주십시오.

주님을 섬기고 주님을 위해 모든 것을 멸시하는 것은 참으로 큰 영예이자 큰 영광입니다. 주님을 섬기는 거룩한 일에 기꺼이 자신을 내어주는 사람들은 큰 은혜를 받을 것이기 때문입니다.

주님을 사랑하기 위해 육신의 모든 즐거움을 버리는 사람들은 성령의 달콤한 위로를 받을 것입니다(마 19:29). 주님의 이름을 위해 좁은 길로 들어서고(마 7:14), 세상의 모든 염려를 벗어버린 사람들은 커다란 마음의 자유를 얻을 것입니다.

하나님을 섬기는 일은 얼마나 아름답고 기쁜 일인지요(마 11:30: 요일 5:3). 그 일을 통하여 사람은 참으로 자유롭고 거룩하게 되는 것입니다.

종교적인 봉사는 얼마나 거룩한 직분인지요. 이는 사람을 천사와 동등하게 만들어주고, 하나님을 기쁘시게 하고, 마귀에게 두려움을 안겨주며, 모든 신자들이 칭찬할 만한 일입니다. 이는 우리가 언제나 환영하고 열망해야 할 섬김의 직분입니다. 이를 통하여 우리는 가장 좋은 것을 상급으로 받고 영원한 기쁨을 맛보게 될 것입니다!

11
마음의 욕망을
살피고 절제하라

✎ **주님의 말씀**

내 아들아, 너는 아직 잘 모르는 것이 많으므로 많은 것을 더 배울 필요가 있다.

✎ **제자의 말**

주님, 그것이 무엇입니까?

✎ **주님의 말씀**

먼저 너의 욕망이 온전히 나의 선한 뜻을 따르도록 하여라(시 108:1; 마 6:10). 그리고 자기를 사랑하는 자가 되지 말고, 성실하게 내 뜻을 좇는 자가 되어라. 여러 가지 갈망과 욕망이 종종 너의 마음에 불을 질러 격렬하게 너를 몰고 가곤 한다. 그런데 너는 나의 영광보다는 너 자신의 이익을 위해 움직이고 있지 않은지 생각해 본 적이 있느냐?

내가 너의 대의명분이라면, 너는 내가 무엇을 명하든지 자족하는 마음을 갖게 될 것이다. 그러나 네가 조금이라도 자기의 유익을 구하고 있다면(빌 2:12), 이것이 너에게 걸림돌이 되고 무거운 짐이 될 것이다.

그러므로 너는 나와 상의하지 않은 채 미리 품은 욕망에 너무 기울어지지 않도록 조심하라. 네가 최선의 것이라 생각하고 열심히 구했으나, 나중에 그것을 후회하거나 싫어하게 될까 우려되기 때문이다.

좋아 보이는 것이라고 무엇이든 즉시 좋아서는 안 되고, 또 첫눈에 좋아 보이지 않는다고 해서 피해서는 안 되기 때문이다.

좋은 욕망과 좋은 시도라도 때로는 절제하는 것이 바람직하다. 열정이 지나치면 마음이 산만해질 수 있기 때문이다. 또한 자제력이 부족하면 남에게 피해를 줄 수 있기 때문이다. 뿐만 아니라 다른 사람의 반대에 부딪치면 갑자기 당황하여 넘어질 수도 있기 때문이다.

때로는 네가 과격한 수단을 사용하여 자신의 정욕을 저지하고, 육신이 원하는 것이나 원치 않는 것을 무시할 필요가 있다(롬 8:1-13; 고후 4:10; 10:3). 오히려 육신의 뜻에 반하여 육신을 성령에게 복종시키기 위해 애써야 한다(고전 9:27).

육신을 쳐서 강제로 복종시키되, 적은 것에 만족할 줄 알고, 소박한 것에 기뻐할 줄 알고, 불편하다고 불평하지 않으며 모든 상황에 대처할 수 있을 때까지 그렇게 하라.

12
인내심을 키우고
정욕에 대항하여 싸우라

🌿 제자의 말

나의 주 나의 하나님, 나는 인내심이 무척 필요한 사람입니다(히 10:36). 이생을 사는 동안 우리에게 불행한 일이 많이 생기는 것을 분명히 보기 때문입니다. 내가 평화를 위해 무슨 계획을 세우더라도, 내 인생은 전쟁과 슬픔을 피할 길이 없습니다(욥 7:1).

🌿 주님의 말씀

그렇다, 내 아들아. 하지만 나는 네가 어떤 유혹도 없는 평화나 역경이 없는 평화를 구하길 원치 않는다. 오히려 온갖 환난으로 연단을 받고(약 1:2) 많은 역경으로 시험을 받았을 때 비로소 평화를 찾았다고 생각하길 바란다.

만일 네가 지금 많은 고난을 감당할 능력이 없다고 말한다면, 장차 닥치게 될 불 같은 고난을 어떻게 견딜 수 있겠느냐?

두 가지 악 가운데서는 언제나 더 작은 악을 선택하라. 네가 장래의 영원한 형벌을 피하고 싶다면, 하나님을 위해 현재의 악을 참고 견디려고 노력하라. 너는 이 세상 사람들이 고난을 겪지 않는다고 생각하느냐? 즐거움을 최대로 만끽하는 사람들에게 물어보라. 그리하면 그렇지 않다는 것을 알게 될 것이다.

그러면 너는 이렇게 말할 것이다. 그들은 온갖 즐거움을 마음껏 누리고 있으니, 당하는 괴로움을 대수롭지 않게 생각할 것이라고. 네 말대로 그들을 자기 뜻대로 무엇이든 즐긴다. 그런데 그것이 얼마나 오랫동안 지속될 것이라고 생각하느냐?

보라, 이 세상의 부유한 자는 연기처럼 사라질 것이고(시 68:2), 그들이 한 때 누리던 기쁨은 아무도 기억하지 않을 것이다!

그렇다, 그들이 살아 있는 동안에도, 기쁨을 누리는 곳에도, 괴로움과 피곤과 두려움이 있다. 그들이 기뻐하는 그것들 때문에 슬퍼지기도 하기 때문이다.

그들이 부당하게 즐거움을 구하고 좇았던 만큼, 부끄러움과 괴로움이 수반되는 것은 당연한 일이다.

아, 그런 즐거움들은 얼마나 덧없고, 얼마나 거짓되며, 얼마나 부당하고 더러운지 모른다! 그런데도 사람들은 술에 취하고 눈이 어두워서 그것을 미처 깨닫지 못하는구나. 그래서 미련한 짐승처럼 이 타락하기 쉬운 인생에서 적은 쾌락을 즐기기 위해 영혼의 죽음을 재촉하는구나.

그러므로 내 아들아, "네 정욕을 따라가지 말고 네 욕망을 억제하여라"(집회서 18:30). "여호와를 기뻐하라, 그가 네 마음의 소원을 네게 이루어주시리로다"(시 37:4).

네가 참된 즐거움을 원하고 내게서 더욱 풍성한 위로를 받고 싶어서, 모든 세상적인 것을 멸시하고 모든 비천한 즐거움을 잘라버린다면, 그것은 너의 복이 될 것이고 너에게 풍성한 위로가 임할 것이다.

네가 피조물이 주는 위로를 멀리하면 할수록, 내 안에서 그만큼 더 달콤하고 풍성한 위로를 맛보게 될 것이다. 그런데 이런 위로를 얻게 되는 과정에서, 처음에는 어느 정도의 슬픔이 있을 것이고 상당한 갈등도 있을 것이다. 해묵은 습관이 반기를 들겠지만, 그것은 더 나은 습관에 의해 완전히 정복될 것이다.

육신이 너에게 불평을 늘어놓겠지만, 영적인 열정으로 네가 그것을 제어하게 될 것이다. 옛 뱀이 너를 부추기고 교란하겠지만, 기도로써 그놈을 물리칠 수 있을 것이다. 또한 네가 유익한 일에 종사함으로써 그놈의 접근을 막을 수 있을 것이다.

13
그리스도를 본받아 겸손하게 순종하라

🌿 **주님의 말씀**

내 아들아, 순종에서 멀어지려고 애쓰는 사람은 은혜로부터 멀어지게 된다. 그리고 스스로 특권을 구하는 사람은 모든 사람에게 주어지는 공동의 특권까지 잃어버리고 만다(마 16:24). 자기의 윗사람에게 기쁘게, 그리고 거리낌 없이 순종하지 않는 사람이 있다. 이는 그의 육신이 아직도 그에게 완전히 순종하지 않고 자주 그에게 저항하고 불평한다는 것을 보여주는 표시이다. 그러므로 네가 너의 육신에 멍에를 씌우고 싶으면, 너의 윗사람에게 빨리 순종하는 것을 배워라.

내면의 자아가 쓰러지지 않았다면, 바깥의 적을 더 빨리 정복할 수 있다. 성령과 조화롭게 지내지 못하면, 너에게 네 자신보다 더 나쁜 적도 없고 더 큰 골칫거리도 없을 것이다. 혈과 육을 이기고 싶으면, 네 자신을 진정으로 경멸하는 태도가 반드시 필요하다.

너는 네 자신을 지나치게 사랑하기 때문에 다른 사람의 뜻에 자기를 온전히 맡기는 것을 두려워하는 것이다. 그런데 무無로부터 만물을 창조한 전능자요 지극히 높은 곳에 있는 내가 겸손히 사람에게 순종했는데, 티끌과 같고 아무것도 아닌 네가 하나님을 위해 순종한다고 해도, 그것이 그렇게 큰 일이겠느냐(눅 2:7; 요 13:14). 내가 모든 사람 가운데서 가장 비천하고 비참한 존재가 된 것은 네가 겸손으로 너의 교만을 이기게 하기 위한 것이었다.

티끌과 같은 사람아, 순종하는 법을 배워라. 한 줌의 흙에 불과한 사람아, 스스로 겸비해져서 모든 사람의 발아래 엎드리는 것을 배워라. 너의 고집을 꺾는 것을 배우고, 모든 면에서 순종하는 법을 배워라.

네 자신에 대하여 강렬한 분노를 품고, 교만이 네 속에 둥지를 틀지 못하게 하라. 그 대신에 너무나 작고 겸손한 네 모습을 보여줌으로써 누구나 너를 밟고 지나가도록, 거리의 진흙을 밟듯이 너를 밟도록 해 주어라. 허망한 인간이여, 너는 무엇을 그리 불평하는가?

더러운 죄인아, 너는 너무나 자주 하나님께 죄를 범하여 수없이 지옥에 떨어져야 마땅했던 존재인데, 너를 비난하는 사람들에게 어떻게 응수하겠는가? 그런데도 네 영혼이 내게 귀하게 보였기에, 내 눈이 너에게 자비를 베풀었다. 그것은 네가 내 사랑을 알고 내 은혜에 항상 감사하게 하기 위한 것이었다. 또한 네가 계속해서 순종의 길을 걷고 또 겸손해지며, 무슨 이유로 너를 경멸하든지 네가 그것을 참고 견디게 하기 위한 것이었다.

14
자기를 자랑하지 말라

🌿 제자의 말

오 주님, 당신은 나에게 청천벽력 같은 심판을 쏟아 부으시고, 나의 모든 뼈를 두려움과 떨림으로 흔들리게 하십니다. 나는 놀라 그대로 선 채로 "하늘이라도 그가 보시기에 부정하구나"(욥 15:15) 생각합니다.

당신이 천사들에게서도 잘못을 발견하시고(욥 4:18) 그들조차 아끼지 아니하셨다면, 하물며 나 같은 존재는 어떻게 되겠습니까?

별들조차 하늘에서 떨어졌는데(계 8:10), 한갓 티끌에 불과한 내가 감히 무엇을 내세우겠습니까?

칭찬할 만한 일을 한 사람들이 가장 불행한 처지에 빠지고, 천사의 떡을 먹었던 자들이(시 78:25) 돼지 여물로 기뻐합니다.

주님이 그 손을 거두시면, 거룩함을 찾아볼 수 없습니다. 주님이 우리를 그만 다스리시면, 지혜도 소용 없습니다. 주님이 우리를 포기하시면, 용기도 도움이 되지 않습니다.

주님이 순결을 보호하지 않으면, 지켜낼 수 없습니다. 주님의 거룩한 눈이 함께하지 않으시면, 깨어 있는 것도 소용 없습니다. 우리를 홀로 내버려두시면 우리는 가라앉아 죽을 테지만, 당신이 찾아오시면, 우리는 일으킴을 받아 살아나게 될 것입니다.

우리는 변덕이 심하지만 당신으로 인해 다시 설 것입니다. 우리는 차가워지지만 당신으로 인해 뜨겁게 달아오를 것입니다.

나는 얼마나 겸손해지고 낮아져야 하는지요? 내게 조금이라도 선한 것이 있다 해도, 어떻게 해야 그것을 아무것도 아니라 생각할까요?

주님, 내가 당신의 헤아릴 수 없는 심판에 스스로 복종하려면, 얼마만큼의 겸손이 필요합니까? 나 자신을 아무것도 아닌 존재로 생각하려면 얼마나 겸손해져야 합니까?

아, 도무지 측량할 수 없는 무게여! 아, 도무지 건널 수 없는 바다여! 나 자신이 아무것도 아니라는 사실 외에는 아무것도 발견할 수 없습니다. 그렇다면 영광이 숨은 곳은 어디입니까? 자기 확신이 미덕을 품고 있는 곳은 어디입니까? 모든 헛된 자랑은 내게 엄습한 주님의 심판의 깊은 물에 삼켜지고 말았습니다.

주님 보시기에 육신은 무엇입니까? 진흙이 자기를 빚은 토기장이와 다투며 스스로를 자랑할 수 있겠습니까? 하나님께 마음을 드린 사람이 헛된 말로 우쭐댈 수 있겠습니까?(사 29:16; 집회서 23:4-5)

진리를 자기 것으로 삼은 사람은 온 세상이라도 들어 올릴 수 없습니다. 그리고 모든 소망을 하나님께 둔 사람은 누가 칭찬하더라도 흔들리지 않습니다.

  입을 열어 말하는 사람들도 모두 아무것도 아닌 만큼, 그들의 말소리와 함께 사라져버릴 것이기 때문입니다. 그러나 주님의 진리는 영원히 남을 것입니다(시 117:2).

15
우리의 소원과 우리의 언행

🍃 주님의 말씀

내 아들아, 그런즉 너는 모든 일에서 이렇게 말하라.

"주님, 이것이 주의 뜻이면, 그렇게 되게 하소서"(약 3장 혹은 4:15).

"주님, 그것이 주의 영광을 드러내는 것이면, 주의 이름으로 이루어지게 하소서. 주님, 그것을 좋게 보시고 나에게 유익하다고 여기시면, 내가 이것을 주의 영광을 위해 사용하도록 허락해 주소서. 그러나 그것이 나에게 해로울 것이고 영혼의 건강에 유익하지 않으면, 나에게서 그런 소원을 앗아가주소서."

사람에게는 옳고 선한 것으로 보이는 모든 소원이 다 성령에게서 난 것은 아니기 때문이다. 너로 하여금 이런저런 소원을 품게 만드는 것이 선한 영인지 악한 영인지, 혹은 네 자신의 영이 그런 마음을 품도록 하는 것인지 판단하는 것은 어려운 일이다. 처음에는 선한 영의 인도를 받는 것처럼 보였다가 결국에는 속임을 당하는 사람들이 많이 있다.

그러므로 마음에 무슨 소원이 생기든지, 언제나 하나님을 경외하는 마음과 겸손한 태도로 기도해야 한다. 그리고 무엇보다도 너는 네 생각을 버리고 모든 일을 나에게 맡겨야 한다. 그러면서 이렇게 말해야 마땅하다.

"주님, 주께서는 우리에게 무엇이 가장 좋은지를 알고 계시므로, 주의 뜻대로 이렇게 혹은 저렇게 이루어주소서."

"주님이 원하는 것을, 주님이 원하는 만큼, 그리고 주님이 원하는 때에 주소서."

"주님이 생각하기에 좋은 대로, 주님이 가장 기뻐하는 방식으로, 그리고 주님의 영광이 가장 잘 드러나는 방식으로 나를 다루어주소서."

"나를 주님이 원하는 곳에 두시고, 모든 일에서 주님의 뜻대로 나를 다루소서."

"나는 주님의 손 안에 있습니다. 주께서 기뻐하는 대로 나를 어느 방향으로든 돌리소서."

"보십시오, 나는 모든 일을 위해 준비되어 있는 주님의 종입니다. 내 소원은 나 자신이 아니라 주님을 위해 사는 것이기 때문입니다. 훌륭하게 또 완벽하게 주님을 위해 살 수만 있다면 얼마나 좋겠습니까!"

하나님의 뜻이 이루어지도록 간구하는 기도

오 가장 자비로운 예수여, 나에게 주의 은혜를 허락하셔서 그것이 항상 나와 함께 있게 하시고, 나와 함께 일하게 하시며(지혜서

9:10), 끝까지 나를 떠나지 않게 하소서.

당신이 가장 받으실 만하고 가장 기뻐하실 만한 것을 내가 항상 소원하고 바라도록 허락하소서. 당신의 뜻이 내 뜻이 되고, 내 뜻이 언제나 당신의 뜻을 따르며 그것과 완전히 일치하게 하소서. 내가 좋아하든 싫어하든 모두 당신의 뜻과 하나 되게 하시고, 오로지 당신이 원하는 것이나 원치 않는 것에 따라 나도 그것을 원하거나 원치 않게 하소서.

내가 이 세상에 있는 모든 것에 대해 죽게 해 주시고, 당신을 위해 멸시받는 것을 좋아하게 하시며, 세상에 알려지지 않게 허락하소서. 내가 그 무엇보다도 당신 안에서 안식하고, 내 마음이 평안을 찾을 수 있도록 허락하소서.

당신은 진정한 마음의 평안이고, 유일한 마음의 안식처입니다. 당신을 떠나면 모든 것이 힘들고 불안정합니다. 바로 이 평안, 곧 영원한 선이신 주님 안에서 내가 잠도 자고 평안히 쉬겠습니다(시 4:8), 아멘.

16
하나님 안에서 참된 위로를 찾아라

🍃 제자의 말

내가 원하거나 생각하는 위로가 무엇이든지, 나는 그것을 현세가 아닌 내세에서 받기를 기대합니다. 설사 나 홀로 이 세상의 모든 위로를 받고, 그에 따른 모든 즐거움을 누린다고 해도(마 16:26), 그것은 오래 지속되지 않을 것이 분명하기 때문입니다.

그러므로 내 영혼아, 너는 가난한 자의 위로자요 비천한 자의 보호자이신 하나님이 아니면 어디에서도 온전한 위로를 받을 수 없고(시 77:1-2), 완전한 회복을 바랄 수 없도다. 잠시만 기다려라, 내 영혼아, 하나님의 약속을 기다려라. 그리하면 네가 하늘에서 모든 좋은 것을 풍성히 누리게 될 것이다. 네가 현세의 것을 지나치게 사모하면, 영원한 천상의 것을 잃게 될 것이다.

현세의 것을 사용하되, 영원한 것을 사모하라. 너는 현세의 것으로 결코 만족할 수 없는 존재인데, 이는 그것들을 즐기도록 창조되지 않았기 때문이다.

비록 네가 모든 피조물을 소유한다고 할지라도, 너는 행복할 수도 없고 복된 상태에 들어갈 수도 없다. 만물을 창조하신 하나님 안에만 너의 모든 축복과 행복이 있다(지혜서 2:23). 이는 세상을 사랑하는 어리석은 사람들이 보고 좋아하는 그런 행복이 아니고, 그리스도의 선하고 신실한 종들이 기다리는 행복이며, 하늘에 시민권이 있는 영적인 사람과 마음이 순결한 사람들이(빌 3:20) 때때로 미리 맛보는 그런 행복이다.

모든 인간적인 위로는 헛되고 덧없는 것이다. 진리로부터 내면에 임하는 위로가 진정한 축복이다. 신앙인은 어디를 가든지 위로자 되시는 예수님을 모시고 가면서 그분께 이렇게 말한다, "주 예수님, 언제나 어디서나 나와 함께 계시옵소서."

"이로 말미암아 내가 위로를 받게 하시고, 인간적인 위로가 전혀 없더라도 기쁘게 살아가게 하소서."

"비록 주님의 위로가 없다 하더라도, 주님의 뜻과 의로운 시험이 나에게 가장 큰 위로가 되게 하소서. 주님은 늘 분노를 품을 분이 아니시고, 영원히 위협할 분도 아니시기 때문입니다"(시 103:9).

17
모든 염려를
하나님께 맡겨라

🌿 주님의 말씀

내 아들아, 내가 기뻐하는 것을 행하도록 하라. 나는 네게 가장 좋은 것이 무엇인지 알고 있다. 너는 인간적 차원에서 생각하고, 많은 일들을 인간적인 감정으로 판단한다.

🌿 제자의 말

오 주님, 당신의 말씀이 옳습니다. 내가 스스로 할 수 있는 모든 염려보다 나를 향한 주님의 염려가 더 큽니다(마 6:30; 요 6). 모든 염려를 주님께 맡기지 않는 사람은 비틀거릴 수밖에 없기 때문입니다.

주님, 나의 뜻이 옳고 견실하다고 생각하시면, 당신의 기쁜 뜻대로 나와 함께 행하소서. 당신이 나와 함께 행하는 것은 무엇이든 선할 수밖에 없기 때문입니다.

설사 내가 어둠 속에 있는 것이 주님의 뜻이라고 해도, 주님은 송축을 받으소서. 그리고 내가 빛 가운데 있는 것이 주님의 뜻이라고 해도, 주님은 다시 송축을 받으소서. 주님이 나에게 위로를 허락하시면, 주님은 송축을 받으소서. 그리고 설사 내가 괴로움을 당하는 것이 주님의 뜻이라 할지라도, 주님은 여전히 송축받으실 분입니다.

주님의 말씀

내 아들아, 나와 동행하기를 원한다면, 네 상태는 이러해야 마땅하다. 너는 기뻐할 준비를 갖추듯이 고난 받을 준비도 갖추어야 한다. 너는 풍성하고 부요할 때 기뻐하듯이 부족하고 가난할 때도 기뻐해야 한다.

제자의 말

오 주님, 당신이 허락하는 것이면 어떤 고난이 닥치더라도 당신을 위해 기쁘게 감수하겠습니다(욥 2:10). 당신의 손에서 오는 것이면 나는 선한 것과 악한 것, 달콤한 것과 쓴 것, 기쁨과 슬픔, 그 무엇이든 받겠습니다. 나에게 닥치는 모든 일에 대해 감사할 것입니다.

나를 모든 죄로부터 안전하게 지켜주소서. 그리하면 죽음을 두려워하지 않고 지옥도 두려워하지 않을 것입니다(시 23:4).

주님이 나를 영원히 버리지 않으시고 나를 생명책에서 지우지 않으시면, 어떤 환난이 닥쳐와도 나를 해치지 못할 것입니다.

18
그리스도를 본받아
잠깐의 불행을 참고 견디라

🌿 **주님의 말씀**

내 아들아, 나는 너를 구원하기 위해 하늘로부터 내려왔다(요 3:13). 그리고 내가 너의 불행을 몸소 짊어졌다(사 53:4). 부득이하여 짊어진 것이 아니라 사랑 때문에 그렇게 한 것이다. 그것은 너 역시 인내를 배우고 잠깐의 불행을 불평 없이 견디게 하기 위한 것이었다. 내가 태어나는 순간부터(눅 2:7) 십자가에서 죽는 순간까지 슬픔의 고통이 없었던 적이 없기 때문이다.

나는 현세의 것이 크게 부족하여 고생했고, 나에 대한 불평을 들었으며, 치욕과 욕설을 온유하게 참고 견디었다. 내가 베푼 은혜에 대한 보답으로 배은망덕함을, 기적에 대한 보답으로 신성모독을, [하늘의] 가르침에 대한 보답으로 비난을 받았다.

🌿 **제자의 말**

주께서는 평생 동안 인내하셨기에 하나님 아버지의 계명을 지킬 수 있었습니다(요 5:30). 그 때문에 나 같은 죄인도 주의 뜻에 따라 인내해야 하고, 주께서 허락하시는 한 내 영혼의 평안을 위해 타락하기 쉬운 인생의 짐을 견뎌야 할 것입니다.

이생이 짐스럽긴 하지만, 당신의 은혜로 보람 있는 인생이 되었습니다. 당신의 행동과 믿음의 선배들의 발자취로 말미암아 연약한 자에게 더욱 거칠 것이 없고 견딜 만한 것이 되었습니다.

또한 하늘의 문이 굳게 닫혀 있었던 옛 율법의 시대보다 지금은 훨씬 더 많은 위로가 넘쳐흐르고 있습니다. 당시에는 극소수 사람들만 하늘나라를 구하던 때였기에 하늘로 가는 길도 훨씬 모호하게 보였던 시절이었습니다(마 7:14).

더군다나, 의로웠기에 구원받았어야 할 사람들도 당신이 고난을 당하고 죽기 전까지 하늘나라에 들어갈 수 없었습니다.

주님이 나를 비롯한 모든 신자들에게 당신의 영원한 나라에 들어가는 선하고 바른 길을 보여주기로 하셨으니, 당신께 얼마나 큰 감사를 드려야 할지 모르겠습니다.

주님의 삶이 곧 우리의 길이고, 우리는 거룩한 인내를 발휘하며 당신을 향해 걷고 있기 때문입니다. 당신이 앞서 가셔서 우리를 가르치지 않았더라면, 과연 누가 그 길을 가려고 했겠습니까!

아아, 지극히 고결한 당신의 모범을 생각하지 않았다면, 얼마나 많은 사람들이 뒤처지게 되었겠습니까! 보십시오, 우리가 당신의 많은 기적과 가르침에 관해 들었음에도 불구하고, 우리는 아직도 여전히 차가운 상태입니다. 당신을 따르는 데 필요한 큰 불빛이 없었다면(요 12:46), 우리는 어떻게 되었겠습니까!

19
모욕을 참고
진정한 인내심을 발휘하라

🌿 주님의 말씀

내 아들아, 너는 지금 무슨 말을 하고 있느냐? 너는 나와 거룩한 성도들의 고난을 생각하면서 불평하는 소리를 멈추어라.

너는 아직 피 흘리기까지 대항하지는 않았다(히 12:4). 많은 고난을 당한 사람들, 너무나 강한 유혹을 받은 사람들, 끔찍한 고통을 당한 사람들, 너무나 다양하게 시험과 연단을 받은 사람들(히 11:37)에 비하면, 네가 겪는 고난은 사소한 것에 불과하다.

그러므로 너는 다른 사람들이 겪은 더 무거운 고통을 상기함으로써 네가 겪는 작은 어려움을 쉽게 견뎌낼 필요가 있다. 그 어려움이 너에게 작게 보이지 않는다면, 너의 조급함 때문이 아닌지 조심스럽게 살펴보아라. 고난이 크든 작든, 그 모든 것을 참고 견디려고 노력하라.

네가 고난에 잘 대처하면 할수록, 그만큼 더 지혜롭게 행동하는 것이고, 장차 그만큼 더 큰 상급을 받게 될 것이다. 만일, 마음으로 또 습관으로, 고난에 대처할 준비를 부지런히 갖춘다면, 더욱 쉽게 그것을 견딜 수 있을 것이다.

이렇게 말하지는 말라. "나는 저런 사람의 손에 이런 고난을 겪는 것을 도무지 참을 수 없어. 나 같은 사람이 이런 종류의 고난을 겪을 수는 없어. 그 사람이 내게 큰 손해를 입혔고, 내가 상상하지도 않았던 비난을 퍼부었거든. 그 대신 다른 사람의 비난은 기꺼이 참을 수 있고, 내가 마땅하다고 생각되는 고통은 얼마든지 견딜 수 있어."

그것은 참 어리석은 생각이다. 그것은 인내의 미덕을 고려하지 않은 발상이고, 인내하는 사람에게 누가 면류관을 씌워줄지도 생각하지 않은 착상이다. 오히려 관련된 당사자들과 그들이 범한 잘못만 너무 정확하게 따지고 중요시하는 태도다.

자기가 좋다고 생각하는 만큼만, 그리고 자기 마음에 드는 사람에게만 고통을 당하겠다는 사람은 참을성 있는 사람이 아니다.

진실로 참을성 있는 사람은 윗사람이나 동료나 아랫사람이나, 선량하고 거룩한 사람이나 못되고 타락한 사람이나, 어느 누구에게 고통을 당하든지 전혀 상관하지 않는다.

자기에게 닥치는 역경이 어떤 피조물에게서 오든지, 얼마만큼 오든지, 얼마나 자주 오든지 전혀 상관하지 않고, 그 모든 것이 하나님의 손으로부터 오는 것으로 감사히 받고, 그것을 큰 유익으로 여긴다.

왜냐하면 아무리 작은 고난일지라도 그것이 하나님을 위해 겪는 것이라면, 하나님으로서는 상급을 주지 않고 넘어가는 것이 불가능하기 때문이다.

그러므로 네가 승리를 거두고 싶으면, [언제나] 싸울 준비를 하고 있어라. 싸움 없이는 인내의 면류관을 받을 수 없기 때문이다(딤후 2:3-5).

고난 당할 생각이 없다면, 그것은 네가 면류관을 포기하는 것이다. 그러나 네가 면류관을 쓰고 싶으면, 용감하게 싸우고 끈기 있게 인내하라. 고된 노력이 없으면 안식도 없고, 싸움이 없으면 승리도 없다.

제자의 말

오 주님, 천성적으로 내게 불가능하게 보이는 것이 주님의 은혜로 가능하게 되도록 해 주소서. 나는 약간의 고난밖에 견딜 수 없고, 자그마한 역경이 닥치더라도 쉽게 넘어진다는 것을 주님은 아십니다.

주님의 이름을 위해 당하는 모든 환난을 내가 바람직한 것으로 여기게 해 주소서. 주님을 위해 고난을 받고 동요하는 것이 내 영혼의 건강에 아주 유익하기 때문입니다.

20
죄의 고백과 인생의 불행

🌿 제자의 말

나의 불의함을 자백하겠습니다(시 32:5). 오 주님, 나의 연약함을 당신께 자백하겠습니다.

종종 사소한 문제가 나에게 슬픔과 괴로움을 안겨주곤 합니다. 용기 있게 행동하겠다고 다짐을 하지만, 작은 유혹만 와도 금방 큰 곤경에 빠지고 맙니다. 때로는 아주 사소한 일을 계기로 큰 시험이 닥치기도 합니다.

내가 비교적 안전하다고 생각하는 동안, 전혀 예상치 않은 순간에 불어온 가벼운 바람에도 쓰러져버리는 자신을 발견할 때도 있습니다.

그러므로 주님, 비천한 나의 상태를 보십시오(시 25:18). 그리고 주께서 샅샅이 아시는 나의 연약함을 보십시오.

나에게 자비를 베푸셔서 나를 수렁에서 건져주소서. 나로 거기에 빠지지 않게 하시고(시 69:14), 영원히 버림 받은 상태로 있지 않게 하소서. 이처럼 쉽게 넘어지고 정욕을 제대로 억제하지 못하기에 나는 종종 뒤로 후퇴하고 맙니다.

내가 전혀 동의하지 않는데도 계속되는 그들의 공격은 나에게 큰 골칫거리이자 부담이 됩니다. 이처럼 날마다 갈등 속에 사는 것이 이제 진절머리가 납니다. 혐오스러운 공상이 마음을 떠나기보다는 훨씬 더 쉽게 떠오르곤 하는 것을 보면 나는 얼마나 연약한 존재인지 모르겠습니다.

전능하신 이스라엘의 하나님, 믿음의 사람들을 열렬히 사랑하는 연인이시여! 당신의 종이 겪는 고생과 슬픔을 배려하시고, 그가 행하는 모든 일에 도움의 손길을 허락하소서.

나를 하늘의 용기로 강건케 하셔서, 아직도 영에게 완전히 굴복하지 않은 옛 사람, 이 가련한 육신이 우세한 고지를 점령하지 못하게 하소서. 내가 이 불행한 인생을 사는 동안에는 옛 사람을 상대로 싸워야 할 것입니다.

아, 슬프도다. 우리의 삶이 온갖 함정과 적으로 가득 차 있고, 환난과 불행이 그칠 날이 없으니, 얼마나 가련한 인생입니까!

한 가지 환난이나 유혹이 지나가면 또 다른 것이 찾아옵니다. 그렇습니다. 첫 번째 갈등이 아직 계속되는 동안에도 예상치 못한 다른 많은 갈등들이 연이어 찾아옵니다.

인생은 그토록 큰 괴로움을 안고 있고 너무나 많은 재난과 불행이 닥치는데, 어떻게 이런 인생을 사랑할 수 있습니까?

인생은 그토록 많은 죽음과 질병을 만들어내는데, 어떻게 그것을 인생이라고 부를 수 있습니까? 그런데도 사람들은 인생을 사랑의 대상으로 삼고 있고, 많은 이들이 그 안에서 즐거움을 구하고 있습니다.

사람들은 흔히 세상을 거짓과 허영으로 충만한 곳이라 비난하지만, 그러면서도 세상과 쉽게 이별하지 못하는 것은 육신의 욕망이 큰 지배력을 행사하기 때문입니다. 그런데 어떤 것들은 우리로 하여금 세상을 사랑하게 하고, 또 어떤 것들은 멸시하게 합니다. 육신의 정욕과 안목의 정욕과 이생의 자랑(요일 2:16)은 우리로 하여금 세상을 사랑하도록 유도합니다. 그러나 이런 것들에 뒤따라오는 고통과 불행은 세상을 미워하고 싫어하게 만듭니다.

나쁜 쾌락을 좋아하는 습성이 세상에 중독된 사람의 마음을 사로잡았습니다. 그는 하나님의 달콤한 은혜와 미덕이 주는 내면의 즐거움을 보거나 맛보지 못했기 때문에 가시나무 아래에 있는 것(욥 30:7)을 즐거움으로 여기는 것입니다.

그러나 세상을 완전히 멸시하고 거룩한 규율 아래서 하나님을 위해 살려고 애쓰는 사람들, 이런 사람들은 세상을 포기하는 자들에게 약속된 하나님의 달콤한 은혜를 압니다. 이들은 또한 세상이 얼마나 잘못 생각하고 있는지, 그리고 여러 면에서 얼마나 기만 당하고 있는지를 분명하게 봅니다.

21
그 무엇보다도
하나님 안에서 안식하라

🍃 제자의 말

내 영혼아, 모든 일에서 그 무엇보다 항상 주님 안에서 안식하라. 주님은 성도들의 영원한 안식처가 되시기 때문이다.

가장 아름다운 사랑의 예수님, 내가 그 어떤 피조물보다도(롬 8:19-22) 주님 안에서 안식하게 하옵소서. 모든 건강과 아름다움보다도, 모든 영광과 명예보다도, 모든 능력과 존귀보다도, 모든 지식과 통찰력보다도, 모든 부와 솜씨보다도, 모든 기쁨과 즐거움보다도, 모든 명성과 칭송보다도, 모든 사랑스러움과 위로보다도, 모든 희망과 약속보다도, 모든 공로와 염원보다도, 주님 안에서 안식하게 해 주소서.

주님이 우리에게 주실 수 있고 실제로 베푸시는 그 모든 은사와 선물보다도, 사람의 마음이 받을 수 있고 또 느낄 수 있는 그 모든 환희와 기쁨보다도, 주님 안에서 안식하게 하소서.

끝으로, 천사들과 천사장들보다도, 하늘의 군대보다도, 모든 보이는 것들과 보이지 않는 것들보다도, 주님이 아닌 그 무엇보다도, 오직 주 안에서 안식하게 하소서.

나의 주 나의 하나님, 당신은 만물보다 뛰어난 선한 분이십니다. 주님 홀로 가장 높은 곳에 계시고, 주님 홀로 가장 강하시고, 주님 홀로 가장 충만하고 충분하시며, 주님 홀로 가장 사랑스럽고 또 풍성한 위로를 주시는 분이십니다.

주님 홀로 가장 아름답고 사랑이 많으며, 주님 홀로 가장 고결하고 영화로운 분이고, 주님 안에 모든 선한 것들이 과거에나, 현재나, 미래에 다함께 존재하고 있습니다. 그러므로 내가 주님을 볼 수 없고 주님을 완전히 얻을 수 없으면, 나에게 그 무엇을 내려주시든지, 주님에 관해 무엇을 계시하시든지, 혹은 무엇을 약속하시든지 간에, 그것은 너무나 작고 불만족스러울 것입니다.

내 마음은 선물과 모든 피조물을 초월하여 주님 안에서 안식하지 않으면, 결코 쉼과 만족을 얻을 수 없기 때문입니다.

내 영혼의 가장 사랑스런 배우자이신 예수 그리스도시여, 당신은 가장 순결한 연인이요 모든 피조물의 주인이십니다. 아, 나에게 자유의 날개가 있다면, 훨훨 날아가서 당신 안에서 편히 쉬련만(시 55:6).

내가 고요한 마음으로 주님을 생각하고, 당신이 얼마나 아름다운지를 보는 것이 언제쯤이나 온전히 허락될 것인지요!

주님을 사랑하는 마음 때문에, 그 누구도 모르는 방식으로, 모든 감각과 한계를 초월하여, 나 자신을 잊고 오직 당신만을 의식하는 것(단 10장), 나 자신이 주님께 완전히 몰입하는 것이 언제나

가능할 것인지요! 그런데 지금은 종종 한숨을 쉬며 슬프게 나의 불행을 삼키고 있을 뿐입니다.

이 눈물의 골짜기에서 수많은 악한 일들이 일어나서 자주 나를 괴롭히고, 슬프게 하고, 구름으로 뒤덮곤 합니다. 또한 나를 방해하고 산만하게 하고 유혹하고 얽어매는 바람에, 나는 자유롭게 주님께 나아가지 못하고, 복 있는 영혼을 위해 준비된 달콤한 환영의 포옹을 누리지 못합니다.

아, 내가 쉬는 한숨과 현세에서 느끼는 온갖 고독감이 주님의 마음을 움직이게 하소서.

영원한 영광의 광채이시며 순례자를 위로하시는 예수님, 주님 앞에서는 내 입이 할 말을 잃고, 오직 침묵으로 당신에게 말할 뿐입니다.

나의 주님은 얼마나 더 있다가 오시렵니까? 이 가련하고 멸시받는 종에게 오셔서 나를 기쁘게 하소서. 당신의 손을 내미셔서 이 가련한 인생을 모든 고뇌에서 건져주소서.

오십시오, 제발 오시옵소서. 당신이 없으면 나에게 기쁜 날도 없고 기쁜 순간도 없기 때문입니다. 당신이 곧 내 기쁨이고, 당신이 없으면 내 식탁은 텅 비게 될 뿐입니다.

주께서 임재의 빛으로 나를 새롭게 회복시키시고, 자유를 주시며, 나를 향해 웃는 얼굴을 보여주실 때까지, 나는 족쇄를 차고 감옥에 갇힌 비참한 피조물일 뿐입니다.

다른 사람들은 당신이 아닌 다른 즐거움을 찾도록 내버려두옵소서. 그러나 나는 다른 어떤 것도 기뻐하지 않으며 앞으로도 그럴 것입니다. 나에게는 오로지 당신만이 나의 하나님, 나의 소망, 나의 영원한 구원이십니다. 주님의 은혜가 다시 돌아오기까지, 당신이 나에게 내면에서 말씀하실 때까지, 나는 결코 침묵하지 않을 것이며 기도하기를 쉬지 않을 것입니다.

주님의 말씀

보라, 내가 여기에 있다. 보라, 네가 나를 불렀기에 너에게 왔노라. 네 눈물과 네 영혼의 소원, 너의 굴욕과 마음의 통회가 나를 움직여서 너에게 오게 하였노라.

제자의 말

그래서 나는 이렇게 말했습니다, 주님, 내가 주님을 불렀습니다. 내가 주를 위해 모든 것을 포기할 준비를 갖추고 주님을 즐거워하기를 바랐습니다. 내가 주님을 찾도록 먼저 나를 요동케 하셨기 때문입니다. 그런즉 주님이시여, 주께서 그 많은 자비로 종에게 선한 은혜를 보이셨으니 영광을 받으소서.

주님의 종이 주님 앞에서 무슨 말을 더 하겠습니까? 그는 자신의 죄악과 허물을 마음에 담은 채 주님 앞에서 자기를 크게 낮출 수밖에 없습니다. 하늘과 땅에 아무리 훌륭한 것들이 있다고 해도, 주님과 같은 존재는 없기 때문입니다(시 35:10).

주님의 행위는 매우 선하고, 주의 심판은 옳으며, 주의 섭리로 온 우주가 움직입니다.

하나님 아버지의 지혜는 얼마나 놀라운지요. 그로 인해 주님께 찬송과 영광을 돌립니다. 나의 입술, 나의 영혼, 그리고 모든 피조물들아, 너희는 모두 주님을 찬송하고 송축할지어다!

22
하나님이 주신 많은 은혜를 기억하라

🌿 **제자의 말**

오 주님, 당신의 율법에 대하여 내 마음을 열게 해 주시고, 당신의 계명을 따라 행하게 가르쳐주소서(시 119편).

주님의 뜻을 깨닫게 하시고, 경외하는 마음으로 당신의 은혜를 부지런히 기억하게 하셔서, 이제부터는 당신께 합당한 감사를 드릴 수 있게 하옵소서. 그런데 내게는 당신의 은총에 합당한 감사를 드릴 능력이 조금도 없다는 것을 고백합니다.

나는 당신의 모든 은총 가운데서 가장 작은 것보다 더 작은 자입니다. 숭고한 주님의 은혜를 생각하노라면, 그 위대함에 압도되어 내 영이 기절하고 맙니다.

우리가 영혼과 몸 안에 가지고 있는 모든 것, 겉으로나 속으로, 자연적으로나 초자연적으로 소유한 모든 것은 다 주님의 은혜입니다. 그것들은 우리에게 모든 좋은 것을 주신 주님의 관대하심과 자비로우심과 선하심을 증언하고 있습니다.

우리 가운데는 많이 받은 사람도 있고 적게 받은 사람도 있지만, 그 모든 것이 주님의 것이고, 주님을 떠나서는 가장 작은 축복조차 누릴 수 없습니다.

　더 많이 받은 사람이라 할지라도 자기의 공로를 자랑할 수 없고, 자기를 남들보다 더 높일 수 없으며, 더 적게 받은 사람을 업신여겨서도 안 됩니다. 자기의 공로로 돌리지 않는 사람이 위대하고 훌륭한 사람이며, 가장 겸손하고 경건하게 감사 드리는 사람이기 때문입니다. 자기를 모든 사람 중에 가장 하찮은 존재로 여기고, 무가치하게 평가하는 사람은 복이 있습니다.

　더 적게 받은 사람은 더 큰 것으로 부유하게 된 사람들을 부러워해서는 안 됩니다. 오히려 마음을 주님께 돌리고 주님의 선하심을 높이 찬양해야 합니다. 주님은 조금도 차별하지 않으시고 너무나 풍성하게, 아낌없이, 기쁘게 선물을 주시기 때문입니다.

　모든 것이 주님으로부터 나오는 것이기에, 모든 일에서 주님은 찬양을 받으실 분입니다. 주님은 각 사람에게 합당한 몫을 알고 계십니다. 왜 이 사람은 적게 받았고 저 사람은 많이 받았는지는 우리가 판단할 문제가 아니고 주님이 판단하실 문제입니다. 주님만이 각 사람에게 적절한 분량이 얼마인지 정확히 알고 계시기 때문입니다.

　그러므로 주 하나님이시여, 겉으로 보기에, 그리고 사람들이 생각하기에 칭찬과 박수받을 만한 것을 많이 받지 않은 것도, 나로서는 큰 자비라고 생각합니다. 그런즉 스스로 가난하고 못났다고 생각하는 사람도 그 때문에 슬픔에 빠지거나 낙심해서는 안 됩니다. 오히려 위로받고 기뻐해야 합니다. 왜냐하면 하나님은 이 세상의 가난하고 겸손하고 멸시받는 자들을 택하셔서(고전 1:27) 자신을 위해 일꾼으로 삼으셨기 때문입니다.

이를 증언하는 증인은 바로 주님이 온 땅의 군왕으로 삼으신 사도들입니다(시 45:16). 그들은 이 세상에서 불평하지 않고(살전 2:10), 너무나 겸손하고 단순하게, 악의와 거짓이 없이 살았으며, 주의 이름을 위해 모욕당하는 것을 오히려 기뻐했고(행 5:41), 세상이 멸시하는 것을 오히려 큰 사랑으로 끌어안았습니다.

그러므로 사람이 주님을 사랑하고 그분의 은혜를 인정할 때는, 무엇보다도 자기를 향한 주님의 뜻을 기뻐하고 영원한 약속을 즐거워해야 할 것입니다. 이로 인해 그는 무척 만족하고 큰 위로를 받기 때문에, 다른 사람이 가장 큰 자가 되고 싶어 하더라도 본인은 기꺼이 가장 작은 자가 되려고 할 것입니다.

그는 또한 맨 앞자리에 있을 때와 마찬가지로, 맨 뒷자리에 있어도 자족하게 될 것입니다. 남들보다 더 명예로운 자리에 앉고 더 큰 자가 될 때와 마찬가지로, 아무 이름도 없어 멸시당하는 것도 기뻐할 것입니다. 주님의 뜻과 영광을 사랑하는 일이 다른 모든 것보다 우선되어야 하기 때문입니다. 그리고 그것이 그가 받았거나 받게 될 모든 은혜보다 그에게 더 큰 기쁨이 되고 더 많은 위로를 주기 때문입니다.

23
내면의 평화에
이르는 네 가지 길

🍃 **주님의 말씀**

내 아들아, 이제 나는 네게 평화와 참 자유에 이르는 길을 가르쳐주겠다.

🍃 **제자의 말**

오 주님, 그 가르침을 듣는 것은 나에게 큰 기쁨이 되오니 말씀하신 대로 하소서.

🍃 **주님의 말씀**

내 아들아, 너는 네 뜻보다 다른 사람의 뜻을 행하려고 노력하여라(마 26:39; 요 5:30; 6:38). 언제나 많은 편보다 적은 편을 택하여라(고전 10:24). 언제나 가장 낮은 자리를 구하고 모든 사람보다 아래쪽에 앉도록 하여라(눅 14:10). 하나님의 뜻이 네 안에서 온전히 이루어지도록 항상 바라고 기도하여라(마 6:10).

　보라, 이런 사람이 평화와 안식의 영역으로 들어간다.

🌿 제자의 말

오 주님, 이 짧은 말씀은 그 안에 완전한 가르침을 담고 있습니다(마 5:48). 그 몇 마디에 풍부한 의미가 담겨 있고 풍성한 열매가 달려 있습니다. 내가 그 말씀을 충실하게 지킬 수만 있다면, 그처럼 쉽게 곤경에 빠지지 않을 것입니다. 내가 스스로 불안과 혼동을 느낄 때마다 이 가르침에서 벗어났다는 것을 발견하기 때문입니다.

그러나 주님은 모든 일을 하실 수 있고, 항상 내 영혼의 유익을 도모하시고, 나에게 은혜 더하기를 원하시는 분입니다. 그것은 내가 주님의 일을 성취하고, 나의 구원을 이루게 하기 위한 것입니다.

🌿 악한 생각을 물리치기 위한 기도

나의 주 나의 하나님이여, 나를 멀리 하지 마소서. 나의 하나님, 속히 나를 도우소서(시 71:12). 마음속에 온갖 악한 생각이 떠오르고, 큰 두려움이 내 영혼을 괴롭히고 있습니다. 어떻게 하면 내가 상처 받지 않고 무사히 통과할 수 있습니까? 어떻게 하면 그런 것을 완전히 물리칠 수 있습니까?

그러자 주님은 이렇게 말씀하셨습니다. "내가 너보다 앞서 행할 것이다. 그리고 이 땅의 높은 자들을 낮추고, 감옥 문을 열어서 네게 숨은 비밀을 보여줄 것이다"(사 14:2-3).

오 주님, 말씀하신 대로 하옵소서. 그리고 주의 얼굴 앞에서 나의 모든 악한 생각이 달아나게 하소서.

내가 환난을 만날 때마다 주님께 달려가는 것, 주님을 신뢰하는 것, 내 마음으로부터 주님을 부르는 것, 주님의 위로를 끈기 있게 기다리는 것은 곧 나의 희망이요 유일한 위안입니다.

내면의 조명을 위한 기도

자비로운 예수님, 밝게 빛나는 내면의 빛으로 나를 깨우치시고, 내 마음속에 거하는 모든 어두움을 몰아내어 주소서. 이리저리 방황하는 내 생각을 진압해 주시고, 맹렬하게 공격하는 유혹의 손길들을 무찔러주소서.

나를 위해 굳세게 싸워주시고, 악한 짐승들 곧 나를 유혹하는 육신의 욕망을 물리쳐주소서. 당신의 힘으로 평화를 얻고, 당신의 거룩한 궁전 곧 순결한 양심 속에서 당신을 찬양하는 소리가 힘차게 울려 퍼지게 하소서.

바람과 폭풍에게 명하소서. 바다를 향해 '잠잠하라'(마 8:26)고 말씀하소서. 북풍에게 '불지 말라'고 말씀하소서. 그리하면 큰 평온이 찾아올 것입니다.

주의 빛과 주의 진리를 보내셔서(시 43:3) 온 땅을 비추게 하소서. 주께서 내게 빛을 비출 때까지 나는 형체가 없는 공허한 땅에 불과하기 때문입니다.

주님, 죄악의 짐에 억눌려 있는 내 마음을 북돋워주시고, 내 소원이 하늘의 것으로 가득 차게 하소서. 그리하여 하나님의 달콤한 은혜를 맛본 나머지 세상적인 것을 생각하는 일조차 귀찮게 여기게 하소서.

피조물이 주는 모든 일시적인 위로에서 벗어나도록 나를 잡아당겨 주소서. 그 어떤 피조물도 내 마음에 온전한 위로와 안식을 줄 수 없기 때문입니다. 나를 끊을 수 없는 사랑의 띠로 주님에게 묶어주소서. 주를 사랑하는 사람을 만족시켜줄 수 있는 것은 오직 주님뿐이고, 주님이 없으면 모든 것이 헛되고 보잘것없기 때문입니다.

24
다른 사람의 삶에 간섭하지 말라

주님의 말씀

내 아들아, 이상한 호기심을 품지 말고 쓸데없는 일에 신경 쓰지 말라(집회서 3:23; 딤전 5:13). 이런 일이나 저런 일이 네게 무슨 상관이 있느냐? 너는 나를 따르라(요 21:22). 이 사람이 이러저러하고, 저 사람이 이런저런 소리를 한들, 그것이 너에게 무슨 상관이 있느냐?

너는 남을 대신해 응답할 필요가 없고, 네 자신에 대해서만 책임 지게 될 것이다(갈 6:4-5). 그런데 어찌하여 너는 스스로 곤경을 자초하느냐?

보라, 나는 모든 사람을 알고 있고, 해 아래서 일어나는 모든 일을 보고 있다. 뿐만 아니라, 각 사람이 어떻게 지내는지, 무슨 생각을 하는지, 무슨 바람이 있는지, 무슨 목표를 가지고 있는지도 알고 있다.

그러므로 모든 것을 나에게 맡겨야 마땅하다. 너는 스스로 평온을 잘 유지하고, 떠들썩하고 싶어 하는 사람들은 떠들썩하게 지내도록 그냥 내버려두어라. 그들이 무슨 짓을 하든 무슨 말을 하든, 나를 속일 수 없는 만큼, 그들 자신에게 돌아갈 것이다.

명망가의 그늘에 들어가려고, 많은 사람의 친구가 되려고, 혹은 여러 사람의 애정을 얻으려고 안달하지 말라. 이런 것들은 마음을 산만하게 하고, 매우 어둡게 하기 때문이다.

네가 나의 방문을 부지런히 살피고 네 마음의 문을 열면, 내가 기쁘게 네게 말하고 내 비밀을 알려주겠다. 너는 늘 조심하고 깨어 기도하며, 무슨 일을 하든지 자신을 낮추어라.

25
마음의 평화와
진정한 영적 성장을 위하여

주님의 말씀

내 아들아, 나는 이렇게 말했다. "평안을 너희에게 끼치노니, 곧 나의 평안을 너희에게 주노라. 내가 너희에게 주는 것은 세상이 주는 것과 같지 아니하니라"(요 14:27).

　모든 사람이 평화를 갈망하지만, 참된 평화로 인도하는 것에는 관심이 없다. 나의 평화는 마음이 겸손하고 온유한 사람과 함께 하고, 네가 많이 인내할 때 얻게 될 것이다. 네가 내 음성을 듣고 나를 따르면, 큰 평화를 누릴 수 있을 것이다.

제자의 말

주님, 그러면 내가 어떻게 해야 합니까?

주님의 말씀

네가 무엇을 하는지, 무슨 말을 하는지, 항상 네 자신에게 주의를 기울이라. 너는 오직 나만을 기쁘게 하고 나 이외에는 어떤 것도 원하거나 구하지 말라. 바로 이 일에 모든 관심을 집중하라.

하지만 다른 사람의 말이나 행동에 대해서는 성급하게 판단하지 말고, 너에게 맡겨지지 않은 일에는 개입하지 말라. 그리하면 평화가 깨어지는 일이 거의 없을 것이다.

그러나 전혀 슬픔을 느끼지 않는 것, 몸이나 마음의 고통을 전혀 겪지 않는 것은 현세에 속한 일이 아니라 영원한 안식에 들어가야 가능한 일이다. 그러므로 네가 아무런 부담도 느끼지 않는다고 해서 참된 평화를 찾았다고 생각하지 말라. 그리고 너에게 전혀 역경이 없더라도 만사가 평안하다고 생각하지 말라. 또한 '완전한 상태'는 네 마음대로 모든 일이 이루어지는 것이라고 생각하지 말라.

네가 큰 헌신을 했다고 해서, 네 자신을 높이 평가하거나 특별한 사랑을 받은 사람이라고 생각하지 말라. 왜냐하면 이러한 것을 통해 미덕을 사랑하는 사람이 알려지는 것도 아니고, 한 사람의 성장과 온전함이 그런 것에 달려 있지도 않기 때문이다.

제자의 말
주님, 그러면 성장과 온전함은 무엇에 있는 것입니까?

주님의 말씀
그것은 네가 큰 문제에서든 작은 문제에서든, 현세에서든 영원한 세계에서든, 자기 유익을 구하지 아니하고 온 마음을 다해 하나님의 뜻에 헌신하는 것에 있다. 그런즉 너는 잘 나갈 때나 못 나갈 때나 모든 것을 공평하게 달아보면서, 감사하는 마음으로, 한결같은 얼굴을 지녀야 할 것이다.

  너는 용기를 품고 끝까지 소망을 잃지 말라. 그리하면 마음의 위안이 사라지더라도 더 큰 시련을 감당할 만한 마음의 준비를 갖추게 될 것이다. 그리고 마치 그런 고생을 겪어서는 안 되는 것처럼, 혹은 그처럼 큰 고생을 해서는 안 되는 것처럼 자신을 정당화하지 말고, 내가 무엇을 허락했든지 간에 나를 인정하고 나의 거룩한 이름을 찬양하여라. 그리하면 너는 참되고 바른 길을 걷게 될 것이고, 장차 큰 기쁨과 함께 내 얼굴을 다시 보게 될 것을 기대할 수 있을 것이다.

  네가 자신을 완전히 멸시하는 경지에 도달하면, 이 세상에서 누릴 수 있는 가장 풍성한 평화를 누리게 될 것이다.

26
독서보다는 겸손한 기도로 얻는 자유로운 정신

🌿 제자의 말

오 주님, 온전한 사람은 하늘의 것을 깊이 생각하기를 게을리 하는 법이 없고, 많은 걱정거리에 휩싸여도 염려하지 않고 유유히 걷습니다. 이는 그가 아무런 감정도 없는 사람이기 때문이 아니라, 어떤 피조물에도 부당한 애정을 쏟지 않는 자유로운 정신의 소유자이기 때문입니다.

지극히 자비로우신 하나님, 이생의 염려에 지나치게 얽매이지 않도록 내 마음을 지켜주옵소서. 또한 육신의 쾌락에 사로잡히지 않도록 그 많은 욕구로부터 나를 보호하소서. 그리고 영적인 걸림돌이 무엇이든지 거기에 걸려 넘어지고 많은 괴로움으로 마음이 깨어지지 않도록 도와주옵소서.

세상적인 허영심이 열심히 탐내는 일들을 이야기하는 것이 아니고, 인류에게 공통적으로 임한 저주(창 3:17; 롬 7:11), 곧 주의 종의 영혼을 억누르고 방해하여 영적으로 자유로운 상태에 들어가지 못하게 하는 불행을 이야기하는 것입니다.

말할 수 없이 아름다운 나의 하나님이여, 모든 육신적인 즐거움, 곧 영원한 것을 사랑하지 못하게 나를 끌어당기고 내 앞에 당장의 쾌락거리를 두어 유혹하는 것들이 내 입에서는 쓴 맛을 내게 하옵소서.

오 주님, 내가 혈과 육에 지지 않게 하소서, 지지 않게 하옵소서(롬 12:21). 세상이 주는 덧없는 영광이 나를 속이지 못하게 하시고, 마귀와 교묘한 술수가 내 발목을 잡지 못하게 하옵소서.

나에게 저항할 만한 힘과 견딜 만한 인내와 버틸 만한 끈기를 주옵소서. 나에게 세상의 모든 위안거리 대신에 성령의 향기로운 기름을 주시고, 육신적인 사랑 대신에 주님의 이름을 사랑하는 마음을 주소서.

보십시오! 먹는 것과 마시는 것과 입는 것, 그리고 몸에 필요한 모든 필수품이 열심을 품은 영에게는 부담스러운 것일 뿐입니다. 나로 하여금 이런 생활도구들을 적당히 사용하게 하시고, 그런 것에 대한 욕심에 사로잡히지 않게 하소서.

우리는 육신을 보존해야 하므로 모든 것을 버리는 것은 정당하지 않지만, 거룩한 율법은 사치품과 그저 즐기기 위한 물건을 갖고 싶은 욕망을 금하고 있습니다. 그럴 경우에는 육신이 영에 대항하여 일어날 것이기 때문입니다. 그러므로 이런 면에서 선을 넘지 않도록 나를 다스리시고 가르쳐주옵소서.

27
가장 큰 걸림돌인
자기 사랑을 피하라

🌿 **주님의 말씀**

내 아들아, 모든 것을 얻으려면 모든 것을 내어주어야 하고, 아무것도 네 소유로 남겨놓아서는 안 된다. 네 자신을 사랑하는 것은 세상의 무엇보다도 네게 더 해롭다는 것을 알아야 한다. 네가 어떤 것에 대해 품은 사랑과 애정만큼 그것은 너에게 달라붙기 마련이다.

네 사랑이 순수하고(마 6:22) 단순하고 정연하면, 그 어느 것에도 구속받지 않을 것이다. 네가 소유해서는 안 될 것을 탐내지 말라. 너에게 방해가 되고 내면의 자유를 앗아갈 수 있는 것을 탐내지 말라.

네가 갖고 싶은 모든 것과 함께, 진심으로 네 자신을 나에게 완전히 헌신하지 않다니 참으로 이상한 일이구나.

왜 너는 쓸데없는 슬픔으로 한탄하며 지내고 있느냐?(출 18:18; 미 4:9) 왜 너는 불필요한 염려로 피로를 자초하느냐?

내가 기뻐하는 것을 받아들여라. 그리하면 너에게 아무런 손해도 없을 것이다. 네가 이런저런 것을 구하고, 여기저기에 있고 싶어 하고, 자기 유익과 즐거움을 누리고자 하면, 너는 결코 안식을 누릴 수 없고 고민에서 벗어날 수 없을 것이다. 어떤 경우이든 무언가 부족한 것이 있을 것이고, 어디에 있든지 너를 반대하는 사람이 있을 것이기 때문이다. 우리의 행복은 외적인 것들을 얻고 다함께 쌓아놓는 데 있지 않고, 그런 것을 멸시하고 마음으로부터 완전히 뿌리 뽑는 데 있기 때문이다.

그리고 소득과 부의 문제만 그런 것이 아니라, 명예를 추구하는 일도 마찬가지고, 헛된 찬사를 갈망하는 마음 등 이 세상과 함께 사라지는 모든 것이 그렇다는 것을 너는 알아야 한다.

뜨거운 영이 없으면 지위도 소용이 없고, 바깥으로부터 구하는 평화도 오래 지속되지 못할 것이다(사 41:13). 네 마음의 상태가 참된 토대 위에 서 있지 않으면, 즉 내 안에 든든히 서 있지 않으면, 네가 변할지는 몰라도 더 나은 모습이 되지는 않을 것이다. 왜냐하면 그럴 만한 기회가 생겨서 그것을 손에 넣었다 해도, 네가 예전에 피했던 것을 다시 만나게 되고 그보다 더 많은 걸림돌에 부딪힐 것이기 때문이다.

✎ 깨끗한 마음과 하늘의 지혜를 구하는 기도

오 하나님, 성령의 은혜로 나를 강건케 하옵소서(시 2:12). 나의 속사람을 능력으로 강건하게 하시고(엡 3:16), 내 마음에서 쓸데없는 염려와 고뇌를 모두 쫓아내주시고(마 6:34), 천한 것과 귀한 것을 막론하고 무엇이든 갖고 싶은 욕심에 끌려 다니지 않게 하시고, 모든 것을 스쳐 지나가는 것으로 보고, 나 자신도 함께 지나가는 운명이라는 것을 알게 하소서.

해 아래에서 행하는 모든 일이 헛되고 바람을 잡으려는 것과 같으니, 영원한 것이 하나도 없기 때문입니다(전 1:14; 2:1).

오 주님, 나에게 하늘의 지혜를 허락하소서(지혜서 9:4). 그리하여 내가 무엇보다도 주님을 구하며 찾게 하시고, 무엇보다도 주님을 즐거워하며 사랑하게 하시고, 다른 모든 것들을 주님의 지혜에 따라 있는 그대로 알게 하옵소서. 나에게 아첨하는 자를 현명하게 피하고, 나를 반대하는 자를 견딜 수 있게 허락하소서.

이런저런 말에 흔들리지 않고(엡 4:14) 악의에 찬 유혹의 소리에 귀를 기울이지 않는 것은 크나큰 지혜이기 때문입니다. 그렇게 함으로써 우리는 이미 시작한 그 길로 안전하게 걸어갈 수 있을 것입니다.

28
비방하는 소리에 대처하는 법

🌿 **주님의 말씀**

내 아들아, 누군가 너를 나쁘게 생각하고(고전 4:13) 또 네가 듣기 싫어하는 말을 하더라도 그것을 마음에 두지 말라.

너는 네 자신을 가장 나쁘게 평가해야 하고, 너보다 약한 사람은 없다고 생각해야 마땅하다. 네가 영적인 삶을 살고 있다면 항간에 떠도는 말에 그리 신경 쓰지 않을 것이다. 악한 때에 침묵을 지키고, 마음속으로 나를 바라보며, 사람들의 평가에 흔들리지 않는 것은 아주 큰 지혜이다.

너는 사람들의 말에 흔들리지 말라. 그들이 좋게 말하든지 나쁘게 말하든지, 그로 인해 네가 다른 사람이 되는 것은 아니기 때문이다. 어디에 참된 평화와 영광이 있느냐? 그런 것은 내 안에 있지 않느냐(요 16:33).

사람들을 기쁘게 하지 않는 자들을 미워하는 것을 두려워하지 않는 사람은 큰 평화를 누리게 될 것이다. 마음이 흔들리고 정신이 산만해지는 것은 무절제한 사랑과 쓸데없는 두려움 때문에 일어나는 일이다.

29
환난을 당할 때 하나님을 부르고 그분을 송축하라

✏️ **제자의 말**

오 주님, 당신의 이름이 영원히 찬송받으소서(욥 1:21; 시 113:2). 당신의 기쁘신 뜻에 따라 이 시험과 환난이 나에게 임한 것이기 때문입니다. 나는 그것을 피할 수가 없고 당신께 달려갈 뿐이오니, 나를 도우셔서 그것을 나에게 유익한 것으로 바꾸어주소서.

주님, 나는 지금 고통 가운데 있고, 마음이 편치 못하며, 현재의 고난으로 무척 괴롭습니다.

사랑하는 아버지, 지금 내가 무슨 말을 하오리이까(마 26장 혹은 요 12:27). 내가 역경 가운데 갇혀 있으니 나를 구원하사 이 시간을 면하게 하옵소서. 하지만 이 시간에 내가 고난을 받는 것은, 크게 겸손해져서 주의 손길로 구원을 받을 때 주께서 영광을 받게 하기 위한 것입니다.

주님, 나를 구원하는 것을 기뻐하소서(시 37:40). 나는 실로 가련한 자이기 때문입니다. 내가 주님이 없이 무엇을 할 수 있으며, 어디로 갈 수 있겠습니까?

오 주님, 이 위급한 상황에도 내가 인내하도록 도우소서. 나의 하나님이여, 당신이 나를 도우시면 내가 얼마나 심한 고통을 당하게 될까 두려워하지 않을 것입니다.

이 시련에 빠진 내가 무슨 말을 하오리이까?

주님, 당신의 뜻이 이루어지게 하소서(마 6:10). 나는 괴로움과 슬픔을 당하는 것이 마땅한 존재입니다. 분명 나는 그 괴로움과 슬픔을 견뎌야 합니다. 이 폭풍이 지나가고 날이 잠잠해질 때까지 내가 인내로써 그것을 견딜 수 있게 하소서!

그러나 주의 전능한 손길이 능히 나로 하여금 이 시험에서 벗어나게 하시고 그 강도를 완화하심으로, 내가 그 아래에 완전히 침몰하는 것을 막을 수 있습니다. 오 자비로운 나의 하나님이여, 주께서 이제까지 내게 하셨던 것처럼 얼마든지 그렇게 하실 수 있나이다! 그리고 시련이 나에게 어려우면 어려울수록, 지존자의 오른손이 이런 상황을 바꾸는 것은 그만큼 더 쉬운 일입니다.

30
하나님의 도움을 구하고
은혜의 회복을 확신하라

🌿 **주님의 말씀**

내 아들아, 나는 환난 날에 힘을 북돋위주는 하나님이다(나 1:7). 너에게 문제가 있을 때에는 나에게로 오너라(마 11:28). 다른 어떤 것보다도 하늘의 위로를 방해하는 큰 장애물은 네가 너무 더디 기도하는 것이다. 네가 열심히 나에게 간구하기 전에는, 오히려 다른 데서 여러 위안거리를 찾고 또 외적인 것들을 기뻐하기 때문이다.

따라서 네가 나를, 신뢰하는 사람들을 구원하는 자임을 알게 되기까지는, 네가 행한 모든 일이 아무런 유익도 주지 못한다. 즉 나를 떠나서는 강력한 도움도, 유익한 자문도, 영구적인 해결책도 얻을 수 없다는 것을 깨닫기까지는 말이다.

그러나 이제는 폭풍이 지나갔으니 숨을 돌리고 나의 자비의 빛을 받아 다시 원기를 회복하여라. 왜냐하면 "내가 가까이 있다. 모든 것을 완전히 고칠 뿐 아니라, 그것을 풍성하게 그리고 아주 넉넉할 정도로 회복시킬 것이다"라고 내가 말하기 때문이다.

내가 능히 감당치 못할 일이 있느냐? 내가 약속만 하고 실행을 하지 않는 사람과 같으냐(민 23:19). 네 믿음은 어디에 있느냐? 굳게 서서 끈기를 발휘하여라. 용기를 갖고 인내하여라. 때가 되면 네가 위로를 받을 것이다.

기다려라, 나를 기다려라. 내가 와서 치유해 주겠다. 너를 괴롭히는 것은 시험이고, 너를 곤경에 빠지게 하는 것은 쓸데없는 두려움이다.

슬픔에 슬픔을 거듭하는 것 말고, 장래에 일어날 일들에 대한 염려가 네게 가져다주는 것이 대체 무엇이냐? "한 날의 괴로움은 그날로 족하니라"(마 6:34). 어쩌면 결코 일어나지도 않을 장래의 일을 놓고 고민하거나 기뻐하는 것은 부질없고 무익한 일이다.

그런데 그런 것을 상상하면서 미혹당하는 것이 사람의 본성이다. 그리고 원수의 암시에 그토록 쉽게 끌려 다니는 것은 아직도 정신력이 약하다는 징표이다.

네 원수는 너를 미혹하고 속일 때에 진실한 것이든 거짓된 것이든, 어떤 수단을 사용할 것인지 전혀 상관하지 않는다. 현세의 것을 사랑하는 마음이나 장래의 것을 두려워하는 마음 중 어느 것으로 너를 쓰러뜨리든 전혀 상관하지 않는다.

그러므로 너는 근심하지 말고 무서워하지도 말라. 나를 믿고 나의 자비를 신뢰하라(시 91:1). 네가 나로부터 가장 멀어졌다고 생각하는 그때에 내가 너에게 가장 가까이 있는 경우가 많다. 네가 거의 모든 것을 잃었다고 판단하는 그때에 가장 큰 상급이 가까이 있는 경우가 많다.

어떤 일이 정반대로 끝나더라도 모든 것을 잃는 것은 아니다. 너는 순간적인 느낌에 따라 판단해서는 안 된다. 그런 느낌이 어디서 오든지 간에, 마치 회복의 가능성이 완전히 사라진 것처럼 생각하고 슬픔에 빠지거나 아예 포기해버려서도 안 된다.

너는 하늘나라에 이르는 길목에서 완전히 버림 받았다고 생각하지 말라. 나의 다른 종들도 그렇거니와 너 역시 원하는 대로 모든 것을 가지기보다 역경을 통해 연단받는 것이 더 유익하다는 것은 의심할 여지가 없다.

네 마음에 숨어 있는 생각을 알고 있다. 네가 때때로 영적인 달콤함을 맛보지 못하는 상태로 방치되는 것은 네 구원을 위해 매우 유익한 일이다. 그런 메마른 상태에서는 네가 성공했다고 헛된 자랑을 일삼지 않을 것이며, 네가 이룬 것으로 인해 스스로 기뻐할 마음도 없을 것이기 때문이다. 내가 베푼 것은 내가 가져갈 수 있고, 내가 원할 때에 그것을 다시 돌려줄 수도 있다.

내가 그것을 줄 때에도 그것은 여전히 내 것이다. 내가 그것을 다시 가져간다 하더라도 네 것은 아무것도 가져가지 않는 것이다. 온갖 좋은 은사와 온전한 선물은 다 내 것이기 때문이다(약 1:17).

설사 내가 네게 역경이나 그 어떤 고난을 보내더라도, 너는 슬퍼하지 말고 낙심하지도 말라. 나는 재빨리 너를 구원하여 모든 무거운 멍에를 기쁨으로 바꿀 수 있다. 하지만 나는 의로운 자요, 내가 너를 그렇게 다룰 때에 크게 찬송을 받을 자이다.

네가 지혜로워서 이런 일을 바르게 생각한다면, 네게 어떤 역경이 닥치더라도 결코 슬퍼하지 않고 오히려 기뻐하며 감사할 것이다. 그렇다, 내가 무정하게 네게 슬픔을 안겨주는 것을 너는 특별히 기뻐할 만한 이유로 여기게 될 것이다.

나는 사랑하는 제자들에게 "아버지께서 나를 사랑하신 것 같이 나도 너희를 사랑한다"(요 15:9)고 말했다. 나는 일순간의 기쁨을 얻으라고 그들을 보낸 것이 아니라 크나큰 싸움을 하라고 보냈고, 명예를 얻으라고 보낸 것이 아니라 멸시를 받으라고 보냈고, 게으르게 살라고 보낸 것이 아니라 고된 일을 하라고 보냈고, 안식하라고 보낸 것이 아니라 인내로 많은 열매를 맺으라고 보냈다. 내 아들아, 이 말을 명심하라!

31
모든 피조물을 버리고
창조주를 찾아라

🌱 제자의 말

오 주님, 사람을 비롯한 어떤 피조물도 방해거리가 되지 않는 경지에 올라야 한다면, 나에겐 아직도 당신의 은혜가 절실히 필요합니다. 무언가 나를 붙잡고 있는 한, 나는 자유로이 주님께 날아갈 수 없습니다. 주님께 자유로이 날아가고 싶은 사람이 이렇게 말했습니다. "만일 내게 비둘기 같이 날개가 있다면, 날아가서 편히 쉬리로다"(시 55:6).

순전한 눈보다 더 평온한 것이 있습니까?(마 6:22) 이 세상에서 아무것도 바라지 않는 사람보다 더 자유로운 자가 있습니까? 그러므로 사람은 모든 피조물을 아무렇지도 않게 여기고, 자신을 완전히 버리고, 무아지경에 서서, 만물의 창조주인 주님이 피조물 가운데 자기와 같은 것을 하나도 두지 않았음을 알아야 합니다.

사람이 모든 피조물로부터 초연해지지 않으면, 홀가분한 마음으로 하나님의 일에 집중할 수 없습니다. 그렇기 때문에 깊은 묵상에 잠겨 살아가는 사람을 찾기가 그토록 어려운 것입니다. 극소수의 사람만이 죽을 운명의 피조물로부터 자신을 완전히 떼어 놓을 수 있기 때문입니다.

영혼을 높이 고양하여 그 자체를 초월하는 경지에 도달하려면 큰 은혜가 필요합니다. 사람이 영적으로 높이 올라가서 모든 피조물로부터 자유로워지고, 하나님과 온전히 연합하지 않으면, 그가 무슨 지식을 갖고 있든지 또 무슨 소유물을 갖고 있든지, 그것은 중요하지 않습니다.

유일하게 무한하고 영원한 하나님이 아닌 다른 어떤 것을 위대하게 생각하는 사람은 오랫동안 작은 자로 머물 것이고, 엎드려서 바닥을 기게 될 것입니다.

하나님이 아닌 것은 무엇이든지 아무것도 아니고, 또한 마땅히 아무것도 아닌 것으로 간주되어야 합니다. 깨달음을 얻은 신앙인의 지혜와 열심히 학문을 닦은 성직자의 지식 사이에는 큰 차이가 있습니다. 하나님의 감화를 받은, 위로부터 내려오는 지식은 사람의 노력으로 애써 얻은 지식보다 훨씬 더 고귀합니다.

묵상하고자 하는 사람은 많지만, 그들은 거기에 도달하는 데 필요한 것들을 실천하려고 노력하지 않습니다. 묵상을 방해하는 큰 걸림돌은 표적과 감각적인 것에 안주한 채 자신을 완전히 낮추는 일에는 관심을 보이지 않는 것입니다.

이른바 영적인 사람으로 불리는 우리가 덧없고 보잘것없는 것들을 위해서는 그토록 많은 수고와 염려를 하면서도, 마음을 평정한 채 우리의 내면에 대해 생각하는 일은 하지 않는 것을 보면, 무슨 영의 인도를 받고 있는지 또 무엇을 자처하고 있는지 도무지 모르겠습니다.

우리는 잠깐 동안 묵상한 뒤에 곧바로 뛰어나가고, 우리의 행위를 엄격하게 고찰하지 않습니다. 우리가 어디에 애정을 쏟고 있는지 신경 쓰지 않고, 우리의 모든 행위가 불순해도 슬퍼하지 않습니다. "모든 혈육 있는 자의 행위가 부패"(창 6:12)하였기 때문에 큰 홍수가 뒤따랐던 것입니다(창 7:21).

그때 이후로 우리의 내적인 정서가 무척 부패했고, 그로부터 나오는 우리의 행위도 부패할 수밖에 없었으니, 그것은 내적인 능력이 없다는 증거였습니다. 순결한 마음으로부터 선한 삶의 열매가 맺히는 것입니다.

우리는 얼마나 많은 업적을 남겼는지는 묻지만 얼마나 덕을 베풀며 살았는지는 궁금해 하지 않습니다. 그 사람이 용감한지, 부유한지, 멋있는지, 능숙한지, 좋은 작가인지, 좋은 가수인지, 또는 좋은 일꾼인지는 물어봅니다. 그러나 얼마나 마음이 가난한지, 얼마나 참을성이 있고 온유한지, 얼마나 믿음이 있고 영적인지에 대해서는 말하지 않습니다.

본성은 사람의 외적인 면을 살피지만, 은혜는 내면을 주시합니다. 본성은 자주 실망을 초래하지만, 은혜는 하나님을 신뢰하므로 속는 일이 없습니다.

32
자기 부정과
악한 욕망의 포기

🌿 주님의 말씀

내 아들아, 네가 완전히 자기를 부인하지 않으면 완전한 자유를 소유할 수 없다(마 16:24; 19:8-9).

오직 자기의 이익만 구하고 자신을 사랑하는 사람들은 모두 족쇄에 묶여 있는 자들이다. 그들은 탐욕과 이상한 호기심을 품고, 이리저리 방황하고, 예수 그리스도의 것이 아니라 사치스러운 것을 찾고, 오래 가지 않을 것을 고안하고 도모하는 경우도 자주 있다. 하나님에게서 나지 않은 것은 모두 망할 것임을 명심해라.

모든 것을 버려라. 그러면 모든 것을 찾게 될 것이다. 모든 부당한 욕망을 포기하면 안식을 찾게 될 것이다. 이 말을 곰곰이 생각해보라. 네가 이것을 실행하고 나면 모든 것을 깨닫게 될 것이다.

🌿 제자의 말

오 주님, 이것은 하루아침에 할 일도 아니고 소꿉장난도 아닙니다. 그렇습니다. 이 짧은 문장 속에 신앙인들이 완전해질 수 있는 비결이 모두 들어 있습니다.

🍃 주님의 말씀

내 아들아, 너는 완전함에 이르는 길에 대해 들었을 때 등 돌리지 말고 낙심하지도 말라. 오히려 자극을 받아 더 높은 것을 추구하거나 동경하여라. 나는 네가 그렇게 되기를 바란다.

그리하면 네가 더 이상 자신을 사랑하지 않고, 나의 뜻대로 행하게 될 것이다. 그래서 너는 나를 지극히 기쁘게 할 것이고, 평생 동안 기쁨과 평화를 누리게 될 것이다. 너는 아직도 버려야 할 것이 많고, 네가 그것들을 완전히 내게 넘기지 않으면, 네가 원하는 경지에 도달할 수 없을 것이다. "내가 너를 권하노니 내게서 불로 연단한 금을 사서 부유하게"(계 3:18) 되어라. 이것은 곧 하늘의 지혜이며, 그보다 못한 땅의 것들을 모두 짓밟아버린다.

세상적인 지혜를 무시하고, 네 자신이나 다른 사람을 기쁘게 하는 것을 좋아하지 말라.

인간사회에서 높은 가치를 지닌 귀중한 것들로 비천한 것들을 사야만 한다고 내가 말했었다.

진정한 하늘의 지혜는 인간사회에서 평범하게 보이고, 별로 중요하게 여겨지지도 않고, 잊히기 마련인데, 그것은 자만하지 않고 땅에서 영광을 추구하지도 않기 때문이다. 많은 사람들이 입으로는 그것을 칭송하지만, 삶은 거기서 멀어져 있다. 그러나 그것은 많은 사람에게 감춰진 값비싼 진주와 같다(마 13:46).

33
변덕스러운 마음과 하나님을 향한 마음

주님의 말씀

내 아들아, 네 느낌을 믿지 말라. 그것은 금방 다른 것으로 변하기 때문이다. 네가 살아 있는 동안에는 원치 않아도 변하게 마련이다(욥 14:2). 그래서 한때 기뻐했다가 곧 슬퍼하고, 한때 평온했다가 곧 문제에 휩싸이고, 한때 신앙이 좋았다가 곧 세속적이 되고, 한때 부지런했다가 곧 게을러지고, 한때 심각했다가 곧 쾌활하게 된다.

그러나 지혜롭고 영적인 가르침을 잘 받은 사람은 이런 변화무쌍한 현실 위에 굳게 서 있다. 자기가 느끼는 것이나 불안정한 바람이 부는 방향에 주의를 기울이지 않고, 자신의 온 마음이 올바른 최상의 목표를 향하고 있는지 곰곰이 생각한다.

그래서 그는 수많은 사건이 일어나는 와중에도 줄곧 마음의 눈으로 나를 바라보고, 언제나 흔들림 없이 동일한 사람으로 남을 것이다.

마음의 눈이 순전하면 할수록(마 6:22), 그만큼 더 한결같은 자세로 온갖 폭풍을 헤쳐 나가게 된다. 그러나 많은 사람의 경우

순전한 마음의 눈이 흐릿해지기 쉬운데, 그것은 자기가 만나는 즐거운 일에 재빨리 눈길을 돌리기 때문이다.

자기 이익을 추구하는 데서 완전히 해방된 사람은 드물다. 그래서 예전에 유대인들이 마르다와 마리아에게 간 것은 예수님만 보기 위한 것이 아니라 나사로도 보기 위한 것이었다(요 12:9).

그러므로 네 마음의 눈은 순전해질 필요가 있다. 그래서 한결같고 올바르며(마 6:22), 너에게 닥치는 모든 상황을 뛰어넘어 나를 향하도록 해야 한다.

34
하나님은 만유 위에, 만유 안에 계시고 나의 전부가 되신다

제자의 말

보십시오, 나의 하나님! 당신은 나의 모든 것입니다. 내가 무엇을 더 원하고, 어찌하여 더 큰 행복을 바라겠습니까?

얼마나 달콤하고 맛있는 말인지요! 이는 세상에 있는 것들을 사랑하지 않고 이 말씀을 사랑하는 사람에게만 해당되는 말입니다. "나의 하나님, 나의 전부이시여!" 깨닫는 사람에게는 이 말로 충분합니다. 사랑하는 사람에게는 이 말을 자주 반복하는 일이 즐겁습니다.

주님이 함께하실 때에는 모든 일이 다 기쁘지만, 주님이 함께 계시지 않을 때에는 모든 것이 다 짜증스러울 뿐입니다. 주님은 마음의 평온과 큰 평화와 환희를 주십니다.

주님은 우리로 하여금 모든 것을 좋게 생각하게 하시고, 모든 일에서 주님을 찬양하게 하십니다. 그 어떤 것도 주님을 떠나서는 오랫동안 즐거워할 수 없습니다. 그것이 즐겁고 감사할 만한 것이 되려면, 주의 은혜가 함께해야 하고, 주의 지혜가 맛있는 양념으로 스며들어야 합니다.

주님이 기뻐하는 사람이면 그에게 기쁘지 않은 것이 있겠습니까? 주님이 기뻐하지 않는 사람이면 그에게 기쁜 것이 있겠습니까? 그러나 이 세상의 지혜로운 자들과 육신의 것을 즐기는 자들은 주의 지혜에 미치지 못하는데(고전 1:26; 롬 8:5; 요일 2:16), 지혜로운 자는 허영심이 많고 육신의 것을 즐기는 자는 죽음을 안고 있기 때문입니다.

하지만 세상적인 것을 멸시하고 육신을 죽임으로써 주님을 따르는 자는 참으로 지혜로운 사람입니다. 이들은 허영심에서 진리로, 육신에서 영으로 옮겨왔기 때문입니다.

이들은 하나님을 즐거워합니다. 그리고 피조물 가운데서 무슨 선을 발견하든지 그것을 만드신 창조주께 찬송을 돌립니다. 그렇습니다. 창조주로 인한 기쁨과 피조물이 주는 기쁨, 영원이 주는 기쁨과 시간이 주는 기쁨, 참 빛Light이 주는 기쁨과 창조된 빛light이 주는 기쁨 사이에는 엄청난 차이가 있습니다.

창조된 모든 빛을 초월하는 영원한 빛이신 주님이여, 그 높은 곳에서 당신의 찬란한 빛을 내려주셔서 내 마음의 가장 깊숙한 곳을 비추소서. 그로부터 나오는 모든 능력으로 내 영을 정결하게, 기쁘게, 밝게, 그리고 생동하게 하셔서 내가 기쁨과 승리를 만끽하면서 주님께 꼭 붙어 있게 하옵소서.

당신의 임재로 나를 가득 채울 날, 주님이 나의 전부가 되시는 날, 오래도록 기다려온 그 복된 날이 언제쯤에나 오겠습니까?

이 복된 날이 허락되지 않는 한, 나는 완전한 기쁨을 맛볼 수 없을 것입니다.

그런데 아직도 내 속에, 십자가에 완전히 못 박히지 않았고 완전히 죽지 않은 옛 사람이 살아 있으니 참으로 슬픕니다(롬 7장).

아직도 옛 사람은 성령에 대항하여 힘써 싸우고, 내면의 전쟁을 일으키며, 내 영혼이 평화를 누리지 못하도록 방해합니다.

그러나 바다의 세력을 지배하고 큰 파도를 잠잠케 하시는 주님이여(시 89:9), 이제 일어나서 나를 도우소서! 전쟁을 즐기는 나라들을 흩어버리시고(시 68:30), 당신의 권능으로 그들을 쳐부수소서.

주님께 간구하오니, 당신의 위대한 능력을 밝히 보이시고 당신의 오른손이 영광을 받게 하소서. 나의 하나님, 주님 밖에는 나에게 어떤 소망도 없고 피난처도 없기 때문입니다(시 31:14).

35
유혹이 없는 안전지대는 없다

🍃 **주님의 말씀**

내 아들아, 이생을 사는 동안에는 결코 안전이 보장되지 않는다. 네가 이 땅에서 사는 한(욥 7:1), 언제나 영적으로 무장할 필요가 있다. 너는 적들 가운데 살고 있으며 좌우에서 공격받고 있는 중이다(고후 6:7). 그러므로 네가 인내의 방패로 사방을 방어하지 않으면, 조만간에 부상 당하고 말 것이다.

더 나아가, 네 마음을 내게 고정시킨 채 모든 고난을 달게 받겠다는 자세를 취하지 않으면, 이 전투의 열기를 감당할 수 없고, 축복받은 성도에게 약속된 승리의 면류관을 얻지 못할 것이다.

그런즉 너는 용감하게 모든 전쟁을 치르고, 강한 손으로 네게 저항하는 모든 세력에 대처해야 한다. 이기는 자에게는 만나가 주어지지만, 게으른 자에게는 불행이 닥치기 때문이다.

이 세상에서 안식을 찾으려고 한다면, 어떻게 영원한 안식에 도달할 수 있겠느냐? 스스로 많은 안식을 누리려 하지 말고 많은 인내심을 품으려고 노력하여라. 이 땅에서 참된 평화를 구하지 말고 하늘에서 구하여라. 사람이나 다른 피조물에게 구하지 말고 오직 하나님에게 구하여라.

하나님의 사랑을 위해 너는 모든 것을 기쁘게 감당해야 한다. 말하자면, 모든 수고, 슬픔, 유혹, 괴로움, 불안, 궁핍, 질병, 상처, 비난, 책망, 모욕, 수치, 견책, 멸시 등을 감수해야 한다.

이런 것들은 미덕을 쌓는 데 유익하다. 초보자가 겪는 훈련이자, 하늘의 면류관을 만드는 재료들이다. 나는 짧은 수고에 대하여 영원한 보상을 주고, 일시적인 수치에 대하여 무한한 영광을 줄 것이다.

네가 원할 때마다 영적인 위안을 받을 것이라고 생각하느냐? 내 성도들은 그렇지 않았으며, 오히려 많은 괴로움과 온갖 유혹과 커다란 불편을 경험했다. 그러나 모든 역경 가운데서 끝까지 참고 견디었으며, 현재의 고난이 장차 나타날 영광과 족히 비교할 수 없는 것임을 알고(롬 8:18) 그들 자신이 아니라 하나님을 신뢰했다.

다른 사람들은 많은 눈물을 흘리고 큰 고생을 해서 겨우 그 경지에 도달했는데, 너는 단번에 거기에 이를 수 있겠느냐? 주님을 기다리고, 용감하게 행하고, 용기를 품어라(시 27:14). 낙심하지 말고, 네 자리를 떠나지 말며, 하나님의 영광을 위해 몸과 영혼을 꾸준하게 바쳐라. 내가 너에게 아주 풍성하게 갚아줄 것이며, 네가 환난을 당할 때마다 너와 함께할 것이다.

36
사람의 헛된 판단에 대하여

🌱 주님의 말씀

내 아들아, 마음으로 하나님을 굳게 의지하고, 네 양심으로 경건함과 결백을 증언하며 사람들의 판단을 두려워하지 말라.

고난 당하는 것은 좋은 일이고 복된 일이다. 또한 겸손한 마음과 하나님을 신뢰하는 마음을 그리 부담스러운 일이 아니다. 대다수의 사람은 말을 많이 하기 때문에 신뢰받지 못하는 것이다.

더욱이 모든 사람을 다 만족시키는 것은 불가능한 일이다. 비록 바울은 주 안에서 모든 사람을 기쁘게 하려고 애쓰며 여러 사람에게 여러 모양이 되긴 했지만(고전 9:22; 고후 4:2), 사람에게 판단받는 것을 매우 작은 일로 생각했다(골 1장; 고전 4:3).

바울은 손이 닿고 능력이 미치는 한, 다른 사람들의 덕을 세우고 그들을 구원하기 위해 최선을 다했다. 그럼에도 사람들에게 판단과 멸시받는 것을 막을 수 없었다.

그래서 그는 모든 것을 아시는 하나님께 모든 것을 맡겼으며, 불의한 혀를 놀리는 사람들이나 허영과 거짓을 꾸며내는 사람들, 그리고 자기 마음대로 자랑을 일삼는 사람들에 대해 인내와 겸손으로 자기를 변호했다. 그럼에도 불구하고, 약한 자들이 그의 침묵으로 인해 실족하지 않게 하려고 분명히 변명하기도 했다(행 26장; 빌 1:14).

죽을 수밖에 없는 인간을 두려워하는 너는 누구냐? 사람은 오늘 있다가도 내일이면 사라지는 존재다(마카베오 상 2:62-63).

하나님을 두려워하라. 그리하면 사람의 공격을 두려워할 필요가 없을 것이다. 사람의 말이나 폭행이 네게 무슨 해를 입힐 수 있느냐? 그는 네가 아니라 자신을 해치는 것이고, 그가 누구든 상관없이 하나님의 심판을 피할 수 없다(롬 2:3; 고전 11:32).

네 눈앞에 하나님을 모셔놓고, 불평하는 말로 다투지 말라. 설사 당분간 네가 패배하는 듯이 보이고 부당한 수치를 당하더라도, 결코 투덜거리지 말고 인내하지 못함으로 인해 네 면류관을 축소시키지 말라(히 12:1-2).

대신 네 눈을 들어 하늘에 있는 나를 바라보라. 나는 너를 모든 수치와 불의에서 건져주고, 각 사람에게 그 행위대로 갚을 수 있는 자이기 때문이다.

37
마음의 자유를 얻기 위해 자신을 버려라

주님의 말씀

내 아들아, 네 자신을 버려라. 그러면 나를 찾게 될 것이다(마 16:24). 자존심에 따른 선택을 하지 말고, 너를 위해 아무것도 챙기지 말라. 그리하면 언제나 유익을 얻는 자가 될 것이다. 너를 완전히 포기하고, 다시 취하지 않는다면, 더 큰 은혜를 받을 것이다.

제자의 말

주님, 얼마나 자주 나를 버려야 합니까? 그리고 어디에 나를 버려야 합니까?

주님의 말씀

언제나, 매 순간마다 버려라. 큰일에서나 작은 일에서나 똑같이 버려라. 나는 예외를 인정하지 않으며, 네가 모든 것을 버리기 바란다. 만일 네가 안팎으로 자기 의지를 모두 버리지 않으면, 어떻게 네가 내 것이 되고 내가 네 것이 되겠느냐?

이 일을 빨리하면 할수록, 너는 더 잘 될 것이다. 그리고 더 온전하고 성실하게 그 일을 하면 할수록, 그만큼 더 나를 기쁘게 할 것이고, 그만큼 더 유익을 얻게 될 것이다.

어떤 사람들은 자기를 포기하면서도 몇 가지 예외를 둔다. 이는 그들이 하나님을 온전히 신뢰하지 못하기 때문이고, 따라서 필요한 것을 스스로 공급하려고 애쓴다.

어떤 사람들은 처음에 모든 것을 바쳤다가도, 나중에 유혹받아 제자리로 돌아간다. 그래서 미덕의 길로 나아가지 못한다. 자기를 완전히 포기하고, 날마다 헌신하지 않으면, 참된 마음의 자유에 이르지 못할 것이고, 나와의 달콤한 교제도 누리지 못할 것이다. 이를 떠나서는 나와의 풍성한 연합도 없기 때문이다.

내가 네게 자주 말했거니와 지금 다시 말하노니, 네 자신을 버리고(마 16:24), 포기하라. 그리하면 내면의 큰 평안을 누릴 것이다.

모든 것을 얻기 위해 모든 것을 주라. 아무것도 구하지 말고, 보답으로 아무것도 요구하지 말라. 순전한 마음으로 나를 굳게 믿으며 살아라. 그리하면 나를 소유할 수 있을 것이다. 또한 네 마음이 자유를 얻을 것이고, 어둠이 너를 억누르지 못할 것이다.

너는 오직 이 일에 진력하고, 이것을 위해 기도하고, 이것을 소원으로 삼아라. 모든 이기심을 벗어버리고 한 마음으로 예수님만 따라가라. 그러면 영원히 살게 될 것이다. 모든 헛된 공상과 악한 방해거리와 쓸데없는 염려가 사라질 것이다. 지나친 두려움이 너를 떠날 것이고, 불합리한 사랑도 사라질 것이다.

38
모든 일을 지혜롭게 처리하고 위험할 때 하나님을 의지하라

주님의 말씀

내 아들아, 어디에서 무슨 행동을 하든지, 내적으로 자유하고 철저히 네 자신을 다스리는 자가 되도록 부지런히 힘써야 한다. 그리고 네가 만물 아래 있는 것이 아니라 만물이 네 아래 있도록 열심히 노력하여라.

너는 네 행위의 주인이 되어야지 종이나 고용인이 되어서는 안 된다. 오히려 너는 자유인이자 참 하나님의 자녀로서, 그분이 주신 자유의 문으로 들어간 사람이다.

하나님의 자녀들은 현재의 것에 발을 딛고 영원한 것을 묵상한다. 그들은 왼쪽 눈으로 일시적인 것을 쳐다보고, 오른쪽 눈으로 하늘의 것을 바라본다. 일시적인 것들은 그들을 넘어뜨릴 수 없다. 오히려 일시적인 것들이 그들을 섬기게 만든다. 이는 하나님이 제정하신 방식대로 움직이는 것이다. 이 창조세계 가운데 합당한 질서를 부여하지 않은 채 남겨놓은 것은 하나도 없는, 위대한 창조주가 정하신 방식이다.

제자의 말

네가 어떤 상황에 처하더라도 흔들림 없고, 눈에 보이거나 귀에 들리는 대로 평가하지 않고, 육신의 눈으로만 보지 않으며, 오히려 모든 일을 함에 있어서 모세와 함께 회막에 들어가 하나님의 자문을 구하면(출 33:9), 하나님의 응답을 들을 것이고, 현재의 일과 장래의 일에 관해 많은 가르침을 받을 수 있을 것이다.

모세는 의심과 의문을 풀기 위해 늘 회막에 가서 호소했으며, 위험에 처하고 사람들의 악행에 둘러싸일 때 도움을 청하기 위해 기도를 피난처로 삼았다.

그러므로 너도 그와 같이 네 마음의 골방으로 달려가서(마 6:6) 간절하게 하나님의 은총을 구해야 한다. 왜냐하면 성경에 기록되어 있듯이, 여호수아와 이스라엘 백성이 기브온 족속에게 속은 것은, 하나님의 자문을 구하지 않고(요 9:14) 너무 가볍게 그 족속의 말을 믿었고, 그들의 거짓된 경건에 속아 넘어갔기 때문이다.

39
일을 성급하게 처리하지 말라

주님의 말씀

내 아들아, 네 문제는 항상 나에게 맡겨라. 때가 되면 내가 그것을 잘 처리해 주겠다. 나의 지시를 기다려라. 그리하면 내 지시가 너에게 얼마나 유익한지 알게 될 것이다.

제자의 말

오 주님, 모든 일을 기쁘게 주님께 내어 맡깁니다. 내가 노력을 기울여도 아무런 소용이 없기 때문입니다. 장래 일에 너무 신경을 쓰지 않고, 내 자신을 주저하지 않고 주님의 선한 뜻에 맡기고 싶습니다.

주님의 말씀

내 아들아, 사람은 원하는 것을 얻으려고 열심히 노력하다가, 일단 그것을 얻고 나면, 그 생각이 바뀌기 시작한단다. 사람의 애착은 한 곳에 오랫동안 머물지 않고 다른 곳으로 옮겨가기 마련이다. 그러므로 지극히 작은 일에서라도 자기를 버리는 것은 그에게 결코 작은 유익이 아니다.

제자의 말

사람의 진정한 성숙은 자기를 부인하는 데 있다. 이처럼 자기를 부인하는 사람은 큰 자유와 평온을 누리게 된다. 그러나 모든 선한 것을 대적하는 옛 원수(벧전 5:8)는 쉬지 않고 우리를 유혹하고 있으며, 혹시 방심하는 사람이 있으면 거짓 함정에 빠뜨리려고 밤낮으로 숨어서 기다리고 있다.

그래서 우리 주님은 "시험에 들지 않게 깨어 기도하라"(마 26:41)고 말씀하신다.

40
사람은 선한 것도 없고 자랑할 것도 없다

🌿 **제자의 말**

"사람이 무엇이기에 주께서 그를 생각하시며, 인자가 무엇이기에 주께서 그를 돌보시나이까"(시 8:4). 사람에게 무슨 자격이 있기에 주께서 은혜를 베푸시는 것입니까?

오 주님, 주께서 나를 버리실지라도 어찌 내가 불평하겠습니까? 설사 주께서 내가 원하는 것을 행하지 않으신다 하여도, 내가 어찌 주의 판단에 대해 불평을 늘어놓겠습니까?

주님, 나는 아무것도 아니고, 아무것도 할 수 없으며, 나에게는 선한 것이 없습니다. 오히려 나는 모든 면에서 부족하고, 아무것도 이루지 못하는 존재입니다. 주님이 나를 돕지 않고 가르치지 않으면, 나는 열정 없고 무능한 존재가 될 수밖에 없습니다.

그러나 주님, 당신은 언제나 한결같으시고 영원히 살아 계신 분입니다(시 102:12). 언제나 선하시고, 의로우시고, 거룩하신 분입니다. 그래서 모든 일을 선하게, 의롭게, 거룩하게 수행하시며, 지혜롭게 처리하십니다. 그러나 전진하기보다는 후퇴하기를 잘하는 나 같은 사람은 한결같은 상태를 유지할 수 없는데, 그것은 내가 "일곱 때"(단 4:16, 23, 32)를 지내고 있기 때문입니다.

그럼에도 주님이 기꺼이 도움의 손길을 내미시면, 상황은 금방 나아집니다. 주님은 사람의 도움 없이 나를 도우실 수 있고 또한 강건케 할 수 있는 분이시기 때문입니다. 그러면 내 얼굴이 더 이상 변하지 않을 것이고, 내 마음이 주님만을 향하고 안식을 얻을 것입니다.

그러므로 높은 신앙의 경지에 도달하기 위해서든, 나를 위로할 사람이 없어서 주님을 찾을 수밖에 없어서든, 내가 모든 인간적인 위로를 내버릴 수만 있다면, 나는 주의 은혜를 소망하고 새로운 위로의 선물로 인해 기뻐하게 될 것입니다.

나의 일이 잘 풀릴 때마다 모든 것의 근원 되시는 주님께 감사를 드립니다. 하지만 나는 주님이 보시기에 한갓 허망한 존재일 뿐이고, 아무것도 아니며, 변덕스럽고 연약한 인간일 따름입니다.

그런즉 내가 무엇을 자랑하겠습니까? 내가 무슨 일로 존경을 받고 싶어 하겠습니까? 내가 아무것도 아니라는 사실 때문이겠습니까? 이것이야말로 참으로 헛된 일입니다.

공허한 자랑은 실로 악한 전염병과 같고 지극히 헛된 것입니다. 그것은 사람에게서 참된 영광을 앗아가고 하늘의 은혜를 빼앗아가기 때문입니다. 그런 사람은 자신을 기쁘게 해도, 주님의 마음을 아프게 합니다. 그는 사람의 칭찬을 갈구하는 동안 참된 미덕을 잃고 맙니다.

사람이 누릴 참된 영광과 거룩한 환희는 자기를 자랑하지 않고 주님을 자랑하는 데 있습니다(합 3:18). 자기의 미덕이나 강함을 기뻐하지 않고 주님의 이름을 기뻐하며, 주님이 아닌 어떤 피조물에게서도 즐거움을 찾지 않는 데 있습니다.

내 이름이 아니라 주님의 이름이 찬양을 받으소서. 내 업적이 아니라 주님의 업적이 찬미를 받으소서. 주의 거룩한 이름이 송축받으시고, 사람들이 나에게는 영광 돌리지 않게 하소서(시 113:3; 115:1).

주님이 나의 영광이시고, 주님이 내 마음의 기쁨이십니다. 나는 온종일 주님께 영광을 돌리고 주님을 기뻐할 것입니다. 그러나 나에 대해서는, 약한 것 외에는 아무것도 자랑하지 않겠습니다.

유대인들은 서로 영광을 취하게 내버려두소서(요 5:44). 하지만 나는 오직 하나님으로부터 오는 영광만 구하렵니다.

주님의 영원한 영광에 비하면 모든 인간적인 영광, 모든 현세적인 명예, 모든 세상적인 존귀는 한낱 헛되고 무의미한 것에 불과하기 때문입니다.

오 나의 하나님, 나의 진리, 나의 자비시여, 복되신 삼위의 하나님이여. 찬양과 존귀와 권능과 영광이 영원무궁하도록 당신께만 있기를 기원합니다.

41
세상의 명예를 멸시하라

🌿 주님의 말씀

내 아들아, 다른 사람은 명성을 얻고 승진하는데 너는 멸시를 받고 좌천 당한다 해도 대수롭지 않게 여겨라. 너는 항상 나를 바라보아라. 그리하면 땅에서 멸시를 받더라도 슬프지 않을 것이다.

🌿 제자의 말

주님, 우리는 눈이 멀어서 헛된 것에도 쉽게 넘어갑니다. 나를 제대로 들여다보면 어떤 피조물도 내게 해를 끼쳤다고 말할 수 없습니다. 따라서 나는 주님께 불평할 수 없습니다.

내가 주님께 자주 죄를 범했기 때문에, 세상이 나에게 무기를 드는 것은 정당합니다. 나는 수치와 멸시를 받아야 마땅하지만, 주님은 찬송과 존귀와 영광을 받으셔야 마땅합니다.

내가 기꺼운 마음으로 멸시와 버림을 받고 아무것도 아닌 존재로 취급받을 준비가 되지 않으면, 평안과 안정을 찾을 수 없고, 영적인 깨달음도 얻을 수 없으며, 주님과 온전히 연합할 수도 없습니다.

42
우리의 평화는
사람에게 달려 있지 않다

🌿 주님의 말씀

내 아들아, 네가 친밀한 관계 때문에 어떤 사람에게 평화를 의존한다면, 너는 항상 불안정하고 혼란한 상태를 벗어날 수 없을 것이다. 그러나 언제나 살아 계신 영원한 진리를 의지하면, 이별이나 죽음이 너를 슬프게 하지 않을 것이다.

친구에 대한 사랑도 나에게 근거를 두어야 한다. 네가 좋게 생각하는 친구가 누구든지, 현세에서 너에게 소중한 친구가 누구든지 간에, 나를 위해 그를 사랑해야 한다. 나를 떠나서는 어떤 우정도 지속될 수 없다. 내가 함께 묶이지 않은 사랑은 진실하지 않고 순수하지도 않다.

너는 사랑하는 친구들의 우정에 대한 애착을 완전히 버리고, 사람들과의 모든 사귐이 없어질 것을 바라야 한다.

사람이 하나님께 더 가까이 나아갈수록, 이 땅의 위안거리로부터 더 멀어지게 된다. 사람은 스스로 더 낮아지고 더 낮은 평가를 내릴수록, 하나님을 향해 더 높이 올라간다. 그러나 선한 것을 자기 공로로 돌리는 사람은 하나님 은혜가 오는 것을 막는

다. 성령의 은혜는 항상 겸손한 마음을 찾고 있기 때문이다(벧전 5:5).

네 자신을 죽이는 법과 세상을 향한 모든 사랑을 비우는 법을 확실히 안다면, 나는 네 안에 들어가 지극히 풍성한 은혜를 베풀 것이다.

네가 세상을 바라볼 때는 창조주가 너에게서 눈을 뗄 것이다.

창조주의 사랑을 위해 모든 일에서 네 자신을 이기는 법을 터득하여라. 그리하면 하나님을 아는 지식에 이를 수 있을 것이다. 아무리 작은 것이라도 네가 지나치게 사랑하고 존중하면, 최고의 선에 다가가지 못하고 네 영혼은 상처를 입을 것이다.

43
세속적인
헛된 지식에 대하여

🍃 주님의 말씀

내 아들아, 사람들이 아무리 아름답고 세련된 말을 하더라도 결코 흔들리지 말라. "하나님의 나라는 말에 있지 아니하고 오직 능력에"(고전 4:20) 있기 때문이다.

내 말에 귀를 기울이라. 내 말은 마음에 불을 붙이고 지성을 밝게 하기 때문이다. 그것은 회개를 불러일으키고 온갖 풍성한 위로를 가져다준다.

알은 체하기 위해 말씀the Word 을 읽지는 말라. 네 죄악을 극복하기 위해 힘쓰라. 이것이 많은 어려운 문제에 관한 지식보다 너에게 더 유익하기 때문이다.

읽고 배운 뒤에는 항상 본래의 원칙으로 되돌아와야 한다.

사람에게 지식을 가르치는 자는 바로 나다. 나는 어린아이들에게도 사람이 가르칠 수 있는 것보다 더 명료한 이해를 준다. 그러므로 내 가르침을 받는 사람은 지혜롭게 되며, 영적으로 많은 유익을 얻을 것이다.

사람에 관한 일에는 호기심이 많지만 나를 섬기는 일에는 관심이 없는 자들에게 화가 있으리라!

선생들의 선생이요, 천사들의 주인이신 그리스도께서 나타나서 모든 교훈을 들으시는 날, 곧 각 사람의 양심을 살피실 날이 올 것이다. 그때가 되면 그분이 등불로 예루살렘을 살피실 것이니 어둠에 감춰진 것들이 백일하에 드러나고(습 1:12; 고전 4:5), 변론하던 사람들이 잠잠하게 될 것이다.

나는 겸손한 사람의 마음을 순식간에 들어올려서, 영원한 진리를 깨닫게 하시는 자다. 사람이 십 년 동안 학교에서 배운다고 해도 그만큼 깨닫지 못할 것이다.

나는 시끄러운 소리를 내지 않고, 생각을 헷갈리게 하지 않고, 명예를 요구하지 않고, 논쟁을 일으키지 않으면서 가르친다. 나는 사람들에게 이 땅의 것을 멸시하고, 현세적인 것을 경멸하고, 영원한 것을 구하고, 영원한 것을 즐거워하라고 가르친다. 명예를 멀리하고, 상처를 감수하고, 모든 소망을 나에게 두고, 나 외에는 아무것도 바라지 말고, 무엇보다도 나를 열렬히 사랑하라고 가르친다.

어떤 사람은 나를 온전히 사랑함으로써 신적인 것을 배웠고 감탄할 만한 말을 했다. 그는 난해한 것을 공부하기보다 모든 것을 버림으로써 더 많은 유익을 얻었다.

그런데 나는 어떤 사람들에게는 일반적인 것을 말하고, 또 다른 어떤 사람들에게는 좀 더 특별한 것을 말해준다. 어떤 이들에게는 상징과 형상으로 부드럽게 나타나지만, 또 다른 어떤 사람들에게는 밝은 빛과 함께 비밀스러운 것을 계시한다.

　책들이 내는 목소리는 하나이지만, 모든 사람을 똑같이 가르치지는 않는다. 그것은 내가 내면에서 진리를 가르치는 스승이요, 마음을 살피는 자요, 생각을 분별하는 자요, 선한 행위를 일으키는 자요, 각 사람에게 가장 좋은 것을 나눠주는 자이기 때문이다.

44
문제를 자초하지 말라

✎ 주님의 말씀

내 아들아, 모든 일을 알려고 하지 않는 것이 너의 본분이다. 너는 네 자신을 이 땅에서 죽은 자로, 온 세상을 십자가에 못 박은 자로 여겨야 한다(갈 6:14). 또한 많은 일들을 그냥 무시해 버리고, 네 평화에 속한 것들만 생각하는 것이 너의 본분이다.

말다툼에 휩쓸리기보다는 불쾌한 것으로부터 시선을 돌리고, 각 사람이 제멋대로 생각하도록 내버려두는 것이 더 유익하다. 하나님과 좋은 관계를 유지하고 그분의 판단을 존중하면, 너는 패배당하는 것을 더 잘 감수할 수 있을 것이다.

✎ 제자의 말

오 주님, 우리가 어떤 지경에 빠졌습니까! 우리는 일시적인 손실을 몹시 슬퍼하고, 작은 것을 얻으려고 땀 흘리지만, 정작 영적인 손해에 대해서는 기억에 떠올리는 일조차 없습니다.

유익하지 않은 것에 신경 쓰고, 필요한 것은 가볍게 넘어갑니다. 외적인 것에 푹 빠져 있기 때문입니다. 속히 회개하지 않으면 그 속에 주저앉게 될 것입니다.

45
모든 사람을 믿지 말고
그들의 말에 현혹되지 말라

제자의 말

오 주님, 환난 날에 나를 도우소서. 사람의 도움은 헛되기 때문입니다(시 60:11). 신의信義가 있을 것이라고 확신했던 곳에서 기만당한 경우가 얼마나 많았는지 모릅니다. 그리고 내가 전혀 기대하지 않았던 곳에서 신의를 발견한 경우가 얼마나 많았는지 모릅니다. 그러므로 사람을 신뢰하는 일은 헛되지만, 의인의 구원은 하나님 손에 달려 있습니다!

나의 주 나의 하나님, 우리에게 일어나는 모든 일에서 찬양을 받으소서. 우리는 약하고 변덕스러우며, 쉽게 속기도 하고 빨리 변하는 존재입니다.

모든 일에 신중하고 조심스러워서 자기를 잘 지키고, 어떤 속임수나 곤경에도 빠지는 일이 없는 사람이 어디에 있습니까? 그러나 주님을 신뢰하고, 일편단심으로 주님을 찾는 사람은 쉽게 넘어지지 않습니다(잠 10:29).

어떤 환난에 빠져 아무리 어려운 문제에 말려들더라도, 그는 신속히 주님의 손에 의해 구원받거나 주님께 위로받을 것입니다. 주님은 자신을 신뢰하는 사람을 끝까지 버리지 않기 때문입니다. 자기 친구가 곤경에 빠졌을 때도 신의를 잃지 않는 친구는 찾아보기 어렵습니다. 오 주님, 오직 당신만이 언제든지 신실하신 분이고, 주님과 같은 자는 어디에도 없습니다.

"내 마음은 그리스도 안에 굳게 자리를 잡고 그분께 근거를 두고 있다." 아, 이렇게 말한 거룩한 영혼은 얼마나 지혜로운지요!

내가 그런 사람이라면, 인간적인 두려움이 나를 쉽게 괴롭히지 못할 것이고, 사람이 내뱉는 말에 흔들리지도 않을 것입니다. 아니, 누가 모든 일을 미리 내다볼 수 있습니까? 장래에 당할 재난을 누가 미리 대비할 수 있습니까? 미리 내다본 일마저도 종종 우리에게 상처를 주는데, 하물며 예견할 수 없었던 일은 얼마나 큰 상처를 주겠습니까?

그런데도 내가 스스로 잘 대비하지 못한 것을 보면, 참으로 가련한 존재가 아닙니까? 그리고 어찌하여 나는 다른 사람을 그토록 쉽게 신뢰하는지요. 많은 사람이 우리를 존경하며 천사라고 부른다 해도, 우리는 한갓 깨지기 쉬운 사람에 불과합니다.

주님, 내가 누구를 신뢰하겠습니까? 주님이 아니면 누구를 신뢰하겠습니까? 주님은 속지도 속이지도 않으시는 진리 그 자체입니다. 반면에 "사람은 다 거짓되고"(롬 3:4), 연약하고, 변덕스럽고, 잘 넘어집니다. 특히 말의 실수가 많습니다. 그러므로 겉으로는 옳게 보이는 것이라도 쉽게 신뢰해서는 안 됩니다.

아, 주님이 우리에게 사람들을 경계하라고 말씀하신 것은 얼마나 지혜로운 충고인지요! 사람의 적은 바로 그 집안에 있기 때문입니다(미 7:5). 그리고 누가 [그리스도가] '여기에 있다'거나 '저기에 있다'고 말해도 믿지 말라고 하셨습니다.

나는 손해를 통해 값비싼 교훈을 배웠으므로, 앞으로는 더욱 조심하는 자가 되고 싶습니다. 어떤 사람이 나에게 "조심하십시오. 조심하십시오, 내가 지금 말하는 것은 그대만 알고 계십시오"라고 말했습니다. 그래서 나는 그것이 비밀인 줄 알고 침묵을 지켰지만, 그는 지키기를 바랐던 그 비밀을 지키지 않고, 나와 자신을 모두 배신한 채 떠나고 말았습니다.

오 주님, 그런 경솔한 말과 부주의한 사람들로부터 나를 보호해 주시고, 그들의 수중에 빠지거나 내가 그런 잘못을 범하지 않도록 도와주소서. 진실하고 한결같은 말을 하도록 지켜주시고, 나에게서 교활한 혀를 잘라 주옵소서. 내가 다른 사람에게 당하고 싶지 않은 고통을 나 자신도 절대 남에게 주지 않도록 해야겠습니다.

아, 다른 사람들에 관해 조용히 침묵을 지키고, 모든 말을 무분별하게 믿지 않고, 들은 것을 쉽게 떠들지 않는 것은 얼마나 좋은 일인지 모릅니다(잠 25:9). 아울러 소수의 사람들에게만 우리 자신을 열어 보이고, 마음을 관찰하시는 주님을 항상 구하는 것도 참으로 좋은 일입니다(사 26:3).

우리는 바람과 같은 말에 이리저리 휩쓸려서는 안 되고, 안팎에서 일어나는 모든 일이 주님의 기쁜 뜻에 따라 이루어지기를 소원해야 합니다. 하늘의 은혜를 간직하는 가장 안전한 길은, 사람들 앞에 드러나는 일을 피하고, 대중의 칭찬을 받을 만한 일을 추구하지 않고, 삶의 변화와 뜨거운 믿음을 부지런히 추구하는 것입니다.

그 덕행이 알려지고 너무 일찍 칭찬을 받는 바람에 해를 입은 사람이 그동안 얼마나 많았습니까? 온통 유혹과 싸움으로 가득 찬 이 덧없는 인생에서 조용히 은혜를 보존할 수만 있다면, 그것은 얼마나 유익한 일인지 모릅니다!

46
말 때문에 상처 받을 때 하나님을 신뢰하라

주님의 말씀

내 아들아, 굳게 서서 나를 신뢰하여라(시 37:3). 말이라는 것은 기껏 말에 불과하지 않느냐? 말은 공중을 날아다닐지라도 돌만큼도 상처 주지 못한다. 양심의 가책이 느껴진다면, 기꺼이 자신을 고치겠다고 생각하여라. 너에게 잘못이 없다면, 하나님을 위해 이 고통을 기꺼이 감수하겠다고 각오하여라.

네가 아직도 강한 타격을 감당할 만한 용기가 없기 때문에 몇 마디의 말로 고통을 당하는 것은 비일비재한 일이다. 그런데도 너는 왜 그토록 사소한 일에 신경을 쓰느냐? 그것은 네가 아직도 육신적이라서 사람을 필요 이상으로 중요시하기 때문이 아니냐?

멸시받는 것을 두려워하기 때문에, 너는 잘못을 지적받고 싶어 하지 않고, 변명거리를 찾고 있는 것이다.

네 자신을 더 잘 들여다보아라. 그리하면 세상이 아직도 네 속에 살아 있고, 사람을 기쁘게 하려는 헛된 욕망이 도사리고 있음을 보게 될 것이다.

네 잘못으로 인해 오만한 콧대가 꺾어지고 책망하는 것을 회피하려 한다면, 너는 겸손하지 않고, 세상에 대해 죽지 않았고, 아직 십자가에 못 박히지 않았다는 것을 증명할 뿐이다.

내 말에 부지런히 귀를 기울여라. 그리하면 너는 사람의 만 마디 말을 중요하게 여기지 않을 것이다.

보라, 설사 사람들이 너에게 가장 악랄한 말을 퍼붓는다고 해도, 네가 그것을 그냥 지나치고 한갓 지푸라기 정도로 생각한다면, 그것이 네게 무슨 상처를 주겠느냐? 그 모든 말이 네 머리에서 머리카락 하나라도 뽑을 수 있겠느냐(마 10:30; 눅 12:7).

하나님에게 마음 두지 않고 그분을 눈앞에 두지 않는 사람은 조금만 트집이 잡혀도 쉽게 흔들린다. 그러나 나를 신뢰하고 자기 판단을 의지하지 않는 자는 사람을 두려워하지 않을 것이다.

내가 바로 심판자이고(시 7:8), 모든 은밀한 것을 다 아는 자이기 때문이다. 나는 사건이 일어난 경위를 다 알고 있다. 상처 준 사람도, 받은 사람도 안다. 그 사건은 나로부터 비롯된 것이고, 나의 허락을 받아 일어난 일이다. 그것은 많은 사람의 마음속에 있는 생각을 밝히 드러나게 하기 위한 것이었다(눅 2:35).

나는 죄 있는 자와 결백한 자를 모두 심판할 것이다. 하지만 사전에 은밀한 심판으로 양자를 모두 시험할 것이다.

사람들은 종종 거짓 증언을 하지만, 나의 심판은 옳아서 영원히 남을 것이고 결코 뒤집어지지 않을 것이다. 흔히 내 심판은 감춰져 있고, 소수에게만 어느 정도 알려질 뿐이다. 그럼에도 불구하고 그것은 오류가 있을 수 없으며, 어리석은 자의 눈에만 옳지 않게 보일 따름이다. 그러므로 사람들은 모든 심판의 문제를 나에게 맡기고 자신의 판단을 의지해서는 안 된다.

의로운 사람은, 하나님으로부터 무슨 일을 당해도, 환난에서 벗어날 것이기 때문이다(잠 12:13). 그리고 설사 억울하게 소송을 당한다 할지라도, 그는 크게 개의치 않을 것이다.

또한 사람들에 의해 무고한 사람임이 입증되더라도, 그는 쓸데없이 기뻐하지 않을 것이다. 그는 내가 마음과 생각을 살피는 자요(시 7:9; 계 2:23), 사람을 외모로 판단하지 않는 자라고 생각하기 때문이다. 사람이 판단하기에는 칭찬할 만한 것으로 보여도 내 눈에는 비난할 것으로 보이는 경우가 자주 있기 때문이다.

제자의 말

권능 있고 오래 참으시는, 의로운 재판장인 주 하나님이여, 인간의 연약함과 사악함을 잘 아시는 당신이 나의 힘이자 믿음의 소망이 되어주소서. 내 양심만으로는 충분치 못하기 때문입니다.

내가 스스로를 자책할 아무것도 깨닫지 못해도(고전 4:4), 내가 결코 의로울 수 없습니다. 주님의 자비가 없으면, 주의 눈앞에 의로운 인생이 하나도 없기 때문입니다(시 143:2).

47
영생을 위해
모든 괴로움을 참아라

주님의 말씀

내 아들아, 네가 나를 위해 떠맡은 고된 수고로 낙심하지 말고, 네게 닥치는 환난 때문에 낙담하지도 말라. 오히려 어떤 상황에 처하든지 나의 약속으로부터 힘과 위로를 얻으라.

나는 너에게 차고 넘치도록 상급을 줄 능력이 있다. 너는 여기에서 오랫동안 고생하지 않을 것이고, 언제나 슬픔에 짓눌려있지도 않을 것이다.

조금만 기다려라. 그리하면 너의 불행이 속히 끝나는 것을 보게 될 것이다. 장차 모든 수고와 고통이 끝날 때가 올 것이다. 시간과 함께 사라지는 것은 모두 덧없고 불쌍한 것이다.

네가 하는 일을 열심히 수행하고, 내 포도원에서 성실하게 일하여라(마 20:7). 내가 곧 너의 보상이 될 것이다. 쓰고, 읽고, 찬송하고, 울고, 침묵하고, 기도하고, 용감하게 역경을 견디어라. 영원한 삶은 이 모든 것을 감수할 만한 가치가 있다. 그렇다, 그보다 더 큰 싸움도 치를 만한 가치가 있다.

평화는 주님만이 아시는 그날에 올 것이다. 그것은 현재의 낮이나 밤과 같은 것이 아니고(슥 14:7), 영원한 빛이요, 무한한 광채요, 항구적인 평화요, 안정된 안식일 것이다.

그때가 되면 너는 "이 사망의 몸에서 누가 나를 건져내랴"(롬 7:24). 하고 말하지 않을 것이고, 이곳에 더 오래 "머무는 것이 내게 화로다"(시 120:5)라고 울부짖지도 않을 것이다. 왜냐하면 사망이 거꾸로 곤두박질치고, 거기에는 확실한 구원이 있고, 더 이상 염려가 없고, 하늘의 기쁨과 아름답고 영광스러운 교제가 있을 것이기 때문이다.

아, 네가 하늘에서 성도들이 쓰고 있는 영원한 면류관을 보기만 했어도 좋으련만(지혜서 3:1-9; 5:16). 또한 이전에 세상에서는 멸시받는 것이 당연하고 생명을 누릴 자격조차 없어 보였던 성도들이 얼마나 큰 영광을 누리며 기뻐하고 있는지를 볼 수만 있어도 좋으련만! 그럴 수만 있다면, 너는 다른 사람의 윗자리에 앉기보다 오히려 이 땅에서 스스로를 낮추어 모든 사람의 종이 되려고 할 것이다.

너는 이생에서 즐거움을 누리려 하지 않고, 오히려 하나님을 위해 고난 받는 것을 기뻐하며, 사람들 가운데서 아무 이름없는 존재로 여겨지는 것을 큰 유익으로 생각할 것이다.

아, 네가 이런 것을 기쁘게 여기고 그것이 네 마음속 깊이 와 닿는다면, 너는 단 한 마디의 불평도 하지 않을 것이다. 영원한 생명을 위해 그 모든 고된 수고를 감수해야 하는 것이 아니냐?

하나님의 나라를 얻는 것이나 잃는 것은 결코 사소한 문제가 아니다. 그러므로 네 얼굴을 들어 하늘을 바라보라. 나를 바라보고 나와 함께 있는 모든 성도들을 보라. 그들은 이 세상에서 큰 싸움을 치렀으나, 지금은 기뻐하고, 지금은 위로를 받았고, 지금은 안전하고, 지금은 안식을 누리고, 내 아버지의 나라에서 영원히 나와 함께 있을 것이다.

48
영원한 날과 곤핍한 인생

🌿 **제자의 말**

아, 하늘에 있는 지극히 축복받은 처소여(계 21:2). 밤이 가릴 수 없고 최고의 진리가 늘 빛을 발하는 영원한 날이여. 항상 기쁨이 충만하고, 항상 안전하며, 결코 변치 않을 그날이여!

그날이 당장에 나타나서 이 모든 현세의 것들이 끝을 맞이하면 좋으련만! 성도들에게는 그날이 영원한 광채로 빛나고 있지만, 이 땅의 순례자들에게는 마치 거울을 통해 보듯 저 멀리 희미하게 보일 뿐입니다.

하늘의 시민들은 그날이 얼마나 기쁜 날인지를 알지만, 추방당한 하와의 자녀들은 이날의 괴로움과 지루함 때문에 통곡합니다. 이생의 날들은 짧고 악하며(욥 7장), 슬픔과 고통으로 가득 차 있습니다.

여기에서 우리 인간은 많은 죄악으로 더럽혀져 있고, 많은 정욕에 사로잡혀 있으며, 많은 두려움에 붙잡혀 있고, 많은 염려에 시달리고 있으며, 많은 호기심으로 산만해져 있고, 많은 허영심에 빠져 있고, 많은 잘못에 둘러싸여 있고, 많은 고생으로 지쳐 있고, 많은 유혹으로 괴로워하고 있고, 온갖 쾌락으로 쇠약해져 있으며, 가난으로 고통 당하고 있습니다.

이 모든 불행이 끝날 날이 언제입니까? 내가 이 비참한 죄악의 사슬에서 풀려날 날이 언제입니까(롬 7:24). 오 주님, 내가 오직 주님만을 생각할 날이 언제입니까(시 71:16). 내가 주님을 온전히 기뻐할 날이 언제입니까?

내가 아무런 방해도 받지 않고, 몸과 마음에 아무런 걸림돌이 없이, 참된 자유를 누릴 날이 언제입니까? 내가 안정된 평화, 방해거리가 없는 평화, 안팎의 평화, 확실히 보장된 평화를 누리게 될 날이 언제입니까?

오 자비로운 예수님, 내가 서서 주님을 뵈올 날이 언제입니까? 내가 주님 나라의 영광을 묵상할 날이 언제입니까? 주님이 나의 전부가 되실 날이 언제입니까?

주님께서 영원 전부터 사랑하는 사람들을 위해 예비하신 나라에 주와 함께 있게 될 날이 언제입니까? 나는 날마다 전쟁이 일어나고 큰 불행이 그치지 않는 원수의 땅에 버려진 불쌍한 유배자일 뿐입니다.

추방당한 나를 위로해 주시고, 나의 슬픔을 진정시켜 주소서. 내 마음이 온통 주를 바라보며 탄식하고 있습니다. 이 세상이 나를 위로하려고 내놓은 것은 모두 무거운 짐이 되기 때문입니다.

마음으로 주님을 즐거워하고 싶지만 그런 상태에 도달할 수 없습니다. 온전히 하늘의 것에만 몰두하고 싶지만, 현세적인 것들과 죽지 않은 정욕이 나의 발목을 잡고 있습니다.

마음으로는 모든 것을 초월하고 싶지만, 몸으로는 어쩔 수 없이 그런 것에 종속되어 있습니다. 그래서 나의 영은 위의 것을 구하지만 나의 육신은 아래의 것을 찾고 있고, 내가 나 자신과 싸우고 스스로에게 무거운 짐이 되고 있으니, 나는 참으로 불행한 자입니다(롬 7:24; 8:23).

아, 내 마음은 하늘의 것을 생각하는데도, 기도할 때면 수많은 육신적인 공상이 떠오르니 마음의 고통이 얼마나 심한지 모르겠습니다. 나의 하나님, 제발 나를 멀리하지 마시고, 분노하사 주의 종에게서 등을 돌리지 마소서(시 72:12). 번개를 쳐서 대적을 흩으시고, 화살을 쏘아 대적의 모든 환상을 깨뜨리소서.

정신을 주님께 집중하게 하시고, 세상적인 것들을 잊게 하소서. 모든 악한 공상을 경멸하며 속히 쫓아내게 도와주소서.

영원한 진리이신 주님, 내가 어떤 허영심에도 흔들리지 않도록 도와주소서. 하늘의 향기로운 분이시여, 나에게 오셔서 주의 눈앞에서 불순한 것이 모두 사라지게 하소서. 또한 나를 용서해 주시고, 자비로 나를 온유하게 대하소서. 내가 기도할 때는 언제나 주님 이외에는 아무것도 생각하지 않게 하소서.

솔직히 나는 쉽게 산만해지는 습관이 있음을 고백합니다. 나의 몸이 서 있거나 앉아 있는 그곳에 내가 있지 않고, 오히려 내 생각이 이끄는 곳에 내가 있는 경우가 너무나 많습니다.

내 생각이 있는 곳에 내가 있고, 그 생각은 내가 집착하는 곳에 머뭅니다. 자연적으로 기쁜 일이나 습관에 따라 즐거운 일이 너무 쉽게 머릿속에 떠오르곤 합니다.

그리고 이 때문에 진리이신 주님은 이렇게 분명히 말씀하신 것입니다. "네 보물이 있는 그곳에는 네 마음도 있느니라"(마 6:21).

하늘을 사랑한다면, 나는 기꺼이 하늘의 것들을 생각할 것입니다. 세상을 사랑한다면, 나는 세상의 부귀영화를 기뻐하고 역경을 슬퍼할 것입니다. 육신을 사랑한다면, 나는 육신을 기쁘게 하는 것들을 자주 머릿속에 떠올릴 것입니다. 영을 사랑한다면, 영적인 것들을 생각하길 기뻐할 것입니다. 무엇이든 내가 사랑하는 것이면, 나는 그것에 관해 기꺼이 말하고 들을 것이며, 그것을 마음속에 그리면서 집으로 돌아올 것이기 때문입니다.

그러나 주님을 위해 모든 세상의 것을 기꺼이 버리는 사람, 자기 본성을 쳐서 복종시키는 사람, 영적인 열정으로 육신의 정욕을 십자가에 못 박는 사람은 참으로 복이 있는 사람입니다(마 19장). 그는 깨끗한 양심으로 주님께 순수한 기도를 드리기를 바라고, 안팎으로 세상적인 것을 배제시킴으로써 천사들의 성가대에 참여할 자격을 얻고 싶어 하는 사람입니다.

49
영생을 사모하고
선한 싸움으로 큰 상급을 받으라

🌱 주님의 말씀

내 아들아, 영원한 축복이 임하기를 갈망하는 마음이 생기고, 변하는 그림자도 없는 나의 광채를 묵상하고 싶어서 육신의 장막에서 벗어나고픈 심정이 생기면, 마음을 활짝 열고 온 마음으로 이 거룩한 영감을 받아들여라.

네 무게에 못 이겨 땅의 것으로 떨어지지 않도록, 너를 호의적으로 대하고, 너를 자비롭게 방문하고, 너를 뜨겁게 자극하고, 너를 강한 손으로 붙들어주는 하늘의 손길에 깊은 감사를 드리도록 하여라.

이런 선물을 얻게 되는 것은 네 자신의 생각이나 노력 때문이 아니라, 오로지 하늘의 은혜와 신의 은총이 임하기 때문이다. 그것은 네가 더욱더 덕스럽게 성장하고, 겸손해지고, 장래의 싸움을 위해 준비하고, 온 마음으로 나에게 붙어 있고, 뜨거운 갈망으로 나를 섬기게 하기 위함이다.

내 아들아, 불이 붙더라도 연기가 없으면 불길이 위로 올라가지 않는다. 이처럼 어떤 사람들의 마음은 하늘의 것을 향해 불이 붙지만, 육신의 정욕이 주는 시험에서 자유롭지 못하다. 그런즉 그들이 하나님께 진지하게 간구하지만, 그 모든 것이 순전히 하나님의 영광을 위한 것은 아니다. 너 역시 그렇게 진지하고 진심인 체 하지만 정작 네 마음은 그와 같을 경우가 별로 없다.

너에게 즐거움과 유익을 주는 것을 구하지 말고, 받을 만한 것과 나의 영광을 드러내는 것을 달라고 구하여라. 네가 옳게 판단한다면, 네 자신의 갈망이나 네가 바라는 그 어떤 것보다 나의 명령을 더 좋아하고 따라야 한다.

나는 네 바람을 알고 있고, 너의 잦은 신음소리를 들어왔다. 네가 내 자녀들에게 속한 영광스러운 자유를 누리기를 갈망한다. 이제 온통 기쁨으로 충만한 그 영원한 거처와 천국이 너를 기쁘게 하고 있다. 하지만 그때는 아직 이르지 않았다. 아직도 싸움과 힘든 노동과 수습의 기간이 남아 있기 때문이다(욥 7:1).

너는 최고의 선으로 충만해지기를 원하지만, 지금은 그 경지에 도달할 수 없다. 내가 바로 최고의 선이다. 하나님의 나라가 임할 때까지 나를 기다려라,

너는 아직도 땅 위에서 시련을 겪고 많은 면에서 연단을 받아야 한다.

때로는 너에게 위로가 주어지겠지만, 충만한 위로는 허락되지 않을 것이다. 그러므로 너는 용기를 가져라. 본성에 거슬리는 일로 고통 받을 때나 일이 잘 풀릴 때나 똑같이 담대하라(수 1:7).

너는 새 사람을 입고(엡 4:24), 새로운 사람으로 변해야 한다. 많은 경우에, 네 마음에 내키지 않는 일을 하고, 마음 내키는 일은 하지 않는 것이 너의 의무다.

다른 사람들을 기쁘게 하는 일은 성공하겠지만, 네가 바라는 일은 성공하지 못할 것이다. 다른 사람들이 말하는 것은 모두들 귀담아 듣겠지만, 네가 말하는 것은 완전히 무시할 것이다. 다른 사람들은 구해서 얻을 테지만, 너는 구해도 얻지 못할 것이다.

다른 사람들은 위대한 인물들로 칭송을 받겠지만, 너에 관해서는 모두들 입을 다물고 있을 것이다. 다른 사람들에게는 이런저런 일이 맡겨지겠지만, 너는 전혀 쓸모없는 인간으로 취급될 것이다. 이로 인해 네 마음이 괴로울 테지만, 그것을 묵묵히 참고 견디는 것은 참으로 훌륭한 처신이다.

이를 비롯하여 이와 비슷한 경우들을 통하여, 주님의 신실한 종은 얼마나 자기를 부인하고 자기를 깨뜨릴 수 있는지 시험을 받곤 한다. 네 뜻과 상반되는 일을 보고 고통 당하는 것만큼 네 자신에 대해 죽어야 할 필요가 큰 상황은 거의 없다. 특히 네가 보기에 달갑지 않거나 별 유익이 없을 것 같아 보이는 일을 하라는 명령을 받았을 때가 그러하다. 그리고 권위 아래에 있는 너는 감히 상관에게 저항하지 못하기 때문에, 남의 명령에 따라 행하고 네 생각을 완전히 포기하는 일이 무척 어렵게 보일 것이다.

그러나 이런 수고의 열매를 생각하고, 마지막이 가까워졌고 그 보상이 지극히 크다는 것을 유념하라. 그리하면 너는 마지못해 그런 고통을 참는 것이 아니라 오히려 인내함으로써 큰 위로를 받을 것이다. 현재 네가 버릴 준비가 되어 있는 작은 의지 대신에, 장차 하늘에서는 언제나 네 의지를 갖게 될 것이다.

그렇다, 거기서는 네가 희망하는 것을 모두 찾게 되고, 네가 소원할 만한 것을 모두 얻게 될 것이다. 거기서는 모든 좋은 것을 손에 넣을 수 있고, 그것들을 잃어버릴 염려도 없을 것이다.

거기서는 너와 내가 영원히 하나 될 것이고, 어떤 외적인 것이나 사적인 것도 탐내는 일이 없을 것이다. 거기서는 아무도 너에게 저항하지 않을 것이고, 아무도 너에게 불평하지 않을 것이고, 아무도 너를 방해하지 않을 것이며, 아무도 네 길을 막지 못할 것이다. 반면에 소원하는 모든 것이 거기에 다함께 있을 것이고, 너의 성정 전체가 새로워질 것이며 사랑으로 충만하여 차고 넘칠 것이다.

나는 네가 당한 비난 대신에 영광을, 근심 대신에 찬송의 옷을, 비천한 자리 대신에 왕의 보좌를 영원히 선사할 것이다.

거기서는 순종의 열매가 나타날 것이고, 회개의 수고가 기쁨으로 변하고, 겸손한 복종이 영광의 면류관을 쓰게 될 것이다.

그러므로 현세에서는 네 자신을 모든 사람 아래 겸손히 낮추고, 누가 이것을 말했는지 혹은 명했는지를 상관하지 말라. 그러나 네 윗사람이나 아랫사람이나 동료가 네게 무슨 일이든 요구하거나 암시하거든, 그것을 좋게 여기고 성실한 자세로 그것을 수행하려고 노력하여라.

 이 사람은 이런 것을, 저 사람은 저런 것을 구하도록 내버려두어라. 이 사람은 이것을 자랑하고, 저 사람은 저것을 자랑하도록, 그리고 수만 번이라도 칭찬받도록 내버려두어라. 그러나 너는 이것도 기뻐하지 말고 저것도 기뻐하지 말며, 오히려 네 자신을 멸시하고 오직 나만을 기뻐하고 나를 존귀하게 여겨라.

 네가 마땅히 품어야 할 소원은, 네가 살든지 죽든지, 네 안에서 오직 하나님만이 언제나 영광을 받게 되는 것이어야 한다.

50
버림 받은 사람이
하나님께 자신을 바치는 법

🌿 제자의 말

우리 주 하나님, 거룩한 아버지시여, 영원토록 송축을 받으소서. 당신의 뜻대로 모든 것이 이루어지고, 당신이 행하는 일은 언제나 선하십니다.

주의 종이 자기 자신이나 다른 어떤 것을 기뻐하지 않고 오직 주님만을 기뻐하게 하소서. 오 주님, 당신만이 참 기쁨이요, 나의 소망이자 면류관이며, 나의 즐거움이자 영광입니다.

주의 종이 갖고 있는 것 가운데 아무런 공로도 없이 당신으로부터 받지 아니한 것이 무엇입니까(고전 4:7). 주님이 주신 것과 만드신 것을 통틀어 모든 게 주님의 것입니다.

나는 어릴 적부터 가난하고, 또 고생하고 있습니다(시 88:15). 때로는 내 영혼이 슬퍼서 눈물을 흘리고 있습니다. 또 때로는 임박한 고난으로 인해 고심하고 있습니다.

나는 평화의 기쁨을 갈망하고, 주님이 주신 위로의 빛 가운데서 먹을 것을 얻는 자녀들이 누리는 평화를 간절히 소망합니다. 당신이 내게 평화를 주신다면, 마음속에 거룩한 기쁨을 부어주신다면, 종의 영혼은 찬송의 멜로디로 가득 찰 것이고, 당신을 찬양하는 일에 헌신할 것입니다.

그러나 당신이 뒤로 물러가시면, 종은 당신의 계명의 길로 달려갈 수 없을 것이고, 오히려 무릎 꿇고 가슴을 치게 될 것입니다. 왜냐하면 과거에 주의 등불이 종의 머리를 비추고, 시험이 엄습할 때 주의 날개 그늘 아래 종을 보호하셨던 그때와 같지 않기 때문입니다.

영원토록 찬양을 받으실 의로우신 아버지여, 주의 종이 시험을 받을 때가 이르렀습니다. 오 사랑하는 아버지여, 이 시간에 종이 주를 위하여 고난 받는 것은 참으로 옳고 합당한 일입니다.

영원히 영광 받으실 아버지여, 영원 전부터 당신이 미리 알고 계셨던 그때가 이제 왔습니다. 종이 겉으로는 억압을 당해야 하지만, 속으로는 당신과 함께 영원히 살 것입니다. 이 종은 잠깐 동안 멸시를 당하고 치욕을 받고, 사람이 보기에 실패하고, 고난과 무력함으로 쇠진할지라도, 그것은 결국 새벽이 밝아오면 당신과 함께 다시 살아나고 하늘에서 영광을 받기 위한 것입니다.

거룩한 아버지, 당신이 예정하신 대로 이루어질 것입니다. 주님이 명하신 대로 성취될 것입니다.

주님의 친구가 주를 사랑하기 때문에 세상에서 고난을 받고 괴로움 당하는 것은 바로 그에게 주어지는 은총입니다. 그에게 그런 일이 얼마나 자주, 그리고 누구를 통해서 일어나도록 허락하시든지 상관 없습니다. 주님의 계획과 섭리가 없이는, 그리고 어떤 원인이 없이는 이 땅에서 어떤 일도 일어날 수 없습니다.

주께서 나를 겸비하게 하심으로써(시 119:71) 내가 주님의 의로운 심판을 배우고, 모든 자만심을 버리고, 주제넘은 생각을 포기할 수 있습니다.

수치가 내 얼굴을 덮어서 사람들보다는 주님께 위로를 찾는 것도 나에게 유익한 일입니다. 이로 말미암아 주님의 헤아릴 수 없는 심판, 비록 공평과 공의가 없진 않지만 악한 자로 의로운 자를 괴롭히는 그 심판을 두려워하는 법을 배웠습니다.

주께서 나의 죄악을 용서하지 않으시고, 가혹한 채찍으로 나를 때리시고, 슬픔을 안겨주시고, 안팎으로 나에게 걱정거리를 보내시는 것도 감사할 따름입니다.

하늘 아래서 나를 위로하실 분은 오직 나의 주 나의 하나님, 영혼을 치유하는 하늘의 의사이신 당신밖에 없습니다. 당신은 병도 주고 약도 주고, 지옥에 끌어내렸다가 다시 건져 올리는 분이시기 때문입니다(욥 13:2; 시 18:16). 당신의 징계가 나에게 임할 것이고, 당신의 회초리가 나를 훈계할 것입니다.

보십시오, 사랑하는 아버지시여, 나는 당신의 손 안에 있고, 당신이 휘두르는 징계의 채찍에 굴복하나이다. 등과 목까지 때리셔서 내 비뚤어진 마음이 주의 뜻을 따르게 하소서.

주님이 원하시는 대로 나를 충실하고 겸손한 제자로 만들어주소서. 그리하여 당신의 기쁘신 뜻에 따라 언제나 순종할 준비를 갖추게 하소서.

주님께 나를 맡기오니 나의 모든 면을 바로잡아 주소서. 내세에 벌을 받기보다 여기에서 받는 편이 더 낫기 때문입니다.

주님은 모든 것을 총체적으로 아시고, 또한 각각을 개별적으로도 알고 계십니다. 사람의 양심 속에 주님의 눈을 피할 수 있는 것은 아무것도 없습니다. 일이 성사가 되기도 전에 주님은 이미 그것이 일어날 것을 알고 계십니다. 그러므로 이 땅에서 일어나는 일들을 당신에게 알려드리거나 권고할 필요가 없습니다. 주님은 나의 영적 성장을 위해 필요한 것이 무엇인지 알고 계시고, 환난이 내 죄악의 녹을 벗겨버리는 데 얼마나 큰 역할을 하는지도 알고 계십니다.

주의 선한 뜻에 따라 나를 다루소서. 그 누구보다도 나를 철저히 그리고 명백히 아시는 주님이여, 죄악된 삶으로 인해 나를 경멸하지 마소서.

오 주님, 나로 하여금 알 만한 가치가 있는 것을 알게 하시고, 사랑할 만한 가치가 있는 것을 사랑하게 하시고, 당신을 가장 기쁘게 하는 것을 찬양하게 하시고, 당신에게 소중한 것을 높이 평가하게 하시고, 당신의 눈에 경멸할 만한 것을 멸시하게 하소서.

내가 외적인 눈에 보이는 대로 심판하지 않게 하시고, 무지한 자들의 귀에 들리는 대로 선고를 내리지 않게 하소서. 오히려 가시적인 것과 영적인 것을 구별하는 참된 분별력으로 판단하게 하시고, 무엇보다도 주님의 선하시고 기뻐하시는 뜻을 늘 찾게 하소서.

사람의 마음은 무엇인가를 판단할 때 종종 현혹되곤 합니다. 세상을 사랑하는 사람들도 눈에 보이는 것만을 사랑하기에 현혹되기가 쉽습니다.

한 사람이 다른 사람들에 의해 위대한 인물로 평가된다고 해서 더 나아지는 것이 있습니까? 속이는 자가 속이는 자를 치켜세우고, 허영심이 강한 자가 허영심이 강한 자를 칭찬하고, 눈먼 자가 눈먼 자를 칭송하고, 약한 자가 약한 자를 찬미하는 것은 어리석은 행위입니다. 그런 사람이 그런 사람을 쓸데없이 칭송하는 것은 그를 더 부끄럽게 만드는 일입니다.

겸손한 프란체스코는 "각 사람은 주님의 눈에 보이는 바로 그 사람이지, 그 이상의 존재가 아니다"라고 말했습니다.

51
근사한 일을 하기가 버거울 때는 비천한 일을 하라

주님의 말씀

내 아들아, 너는 항상 뜨거운 열정으로 덕 쌓기를 바랄 수는 없고, 또한 더 높은 묵상의 경지에 머물 수도 없다. 때로는 네가 원초적 타락으로 인해 어쩔 수 없이 힘든 일로 내려가야 하고, 원치 않더라도 이 타락한 인생의 짐을 짊어져야 한다.

네가 죽을 몸을 지고 가는 한, 마음의 무거운 짐과 피로를 느끼게 될 것이다. 그러므로 너는 육신을 갖고 있는 동안 육신의 짐 때문에 자주 탄식하지 않을 수 없다. 그동안에는 하나님에 대한 깊은 묵상과 영적 훈련을 계속할 수 없기 때문이다.

그런즉 내가 너를 다시 찾아와서 모든 염려에서 해방시켜 줄 때까지는, 도망쳐 비천하고 외적인 일을 하고, 선한 행위로 네 자신을 새롭게 하고, 내가 하늘로부터 너를 찾아올 것을 확신하면서 고대하고, 순례자인 네 처지와 메마른 마음을 참고 견디는 것이 유익하다.

내가 너로 하여금 이전의 고통을 잊게 하고, 내면의 고요함을 즐기게 할 것이기 때문이다.

내가 네 앞에 성경의 초원을 펼쳐 보이리니, 너는 부푼 가슴을 안고 내 계명의 길로 달려가기 시작할 것이다. 그러면 네가 이렇게 말할 것이다. "현재의 고난은 장차 우리에게 나타날 영광과 비교할 수 없도다"(롬 8:18).

52
위로보다는
징계받아 마땅하다고 생각하라

🌿 **제자의 말**

오 주님, 나는 당신의 위로를 받을 자격이 없고, 영적인 방문을 받기에도 합당치 않습니다. 그러므로 당신이 나를 가련하고 버림 받은 상태로 내버려두는 것은 정당한 대우입니다. 슬퍼서 눈물바다를 이룬다 해도, 나는 당신의 위로를 받을 만한 자격이 없기 때문입니다.

주님께 잘못을 저지르고 많은 일에서 큰 죄를 범했으므로, 나는 징계를 당하고 벌을 받아야 마땅합니다. 나는 추호의 위로도 받을 자격이 없는 존재입니다.

그러나 은혜롭고 자비로운 주님, 당신은 아버지의 뜻을 망치지 않기 위해, 인간적인 방식을 초월하여 주의 종에게 과분할 정도로 위로를 베풀어주십니다. 주님의 위로는 사람들이 하는 말과 같지 않기 때문입니다.

오 주님, 내가 무엇을 하였기에 하늘의 위로를 내려주십니까? 나는 무슨 선행을 했는지 하나도 기억할 수 없고, 언제나 죄는 잘 저지르고 고치는 데는 느리다는 것만 생각날 뿐입니다.

이것은 실로 부인할 수 없는 사실입니다. 만일 내가 이와 달리 말한다면, 당신이 나에게 항변하실 것이고(욥 9:2-3), 아무도 나를 변호할 수 없을 것입니다.

내가 죄를 지은 대가로 지옥과 영원한 불이 아니면 무엇을 받겠습니까? 나는 진실로 온갖 조롱과 멸시를 받아야 마땅하며, 주의 신실한 종의 하나로 기억되기에는 전혀 합당치 않은 존재임을 고백합니다.

비록 그런 소리를 듣고 싶지는 않지만, 진실을 밝히기 위해 내 죄를 밝히 드러낼 것입니다. 그리하여 좀 더 빨리 주님의 자비를 얻고 싶습니다.

죄를 짓고 온통 혼란에 빠져 있는 내가 무슨 말을 하겠습니까? 내 입술로 단지 이렇게 고백할 수 있을 뿐입니다. "오 주님, 내가 죄를 지었습니다. 내가 죄를 지었습니다(시 51편). 나에게 자비를 베푸시고, 제발 나를 용서하소서." 내가 어둠의 땅, 곧 죽음의 그늘진 땅(욥 10:21)으로 가기 전에, 잠시 내 슬픔을 애도하도록 내버려두십시오.

이 죄를 지은 비참한 죄인에게, 잘못을 통회하고 스스로 낮아지는 것 말고 달리 무엇을 요구하겠습니까?

진정한 통회가 있고 마음이 겸손해질 때에만 용서받을 희망이 있고, 불안한 양심이 하나님과 화해하고, 잃었던 은총이 회복되고, 다가오는 진노에서 벗어나고, 하나님과 참회하는 영혼이 거룩한 입맞춤으로 서로 만나게 됩니다.

오 주님, 죄인의 겸손한 통회는 당신의 존전에서 유향의 향기보다 훨씬 향기로운, 당신이 기쁘게 받으시는 제물입니다. 주님은 상하고 통회하는 심령을 결코 멸시하지 않기 때문에(시 51:17), 겸손한 통회는 주의 거룩한 발에 부어지는 감미로운 향유이기도 합니다(눅 7:38).

여기에 원수의 화난 얼굴을 피할 수 있는 피난처가 있습니다. 이곳만이 다른 데서 묻은 더러움과 오염을 씻어내고 바로잡을 수 있습니다.

53
하나님의 은혜는
세상적인 것과 섞일 수 없다

주님의 말씀

내 아들아, 나의 은혜는 너무도 귀해서 세상과 섞일 수 없고, 세상적인 위로와도 뒤섞일 수 없다. 그러므로 은혜를 받고 싶으면, 은혜를 가로막는 모든 장애물을 제거하지 않으면 안 된다.

그런즉 너만의 은밀한 장소를 택하고, 홀로 있기를 좋아하며, 누구와도 대화하지 말고, 오직 하나님께 네 마음을 쏟아놓음으로써 회개하는 심령과 순결한 양심을 간직하도록 하여라.

너는 온 세상을 아무것도 아니라고 생각하고, 모든 일에 앞서 하나님께 집중하는 것을 우선시하라. 왜냐하면 나에게 집중하는 동시에 세상을 즐거워하는 것은 불가능하기 때문이다.

너는 친척과 친구들을 멀리해야 하고(마 19:29), 네 마음을 일시적인 위로에 빼앗겨서는 안 된다. 그래서 사도 베드로는, 그리스도를 믿는 사람은 이 세상에서 나그네와 거류민처럼 살아야 한다고 호소했던 것이다(벧전 2:11).

아, 세상에 애착을 조금도 가지지 않은 사람은 죽는 순간에 얼마나 큰 확신을 품게 되겠는가! 그러나 병든 마음은 속세의 모든 것을 버린 마음을 이해할 수 없다. 그리고 육신적인 사람은 영적인 사람이 누리는 자유도 알 수 없다. 그럼에도 불구하고, 영적인 사람이 되려면, 가까이 있는 것들뿐 아니라 멀리 있는 것들도 포기해야 하고, 누구보다도 자기 자신을 더 경계해야 한다.

자신을 완전히 이길 수만 있다면, 다른 모든 것을 쉽게 지배할 수 있을 것이다. 완전한 승리란 자신을 이기는 것이다. 자기를 이기는 사람은 자신의 정욕을 이성에 복종시키고, 모든 일에서 자기의 이성을 나에게 복종시키게 되기 때문이다. 이런 사람이야말로 진정 자신을 정복한 사람이요, 세상의 주인이다.

네가 이런 경지에 오르고 싶으면, 용기 있게 출발하여 도끼를 뿌리에 대고, 은밀히 숨어 있는 자기 애착과 세상을 좋아하는 마음을 모두 잘라내고 없애지 않으면 안 된다.

사람의 문제는 자기 자신을 지나치게 사랑하는 죄에서 비롯되는 것이다. 이런 악을 이기고 정복할 때에만 큰 평안과 평온이 뒤따라올 것이다. 그런데 자기에 대해 완전히 죽고 자기로부터 자유로워지려고 애쓰지 않기 때문에, 사람은 스스로에게 속박된 상태에 머무르고 영적으로 그들 자신을 초월할 수 없는 것이다.

그러나 자유로이 나와 동행하고 싶은 사람은 왜곡되고 부당한 애착을 죽여야 하고, 어떤 피조물에게도 특별한 사랑을 품고서 집착하려고 해서는 안 된다.

54
본성에 대항하는 은혜

🍃 주님의 말씀

내 아들아, 본성의 움직임과 은혜의 움직임을 부지런히 주시하여라. 이 둘은 정반대 방향으로 미묘하게 움직이는 만큼, 영적으로 각성한 사람이 아니면 그것을 포착할 수 없기 때문이다.

물론 모든 사람은 선한 것을 갈망하고, 말과 행동으로 무언가 선한 것을 표명하곤 한다. 이처럼 선한 모습을 가장하기 때문에 많은 사람이 속임을 당하는 것이다.

본성은 교활해서 많은 사람을 유인하고, 그들을 함정에 빠뜨리고 속이며, 언제나 자기 목적을 이루려고 일을 도모한다. 반면에 은혜는 단순하게 행하고, 모든 악한 모양을 버리고, 속임수를 쓰지 않고, 순전히 하나님을 위해 모든 일을 행하며, 궁극적으로 그분 안에서 안식을 누린다.

본성은 죽기를 원치 않고, 억압당하는 것을 싫어하고, 패배를 좋아하지 않고, 누구에게든 종속되는 것을 싫어하고, 정복당하는 것을 꺼려한다. 반면에 은혜는 자기를 죽이려고 애쓰고, 육신의 정욕에 저항하고, 종속되기를 바라고, 기꺼이 통제받기를 원하며, 자신의 자유를 행사하기를 원치 않는다. 은혜는 규율 아래 살기를 좋아하고, 아무도 지배하기를 원치 않고, 오히려 언제나 하나님 아래 살며 거기에 머물기를 원하고, 하나님을 위해 모든 인류에게 스스로 겸손히 굴복할 준비가 되어 있다.

본성은 자기의 이익만을 위해 노력하고, 다른 사람으로부터 무슨 이득을 얻을까만 생각한다. 은혜는 자기에게 유익하고 유리한 것이 무엇인지 생각하지 않고, 오히려 많은 사람에게 유익한 것이 무엇인지를 생각한다.

본성은 기꺼이 영예와 존경을 받으려고 한다. 반면에 은혜는 신실하게 모든 영예와 존경을 하나님께 돌린다.

본성은 수치와 경멸을 두려워하지만, 은혜는 예수님의 이름을 위해 비난받는 것을 기뻐한다.

본성은 한가하고 여유로운 휴식시간을 좋아한다. 반면에 은혜는 한가하게 있을 수가 없고, 기꺼이 수고를 아끼지 않는다.

본성은 신기하고 아름다운 것을 갖고 싶어 하며, 값싸고 조잡한 것을 싫어한다. 반면에 은혜는 수수하고 소박한 것을 좋아하고, 화려한 것을 멸시하며, 낡고 헌 옷 입는 것을 마다하지 않는다.

본성은 현세적인 것을 중시하고, 세상적인 이득을 즐거워하고, 손해 보는 것을 슬퍼하며, 조금만 거슬리는 소리를 들어도 짜증을 낸다. 반면에 은혜는 영원한 것을 주목하고, 현세의 것에 집착하지 않고, 손해 보는 것에 개의치 않으며, 심한 말에도 흔들리지 않는다. 왜냐하면 자기의 보물과 기쁨을 아무것도 썩지 않는 하늘에 두었기 때문이다.

본성은 탐욕스럽고, 주는 것보다 받는 것을 더 좋아하고, 사적인 것 곧 자기 것을 갖고 싶어 한다. 반면에 은혜는 친절하고 소통을 잘 하며, 사적인 이익을 피하고, 적은 것에 만족하며, 받는 것보다 주는 것이 더 복되다고 생각한다.

본성은 사람의 마음이 세상과 자기 몸과 헛된 것에 기울어지게 하고, 이리저리 분주히 뛰어다니게 한다. 반면에 은혜는 하나님과 모든 미덕으로 이끌어주고, 세상의 것을 포기하고, 말을 삼가고, 육신의 정욕을 미워하고, 밖에서 방황하는 것을 자제하고, 공공연하게 드러나기를 꺼린다.

본성은 감각적으로 즐거워할 만한 세상의 위안거리를 기꺼이 갖고 싶어 한다. 반면에 은혜는 오직 하나님에게서만 위로를 구하고, 눈에 보이는 것들을 초월하여 최고의 선만을 기뻐한다.

본성은 자기의 유익과 이익을 위해 모든 일을 하기 때문에, 대가가 없는 일은 도무지 할 수 없다. 자기가 베푼 친절에 대해 똑같은 것을, 혹은 더 나은 것을, 혹은 적어도 칭찬이나 호의라도 얻기를 기대한다. 그리고 자기가 행한 업적과 베푼 선물이 높이 평가되기를 간절히 바란다. 반면에 은혜는 현세의 것을 구하지 않고, 하나님 한 분 이외의 어떤 보상도 바라지 않는다. 또한 영원한 것을 얻는 데 유익한 것 이상으로 현세의 필수품을 더 많이 요구하지 않는다.

본성은 친구와 친척이 많은 것을 기뻐하고, 귀한 가문을 자랑하고, 권력 있는 자에게 미소를 짓고, 부유한 자에게 아첨하고, 자기와 비슷한 자들에게 갈채를 보낸다. 반면에 은혜는 자기의 원수조차 사랑하고, 수많은 친구가 있어도 우쭐대지 않고, 근사한 혈통이라도 미덕과 결부되지 않으면 대수롭지 않게 생각한다.

은혜는 부자보다 가난한 자를 좋아하고, 권력 있는 자보다 결백한 자를 동정하며, 속이는 자가 아니라 진실한 사람과 함께 기뻐한다. 은혜는 선한 사람들에게 최고의 선물을 위해 열심히 수고하라고, 그래서 하나님의 아들을 닮아가라고 권면한다.

본성은 부족하거나 어려운 일이 있으면 금방 불평한다. 반면 은혜는 부족한 것이 있어도 흔들리지 않는 자세로 참아낸다.

본성은 모든 것을 자기 자신과 관련시키고, 오로지 자기를 위해 애쓰고 열심히 싸운다. 반면에 은혜는 모든 것을 근원 되시는 하나님께로 돌린다. 은혜는 선한 것을 자기 공로로 돌리지 않고, 교만하게 자랑하지도 않고, 싸우지도 않고, 남들의 의견보다 자기 의견을 더 내세우지도 않는다. 오히려 분별력과 이해력이 필요한 모든 일에 있어서 스스로를 영원한 지혜와 하나님의 판단에 맡긴다.

본성은 비밀을 알고 싶고, 새로운 소식을 듣고 싶어서 안달한다. 또한 밖으로 드러나기를 좋아하고, 자신의 감각으로 많은 것을 경험하기를 좋아한다. 그리고 남의 눈에 띄기를 바라고, 칭찬과 감탄을 자아낼 만한 일을 하는 것을 좋아한다. 반면에 은혜는 새로운 소식을 듣기 좋아하지 않고, 신기한 것을 알리고 하지 않는다. 왜냐하면 이 땅에는 새로운 것도 없고 영원한 것도 없는 만큼, 그 모든 것은 인간의 타락한 옛 본성에서 나오기 때문이다.

그러므로 은혜는 감각을 억제하도록 가르치고, 공허한 자기만족과 겉치레를 멀리하고, 겸손한 자세로 감탄과 칭찬을 자아낼 만한 것을 숨기고, 모든 일과 모든 지식에 있어서 유익한 열매와 하나님의 칭찬을 구할 뿐이다.

은혜는 자기에게 속한 것이 칭송받는 것을 원치 않고, 오로지 순전한 사랑으로 모든 것을 주시는 하나님이 찬양받길 원한다.

이 은혜는 초자연적인 빛이요, 하나님의 특별한 선물이요, 선택받은 자의 진정한 표시이며, 영원한 구원의 보증수표다. 이는 사람으로 하여금 땅의 것에서 눈을 돌리고 하늘의 것을 사랑하도록 하며, 육신적인 사람을 영적인 사람으로 만들어준다.

그러므로 사람이 본성을 더 많이 정복하면 할수록, 더 큰 은혜가 임하게 되고, 그는 날마다 새로운 은혜를 맛보면서 속사람이 더욱더 하나님의 형상을 닮아가게 된다.

55
본성의 타락과
하나님의 은혜

🌿 **제자의 말**

오 나의 주님, 당신의 형상과 모양대로 나를 창조하신 하나님이여(창 1:26), 당신이 보여주신 대로 구원을 받는 데 필요한 이 은혜를 나에게 허락하소서. 그리하여 죄와 파멸로 이끄는 나의 악한 본성을 극복하게 하소서.

왜냐하면 육신 속에서 죄의 법이 내 마음의 법과 싸우며(롬 7:23), 많은 일에서 나를 정욕의 포로가 되게 하기 때문입니다. 당신의 거룩한 은혜가 마음속에 부어져서 나를 돕지 않는다면, 그 정욕에 도무지 저항할 수 없다는 것을 압니다.

어려서부터 악에 물들기 쉬운(창 8:21) 이 본성을 극복하려면, 주님의 은혜가 꼭 필요하고, 그것도 아주 많이 필요합니다.

최초의 사람인 아담을 통해 본성이 죄로 타락했고, 그 형벌로서 얼룩진 본성이 모든 인류에게 전해 내려왔기 때문에, 주님이 본래 선하고 바르게 창조한 '본성'이 이제는 죄와 타락한 본성의 질병으로 오염되고 말았습니다. 왜냐하면 그런 성향이 그대로 방치되어 악행과 열등한 것들로 향하게 되기 때문입니다.

여전히 남아 있는 작은 능력은 잿더미에 감춰진 하나의 불씨와 같습니다. 이것이 바로 짙은 어둠에 둘러싸인 자연적 이성으로서 아직도 참과 거짓, 선과 악을 구별할 수 있는 능력은 있으나, 자기가 옳다고 인정하는 것을 모두 성취할 능력은 없고, 더이상 진리의 완전한 빛을 즐길 수도 없으며, 건전한 애정을 즐겨 위할 수도 없습니다.

나의 하나님이여, 그러므로 나는 속사람으로는 주의 법을 즐거워하고(롬 7:22), 주의 계명이 선하고 의롭고 거룩하다는 것을 알고, 모든 악과 죄를 피해야 한다고 가르치며 그것을 책망합니다.

그러나 내가 이성보다 정욕을 따르는 동안에 육신으로는 죄의 법을 섬기고 있습니다. 그래서 선을 행하려는 의지는 내게 있으나, 실제로 행하는 법은 모르고 있습니다. 그래서 나는 종종 선한 것을 많이 계획하지만, 연약함을 도울 은혜가 없기 때문에, 가벼운 저항만 받아도 뒤로 물러나고 용기를 잃고 맙니다.

그런즉 나는 완전함에 이르는 길을 알고, 또 어떻게 행해야 하는지를 분명히 알고 있지만, 타락의 무게에 눌린 나머지 그 완전한 것을 향해 도무지 일어날 수가 없습니다.

오 주님, 내가 선한 일을 시작해서 계속 진행하고 결국 완성하려면, 주의 은혜가 얼마나 필요한지 모릅니다. 주의 은혜 없이는 내가 아무것도 할 수 없지만(요 15:5), 그 은혜가 나에게 능력을 주시면 주 안에서 모든 일을 할 수 있기 때문입니다.

하늘에서 내려오는 참된 은혜여! 그 은혜가 없으면 우리의 가장 고귀한 행동도 아무 가치가 없고, 그 어떤 천부적인 재능도 하찮은 것일 뿐입니다.

예술이나 부, 아름다움이나 강함, 뛰어난 재능이나 유창한 말솜씨 등 이 모든 것은 주님의 은혜가 없으면 아무런 가치도 없습니다. 천부적인 재능은 선인과 악인에게 공통적으로 주어지지만, 은혜와 사랑은 선택받은 자에게 주어지는 특별한 은사이기 때문입니다. 그리고 이 특별한 은사를 받은 사람은 영생을 누릴 자격이 있습니다.

은혜는 너무도 고귀하기 때문에, 이것이 없으면 예언의 은사나 기적을 행하는 은사나 그 어떤 (아무리 근사한) 철학이라도 아무런 가치를 지니지 못합니다. 심지어는 믿음이나 소망도 그렇고, 그 어떤 미덕이라도 사랑과 은혜가 없으면 주님께서 받지 않으시기 때문입니다(고전 13:13).

아, 놀라운 은혜여, 당신은 심령이 가난한 자를 미덕이 풍부한 자로 만드시고, 재물이 많은 부자를 겸손한 자로 만드십니다!

주여 나에게 오소서. 정신적인 피로와 메마름 때문에 내 영혼이 쓰러지지 않도록 임하셔서 주의 위로로 만족케 하소서.

오 주님, 내가 주님 앞에서 은혜를 입게 하시길 간구합니다. 비록 본성이 갈망하는 다른 것들은 얻지 못하더라도, 주의 은혜가 나에게 족하기 때문입니다. 내가 비록 많은 환난으로 시험과 괴로움을 당한다 할지라도, 주의 은혜가 함께하는 한 나는 해害를 두려워하지 않을 것입니다(시 23:4).

오직 이 은혜만이 나의 힘이요, 이것만이 권고와 도움을 줍니다. 이 은혜는 모든 원수들보다 더 강하고, 모든 현자들보다 더 지혜롭습니다.

주님의 은혜는 진리의 연인이요, 규율의 스승이요, 마음의 빛이요, 고난 중의 위로요, 슬픔의 추방자요, 두려움을 좇는 자요, 신앙의 보모요, 눈물의 어머니입니다. 은혜가 없으면 나는 한낱 말라빠진 나뭇가지요, 갖다버려야 할 쓸모없는 나무줄기에 불과할 뿐입니다!

그러므로 주여, 주님의 은혜가 늘 나의 앞뒤를 두르게 하시고, 당신의 아들 예수 그리스도를 통하여 내가 계속해서 선한 일에 힘쓰도록 도와주소서, 아멘.

56
자신을 부인하고
십자가를 지신 그리스도를 본받자

🖋 주님의 말씀

내 아들아, 너 자신에게서 벗어나면 날수록, 그만큼 더 내 속으로 들어올 수 있을 것이다. 세상적인 일에 모든 욕심을 비우면 내면의 평화를 얻게 되는 것처럼, 내적으로 우리 자신을 버리면 하나님께 합류하게 된다.

아무런 반박이나 불평 없이 네 자신을 내 뜻에 완전히 넘겨주는 법을 배우기를 바란다. "나는 곧 길이요, 진리요, 생명"(요 14:6)이다. 그런즉 너는 나를 따르라. 길이 없으면 길을 가는 일도 없고, 진리가 없으면 깨닫는 일도 없고, 생명이 없으면 살아가는 일도 없다. 나는 네가 따라야 할 길이요, 네가 믿어야 할 진리요, 네가 소망해야 할 생명이다.

나는 침범할 수 없는 길이요, 오류 없는 진리요, 끝 없는 생명이다. 나는 가장 똑바른 길이요, 가장 높은 진리요, 참되고 창조되지 않은 생명이다. 내 길 안에 거하면, 너는 진리를 알 것이고 진리가 너를 자유롭게 할 것이며, 영원한 생명을 얻게 될 것이다.

생명으로 들어가기를 원한다면, 계명을 지켜라(마 19:17). 진리를 알기 원한다면, 나를 믿으라. 완전해지기를 원한다면, 모든 것을 팔아라(마 19:21). 내 제자가 되기를 원한다면, 네 자신을 부인하라(눅 9:23). 축복받은 인생을 살기 원한다면, 현세에서의 삶을 멸시하라. 하늘에서 높임을 받기 원한다면, 이 세상에서 자신을 낮추어라(요 12:25).

나와 함께 왕 노릇하기를 원한다면, 나와 함께 십자가를 져라(눅 14:27). 오직 십자가의 종들만이 축복된 길과 참된 빛이 비치는 길을 발견할 수 있기 때문이다.

제자의 말

오 주 예수님, 당신이 엄격한 삶, 세상의 멸시받는 삶을 사셨으니, 나 역시 세상의 경멸을 받으며 주님을 본받도록 은혜를 내려 주소서. 종이 그 주인보다 크지 못하고(마 10:24; 눅 6:40), 제자가 그 스승보다 크지 못하기 때문입니다.

주의 종이 당신의 생활방식을 본받게 하소서. 거기에 구원과 거룩함이 있기 때문입니다. 그것 말고는 읽거나 듣는 그 어떤 것도 나를 즐겁게 할 수 없고, 완전한 기쁨을 줄 수 없습니다.

주님의 말씀

내 아들아, 이제 네가 이 모든 것을 알고 또 읽었으니, 그것을 실천하면 너에게 복이 있을 것이다. "나의 계명을 지키는 자라야 나를 사랑하는 자니, 나를 사랑하는 자는 내 아버지께 사랑을 받을 것이요, 나도 그를 사랑하여 그에게 나를 나타내리라"(요 14:21). 그리고 아버지의 나라에서 나와 함께 앉게 할 것이다.

제자의 말

오 주 예수님, 당신이 말씀하시고 약속하신대로 이루어지게 하시고, 은총을 받을 만한 자격이 없는 자가 되지 않게 하소서.

나는 십자가를 받았습니다. 주님의 손으로부터 그것을 받았습니다. 십자가를 지되, 주께서 내게 주신 대로 그것을 죽기까지 지고 갈 것입니다. 선한 신앙인의 삶 자체가 십자가이고, 낙원으로 인도하는 길잡이입니다. 그 발걸음은 이미 시작되었으니 뒤돌아가서는 안 되며, 이미 시작한 일을 그만두는 것도 합당하지 않습니다.

형제들이여, 그러므로 용기를 내어 다함께 앞으로 나아갑시다. 예수님이 우리와 함께하실 것입니다. 예수님을 위해 이 십자가를 짊어졌고, 우리가 십자가 안에서 끝까지 참고 견딜 것입니다. 그분은 우리의 길잡이요 선구자이며, 돕는 자가 될 것입니다. 우리의 왕이 앞서 행군하시고, 우리를 위해 싸우실 것입니다.

모두 용감하게 예수님을 따라가고, 어느 누구도 두려움을 품지 맙시다. 모두 전쟁터에서 용감하게 죽을 각오를 합시다. 십자가에서 도망쳐서 명예를 더럽히는 일은 절대로 하지 맙시다.

57
넘어졌다고 지나치게
낙심하지 말라

주님의 말씀

내 아들아, 역경에 처했을 때의 인내와 겸손이 행복할 때의 위로와 믿음보다 나를 더 기쁘게 한다.

왜 너는 조금만 욕하는 소리를 들어도 그토록 슬퍼하느냐? 그보다 훨씬 많은 욕을 먹어도 흔들려서는 안 된다. 이제는 그것을 그냥 넘어가라. 그런 일은 처음 일어난 것도 아니고, 전혀 새로운 것도 아니며, 네가 오래 산다면 그것이 마지막도 아닐 것이다.

아무런 역경이 닥치지 않는 한, 너는 아주 용감하다. 너는 또한 좋은 충고를 줄 수 있고, 다른 사람들을 말로 격려할 수도 있다. 그런데 갑자기 어떤 환난이 닥치면, 너는 충고도 줄 수 없고 기력도 잃고 만다. 그런즉 사소한 일만 생겨도 자주 경험하는, 그 연약한 모습을 직시하라. 그럼에도 불구하고, 이와 같은 일이 일어나는 것은 모두 네 유익을 위한 것이다.

그런 일은 가능한 한 네 마음에서 지워버려라. 설사 그 일이 네게 영향을 주더라도, 그 때문에 낙심하지 말고 당황하지도 말라.

비록 그것을 기쁘게 받을 수 없더라도, 적어도 인내하면서 견디어라. 비록 네가 그런 소리를 듣고 싶지 않고 그 소리에 분노를 느낀다 해도, 스스로 절제하고 그리스도의 자녀들을 실족케 할 수 있는 말을 입 밖으로 내뱉지 말라. 흥분한 마음은 금방 가라앉을 것이고, 내면의 슬픔은 다시 찾아온 은혜로 누그러질 것이다.

주님께서는 아직도 살아 있고, 너를 도울 준비가 되어 있다(사 41:13)고 말씀하신다. 네가 나를 신뢰하고 간절히 나를 부르면, 이전보다 더 큰 위로를 주겠다.

더욱 인내하고, 지금보다 더 큰 인내심을 발휘할 준비를 단단히 갖추어라. 네가 괴로움을 당하고 있다거나 큰 시험을 받고 있다고 느낄 때가 자주 있더라도, 모든 걸 다 잃은 것은 아니다.

너는 사람일 뿐 하나님이 아니다. 너는 육신일 뿐 천사가 아니다. 하늘에 있던 한 천사도 타락했고, 낙원에 있던 최초의 사람도 타락했는데(창 3장), 어찌하여 너는 언제나 덕스러운 상태를 한결같이 유지할 수 있을 것이라고 생각하느냐?

나는 애통하는 자를 안전한 곳으로 인도하고, 자기의 연약함을 아는 자들을 일으켜서 하나님의 영광에 이르게 하는 자다.

제자의 말

오 주님, 송축을 받으소서. 그 말씀은 내 입에 꿀과 송이 꿀보다 더 달콤합니다(시 119:103).

주님이 그 거룩한 말씀으로 위로하지 않으면, 이토록 큰 환난과 곤경 가운데서 내가 무엇을 하겠습니까? 마침내 구원의 항구에 도착할 수만 있다면, 무슨 고난을 얼마나 당하든지, 그게 무슨 문제가 되겠습니까?

유종의 미를 거두게 하소서. 행복한 발걸음으로 이 세상을 떠나게 하옵소서.

오 나의 하나님이여, 나를 기억해 주시고, 바른 길로 하나님나라에 들어가게 인도하소서, 아멘.

58
하나님의 은밀한 심판을 캐묻지 말라

주님의 말씀

내 아들아, 너는 고차원적인 문제와 하나님의 은밀한 심판에 관해 논쟁하지 않도록 조심하여라. 왜 이 사람은 버림을 받았는데, 저 사람은 큰 은총을 받았는지, 그리고 왜 이 사람은 그토록 많은 괴로움을 당했는데, 저 사람은 그처럼 높임을 받았는지를 놓고 왈가왈부하지 말라.

이런 문제들은 사람의 이해력을 초월하는 것이고, 하나님의 심판을 가늠하는 일도 이성의 능력이나 논의의 범위에서 벗어나는 것이다. 그러므로 원수 마귀가 이런 문제를 네게 암시하거나 호기심 많은 사람들이 그런 문제를 제기하면, 너는 선지자가 말했듯이 "여호와여, 주는 의로우시고, 주의 판단은 옳으니이다"(시 119:137)라고 응답하여라.

다시 말하건대, "여호와의 법도 진실하여"(시 19:9) 다 의롭다. 나의 심판을 두려워하지 말고 토론거리로 삼지도 말라. 그것은 사람의 지성으로는 이해할 수 없는 것이기 때문이다.

이와 똑같은 충고를 너에게 하노니, 성도들의 공덕에 관해서도 캐묻지 말고 논쟁하지도 말라. 즉 그들 가운데 누가 누구보다 더 거룩한지, 혹은 누가 하늘나라에서 가장 위대한지를 놓고 왈가왈부하지 말라.

이런 문제는 종종 싸움과 무익한 말다툼을 불러일으킬 뿐이다 (딤후 2:14). 또한 자만심과 헛된 자랑을 부추기고, 한 사람은 뻐기면서 이 성도를 선호하고 다른 사람은 저 성도를 선호하면서 질투와 분쟁이 일어나게 되는 것이다.

그런 문제를 알고 싶어 하는 것은 헛된 욕심일 뿐이고, 성도들을 기쁘게 하지도 못한다. 왜냐하면 나는 분쟁의 하나님이 아니라 평화의 하나님이기 때문이다. 그리고 평화는 자화자찬이 아니라 참된 겸손에 있기 때문이다.

어떤 이들은 이런 성도들 혹은 저런 성도들에게 크게 끌리는데, 이것은 인간적인 애정일 뿐이지 신적인 애정이 아니다. 내가 이 모든 성도들을 만들었다. 내가 그들에게 은혜를 베풀었고, 또 그들에게 영광을 안겨주었다. 나는 각 사람이 마땅히 받아야 할 것을 알고 있다. 내가 그들에게 선한 축복을 베풀었다.

나의 사랑하는 자들을 나는 창세 전부터 미리 알고 있었다. 그들이 먼저 나를 택한 것이 아니고, 내가 그들을 세상에서 택하여 구별했다 (요 15:16). 나는 은혜로 그들을 불렀고, 자비로 그들을 이끌었고, 그들이 온갖 시험을 통과하도록 안전하게 인도했다. 나는 그들에게 풍성한 위로를 부어주었고, 끈기를 주었으며, 인내의 면류관을 씌어주었다.

나는 첫째와 꼴찌를 모두 알고 있고, 모든 성도를 측량할 수 없는 사랑으로 끌어안는다.

모든 성도들 가운데서 나는 찬양을 받을 것이고, 만물보다 더 높이 송축받을 것이며, 그들 자신이 이전에 쌓은 공로가 없어도 내가 미리 예정했고, 모든 사람들을 통해 영광 받을 것이다. 그러므로 성도들 가운데 가장 작은 자를 멸시하는 사람(약 2:1-5)은 가장 큰 자를 존경하지도 않는 것이다. 이유인즉 내가 작은 자와 큰 자를 모두 만들었기 때문이다(지혜서 6:7).

그리고 성도들 가운데 어느 하나를 비난하는 사람은 나를 비난하고, 또 하늘나라에 있는 다른 모든 성도를 비난하는 것이다. 이들은 모두 사랑의 띠로 하나가 되었고, 똑같은 것을 생각하고 똑같은 것을 원하며, 서로서로 사랑한다.

이보다 더 근사한 사실은, 그들이 그들의 공로보다도 나를 더 사랑한다는 것이다. 그들은 자기애에서 벗어나 나를 온전히 사랑하게 되었고, 그들이 맺은 모든 결실과 함께 내 안에서 안식을 취하기 때문이다.

그들은 영원한 진리로 충만하여 도무지 끌 수 없는 사랑의 불로 타오르고 있기 때문에, 그 무엇도 그들을 멈출 수 없고 억누를 수도 없다. 그러므로 오로지 사적인 즐거움만 찾는 자들이 지위에 대해 아예 논쟁하지 못하도록 금하여라. 그들은 영원한 진리이신 분을 기쁘게 하는 방식으로 생각하기보다 마음대로 상상하여 더하기도 하고 빼기도 한다.

깨달음을 얻지 못한 이들을 비롯하여 많은 사람들은 무지하다. 이들은 누군가를 완전하게 사랑하는 것이 불가능한 사람들이다.

그들은 아직도 본성적인 애정과 인간적인 우정에 따라 이 사람이나 저 사람에게 많이 끌리는 편이고, 이 땅에서 그들이 경험한 것에 따라 하늘의 것도 상상하곤 한다. 그러나 불완전한 사람들이 상상하는 것과 깨달음을 얻는 사람들이 하늘의 계시를 받아서 볼 수 있게 되는 것 사이에는 엄청난 차이가 있다.

그러므로 내 아들아, 쓸데없는 호기심을 품고 네 지식을 뛰어넘는 일들을 다루지 않도록 조심하라(집회서 3:21). 오히려 네가 하나님나라에서 가장 낮은 자리라도 얻기 위하여 힘써 노력하라.

비록 누군가가 누가 다른 성도보다 더 거룩한지, 또는 누가 하늘나라에서 가장 위대한 자로 여겨지는지 안다고 하더라도, 그 지식에 비례하여 겸손해지지 않고, 내 이름을 찬양하지 않는다면, 그런 지혜가 무슨 소용이 있겠느냐?

성도들을 놓고 누가 크고 누가 작은지를 왈가왈부하는 사람보다는, 오히려 자기의 죄악이 얼마나 크고 자기의 미덕이 얼마나 작은지, 그리고 완전한 경지에 얼마나 미치지 못하고 있는지에 관해 생각하는 사람이 하나님을 훨씬 더 기쁘게 한다.

사람들이 스스로 만족하고 그와 같은 헛된 담론을 삼가면, 성도들은 무척 만족해 할 것이다. 그들은 선한 것을 스스로에게 돌리지 않고 모두 나에게 돌리기 때문에, 그들의 공로를 자랑하지 않는다. 그것은 내가 무한한 사랑으로 모든 것을 주었기 때문이다.

그들은 그토록 큰 하나님의 사랑과 넘치는 기쁨으로 충만하기 때문에, 결코 영광과 행복이 부족하지 않고, 또 부족할 수도 없다. 모든 성도는 주어진 영광이 크면 클수록 그만큼 더 겸손해지고, 나에게 더 가까워지며, 더 소중한 사람이 된다.

그래서 이렇게 기록되어 있는 것이다. "〔이십사 장로들이〕 보좌에 앉으신 이 앞에 엎드려 세세토록 살아 계시는 이에게 경배하고 자기의 관을 보좌 앞에"(계 4:10) 드렸다.

많은 사람이 하나님의 나라에서 누가 가장 위대한지를 묻지만, 정작 그들은 거기에서 가장 작은 자들 가운데라도 포함될지 알 수 없다.

하늘에서 가장 작은 자라도 되는 것은 대단한 일이다. 거기에서는 모든 자가 하나님의 아들이라 불릴 것이므로, 모두가 위대하기 때문이다. "작은 자가 천 명을 이루겠고"(사 60:22), "백 세가 못되어 죽는 자는 저주를 받은 자이리라"(사 65:20).

제자들이 하늘나라에서 누가 가장 위대한 자인지를 물었을 때, 그들은 이와 같은 응답을 받았기 때문이다. "너희가 돌이켜 어린 아이들과 같이 되지 아니하면 결단코 천국에 들어가지 못하리라. 그러므로 누구든지 이 어린 아이와 같이 자기를 낮추는 사람이 천국에서 큰 자니라"(마 18:3-4).

어린아이와 같이 기꺼이 자기를 낮추기를 싫어하는 자들에게는 화가 있으리라. 하늘나라의 문은 낮아서 그들은 거기로 들어갈 수 없을 것이기 때문이다(마 7:14).

이 땅에서 위로를 받는 부유한 자들에게도 화가 있으리라. 가난한 자들이 하나님나라에 들어가는 동안에 그들은 밖에 서서 한탄할 것이기 때문이다.

겸손한 자들아, 기뻐하라(마 5:3). 가난한 자들아, 기쁨으로 충만하여라. 너희가 진리를 따라 행하기만 하면, 하나님의 나라가 너희의 것이기 때문이다.

59
모든 소망과 신뢰를
오직 하나님께만 두라

🌿 제자의 말

주님, 내가 이생을 살면서 무엇을 신뢰해야 합니까? 아니, 하늘 아래 있는 것들 가운데 나에게 가장 큰 위로를 주는 것은 무엇입니까? 그것은 곧 나의 주 나의 하나님, 한량없이 자비로운 당신이 아닙니까?

이제까지 주님 없이 내가 잘된 적이 있었습니까? 아니, 주님이 계시는데도 내가 잘못된 적이 있었습니까?

주님 없이 부유하게 되기보다 주님을 위해 가난하게 되는 편을 택하겠습니다. 주님 없이 천국을 소유하기보다 주님과 함께 이 땅에서 순례자가 되는 편을 택하겠습니다. 주님이 계시는 곳에 천국이 있고, 주님이 계시지 않는 곳에는 죽음과 지옥이 있기 때문입니다.

나는 오직 주님만 바라보며, 주님께 탄식하고 애원하고 간절히 기도할 뿐입니다.

요컨대, 나의 하나님이신 주님 말고는 완전히 신뢰할 자도 없고, 어려울 때에 적절하게 나를 도울 자도 없습니다. 주님은 내가 온전히 신뢰할 분이요, 위로자요, 모든 면에서 가장 신실하신 분입니다.

모든 사람은 자기의 이익을 추구합니다(빌 2:21). 그러나 주님만은 나의 구원과 유익을 앞세우시고, 모든 일을 나에게 유익하도록 만드십니다.

비록 주님이 나를 온갖 시험과 역경에 처하게 하시지만, 그 모든 것을 나의 유익을 위해 도모하시니, 주님은 사랑하는 자들을 수많은 방법으로 시험하는 분이기 때문입니다.

하늘의 위로로 가득 채우실 때 못지않게, 이런 상황에서도 주님은 마땅히 사랑과 찬양을 받으실 분입니다.

그러므로 주 하나님은 나의 소망이요 피난처가 되십니다. 주님께 나의 고통과 고뇌를 맡깁니다. 주님 말고는 그 무엇을 보든지 모두가 연약하고 불안정하기 때문입니다.

주님이 몸소 우리를 돕고 강건케 하고 위로하고 가르치고 지켜주지 않으시면, 많은 친구들도 소용 없고, 강한 조력자들도 도움을 주지 못하고, 현명한 상담자들도 유익한 답변을 주지 못하며, 학자의 책들도 위로를 주지 못하고, 어떤 귀한 것도 구원을 주지 못하며, 아무리 한적하고 아름다운 곳이라도 피난처가 될 수 없기 때문입니다.

평화와 행복을 주는 것처럼 보이는 모든 것이, 주님이 없으면 아무것도 아니고, 실은 전혀 행복을 가져다주지 못합니다.

그런즉 주님은 모든 선의 궁극적 목표요, 생명의 절정이요, 표현될 수 있는 모든 것 중의 가장 깊은 심연深淵입니다. 그 모든 것보다 주님께 소망을 두는 것이 종들의 가장 큰 위안입니다. 그러므로 주님을 향하여 내가 눈을 듭니다. 모든 자비의 아버지께 나의 신뢰를 둡니다.

하늘의 복으로 나의 영혼을 축복하시고 성결케 하셔서, 주님의 거룩한 거처가 되고 주님의 영원한 영광의 처소가 되게 하소서. 존엄한 주의 성전에서 장엄하신 주의 눈에 거슬리는 것이 하나도 없게 하소서.

주님의 큰 인자와 풍성한 자비의 눈으로 나를 굽어 살피시고, 주로부터 추방되어 이 그늘진 죽음의 땅에 살고 있는 가련한 종의 기도를 들어주옵소서. 가장 비천한 종의 영혼을 타락한 세상의 수많은 위험 가운데서 보호하고 지켜주시며, 주님의 은혜가 나와 함께하셔서 평화의 길을 따라 영원히 빛나는 본향으로 인도하옵소서.

제 4 장
성찬에 관한 권면

THE
IMITATION
OF
CHRIST

그리스도를 본받아

수고하고 무거운 짐 진 자들아, 다 내게로 오라.
내가 너희를 쉬게 하리라 마 11:28.
내가 줄 떡은 곧 세상의 생명을 위한 내 살이니라 요 6:51.
받아서 먹으라. 이것은 내 몸이니라 마 26:26.
이것은 너희를 위하는 내 몸이니,
이것을 행하여 나를 기념하라 고전 24:24.
내 살을 먹고 내 피를 마시는 자는 내 안에 거하고,
나도 그 안에 거하리라 요 6:56.
내가 너희에게 이른 말은 영이요 생명이라 요 6:63.

1
어떤 경외심을 품고 그리스도를 받아야 할까?

🌿 **제자의 말**

오 영원한 진리이신 그리스도여, 이 말씀들은 모두 한꺼번에 말한 것도 아니고 동일한 장소에서 기록된 것도 아니지만, 엄연히 주님의 말씀입니다. 주님의 진실한 말씀이기 때문에, 나는 감사하는 마음과 신실한 자세로 그것을 받아야 할 것입니다.

주께서 말씀하셨습니다. 그리고 그것은 주께서 나의 구원을 위해 말씀하신 것이므로 나의 말이기도 합니다.

나는 주의 입술로부터 그것을 기쁘게 받아서 마음속에 더욱 깊이 새기기를 원합니다. 이것은 너무도 은혜로운 말씀이요, 향기로움과 사랑이 충만한 말씀이며, 나를 격려해 주는 말씀입니다. 그런데 나의 허물이 용기를 잃게 만들고, 불순한 양심이 위대한 성찬을 받지 못하도록 막고 있습니다.

말씀의 향기는 분명히 나를 격려하고 있지만, 허다한 나의 죄악이 내 발목을 잡고 있습니다.

주님은 나에게, 내가 주님과 관계를 맺고 싶으면, 확신을 가지고 당신께로 나아오라고 명하십니다. 그리고 영원한 생명과 영광을 얻고 싶으면, 그 불멸의 양식을 받으라고 명하십니다.

주님은 또 이렇게 말씀하십니다. "수고하고 무거운 짐 진 자들아, 다 내게로 오라. 내가 너희를 쉬게 하리라"(마 11:28).

나의 주 하나님이여, 당신이 이 가련하고 불쌍한 자를 초대하셔서 거룩한 주님의 몸을 공유하게 하시니, 이 죄인의 귀에 얼마나 아름답고 향기롭게 들리는지 모르겠습니다.

내가 누구이기에 감히 주님 앞에 나아가겠습니까? 보십시오, 하늘의 하늘이라도 주님을 담을 수 없는데, 주님은 "다 내게로 오라"고 말씀하고 계십니다.

이처럼 겸손한 모습을 보여주시고 그토록 사랑스런 초대를 하시는 주님의 뜻은 무엇입니까? 내 속에 선한 것이라곤 하나도 없는데, 어찌 내가 감히 나아가겠습니까?

너무나 자주 주님의 자애로운 얼굴을 욕되게 했는데, 어떻게 주님을 우리 집에 모실 수 있겠습니까? 천사들과 천사장들도 주님을 경외하고, 성도들과 의인들도 주님을 두려워하는데, 어떻게 주님은 "다 내게로 오라"고 말씀하시는 것입니까?

주님이 이 말씀을 하지 않으셨다면, 도대체 누가 그것을 참이라고 믿겠습니까? 그리고 주께서 그것을 명하지 않으셨다면, 누가 감히 주님께 가까이 가려고 했겠습니까?

보십시오, 의인이었던 노아는 소수의 사람들과 함께 구원받기 위해 백 년 동안이나 방주를 짓느라고 수고했습니다(창 6:3). 그런데 어떻게 나는 단 한 시간만에 경외하는 마음을 갖는 것으로 창조주를 맞이할 준비를 할 수 있겠습니까?

주님의 위대한 종이자 특별한 친구였던 모세는 십계명이 새겨진 돌판을 넣기 위해 썩지 않는 나무로 법궤를 만들어 정금으로 쌌습니다(출 25:10-16). 그런데 나처럼 타락한 피조물이 어떻게 율법의 창시자요 생명의 주인을 태연하게 영접할 수 있겠습니까?

이스라엘의 가장 지혜로운 왕이었던 솔로몬은 주의 이름을 찬양하기 위해 칠 년에 걸쳐 웅장한 성전을 지었습니다(왕상 6:38). 그는 또한 성전 낙성식을 팔 일 동안 거행했고, 일천 번제를 드렸으며, 나팔소리와 큰 기쁨과 함께 성전 속 미리 정한 자리에 언약궤를 엄숙하게 모셨습니다(왕상 8장).

그런데 사람들 중에서도 가장 비참하고 가련한 내가 어떻게 주님을 우리 집에 모실 수 있겠습니까? 아니, 참된 경건의 시간을 삼십 분도 못 가지는 나 같은 사람이 어떻게 그럴 수 있겠습니까? 아, 내가 단 한 번이라도 그 삼십 분을 값지고 합당한 방식으로 보낼 수 있다면 얼마나 좋겠습니까!

나의 하나님, 그들은 주님을 기쁘게 하기 위해 얼마나 열심히 노력했는지요. 그런데 내가 하는 일은 얼마나 보잘것없습니까. 성찬을 받기 위해 준비하는 시간이 얼마나 짧은지 모릅니다!

그 일에 전적으로 집중할 때가 드물고, 사실 마음이 늘 산만합니다. 물론 생명을 주시는 하나님의 존전에 있을 때는 온당치 못한 생각이 끼어들어서도 안 되고, 어떤 피조물에 마음 빼앗겨서도 안 됩니다. 왜냐하면 내가 영접하려는 손님은 천사들이 아니라 천사들의 주님이시기 때문입니다.

그러나 성물이 들어 있는 언약궤와 이루 말할 수 없는 덕성을 지닌, 순결한 주님의 몸 사이에는 실로 엄청난 차이가 있습니다. 장차 올 것을 상징했던 율법의 제사들과 옛적의 모든 제사를 완성한, 주의 몸으로 드린 참된 제사 사이에는 큰 차이가 있습니다.

그런데 어찌하여 주의 거룩한 임재를 구하는 내 마음이 열정으로 더욱 뜨거워지지 않는 것입니까? 어찌하여 나는 주의 거룩한 것을 받기를 갈망하는 마음으로 스스로 준비하지 않는 것입니까? 그런데 그 옛날의 거룩한 족장들과 선지자들, 그리고 왕들과 군주들은 온 백성과 함께 주님을 예배하는 일에 뜨거운 헌신의 열정을 보여주지 않았습니까!

신앙심이 깊었던 다윗 왕은 과거에 조상들에게 주어졌던 은혜를 기억하는 가운데 하나님의 법궤 앞에서 온 힘을 다해 춤을 추었습니다(삼하 6:14). 그는 여러 종류의 악기를 만들었고, 많은 시편을 지었으며, 그것을 가지고 기쁘게 노래하도록 했습니다. 또한 종종 그 자신이 성령의 은혜로 감동을 받아 하프에 맞추어 노래를 부르기도 했습니다. 그리고 이스라엘 백성에게 온 마음으로 하나님을 찬양하도록 가르쳤으며, 날마다 화음에 맞추어 목소리를 높여 그분을 송축하고 찬양했습니다.

만일 그런 식으로 깊은 신앙심을 표현하고 언약궤 앞에서 하나님을 찬양하는 일이 계속되었다면, 지금 고귀한 그리스도의 몸을 받는 이 성찬을 거행하는 동안에 모든 그리스도인은 얼마나 큰 경외심과 신앙심을 보여주어야 마땅하겠습니까?

많은 사람은 돌아가신 성자들의 유품을 보기 위해 여러 곳으로 달려가고, 그들의 행적에 감탄을 금치 못하며, 그들을 모신 넓은 성전 건물에 놀라고, 비단과 금으로 싸인 성골^{聖骨}에 입을 맞춥니다.

그런데 보십시오. 그대는 지금 성자 중의 성자요, 만물의 창조주요, 천사들의 주님이신 하나님과 함께 이 제단 앞에 있습니다.

사람들이 그런 유품을 찾아가는 것은 종종 새로운 것을 보고픈 호기심 때문이고, 변화의 열매를 맺지 못한 채 집으로 돌아가곤 합니다. 특히 그들이 참으로 참회하는 마음 없이 가벼운 마음으로 여러 유적지를 돌아다닐 때가 그렇습니다.

그러나 이 성찬의 자리에서는 그대가 나의 하나님, 인간이신 그리스도 예수와 함께하고 있습니다. 여기에서 모든 경건한 신자는 영원한 구원의 풍성한 열매를 받게 될 것입니다.

이곳으로 사람들이 오는 것은 가벼운 마음이나 호기심이나 육신의 정욕 때문이 아니고, 오직 확고한 믿음과 경건한 소망과 진실한 사랑이 있기 때문입니다.

오 하나님, 보이지 않는 세계의 창조주여, 우리를 다루시는 당신의 손길이 얼마나 놀라운지요! 이 성찬을 통해 선택된 자들에게 당신이 하는 모든 일이 얼마나 은혜로운지 모릅니다!

이것은 진실로 모든 지식을 뛰어넘는 것입니다. 이는 경건한 자의 마음을 끌어주고, 그들의 가슴에 사랑의 불을 붙입니다.

삶 전체를 변화시키기로 작정한 신자들조차도 이 성찬을 통하여야만 헌신의 은혜와 미덕에 대한 사랑을 얻기 때문입니다.

그리스도의 신실한 제자들만이 알고 있는, 이 성찬에 숨겨진 놀라운 은혜여, 그러나 믿지 않는 자들과 죄의 노예가 된 자들은 그 은혜를 맛볼 수 없습니다!

이 성찬을 통하여 영적인 은혜가 주어지고, 잃었던 영적인 힘이 회복되고, 죄로 망가졌던 아름다움이 되돌아옵니다.

때로는 이 은혜가 너무도 커서, 그로부터 나오는 충만한 믿음으로 말미암아, 마음뿐 아니라 연약한 몸까지도 큰 힘이 생기는 것을 느끼곤 합니다.

그럼에도 불구하고, 우리가 그토록 냉랭하고 무관심한 것을 보면 참으로 통곡하지 않을 수 없습니다. 구원받을 사람들의 모든 소망과 공로가 그리스도에게 있는데도, 우리가 그분을 뜨거운 사랑으로 영접하지 못하고 있으니 얼마나 슬픈 일입니까!

오직 그리스도만이 우리를 성화시키고 구속하는 분이기 때문입니다. 그분은 여기에 있는 우리뿐 아니라 여행 중에 있는 자들의 위로자가 되시고, 성도들의 영원한 열매가 되십니다.

그럼에도 많은 사람이 온 세계에 기쁨을 안겨주는 구원의 신비에 대해 생각지 않는 것을 보면, 실로 탄식을 금할 수 없습니다.

그것은 이루 말할 수 없는 이 선물을 귀히 여기지 않는 어둡고 딱딱한 마음 때문입니다. 이런 마음은 성찬으로 나아올 때마다 걸림돌이 됩니다.

만일 이 성찬예식을 온 세상의 딱 한 장소에서만 거행하고, 단지 한 성직자만 봉헌할 수 있다면, 사람들은 이 신비로운 예식의 증인이 되려고 그 장소를 향해, 그리고 하나님의 성직자를 향해 얼마나 큰 열정을 품을 것이라 생각합니까?

하지만 지금은 많은 사람이 성직자로 임명되고, 많은 장소에서 그리스도께 예배합니다. 그것은 하나님의 은혜와 사랑이 사람에게 더 크게 보이게 하고, 이 성찬이 더 널리 퍼지게 하기 위한 것입니다.

오 자비로운 예수님, 영원한 목자이시여, 우리와 같이 버림받은 상태에 있는 가련한 자들을 "수고하고 무거운 짐 진 자들아, 다 내게로 오라. 내가 너희를 쉬게 하리라"는 말씀과 함께 이 신비로운 예식에 초대하셔서, 그 고귀한 살과 피로 우리를 먹여주시니 주님께 감사를 드립니다.

2
하나님의 선하심과 사랑이 나타나는 성찬

🍃 제자의 말

오 주님, 당신의 선하심과 큰 자비를 확신하면서 당신께로 가까이 나아갑니다. 마치 병든 자가 치유자에게 가듯이, 굶주리고 목마른 자가 생명의 샘에 가듯이, 불쌍한 자가 하늘의 왕에게 가듯이, 종이 그 주인에게 가듯이, 피조물이 창조주에게 가듯이, 우울한 영혼이 부드러운 위로자에게 가듯이, 주님께 나아갑니다.

그런데 주께서 내게 나아오시다니, 이게 어찌된 일입니까(눅 1:43). 내가 누구이기에, 주께서 자기 자신을 주시는 것입니까? 죄인이 어떻게 감히 주님 앞에 나타나겠습니까? 그리고 어떻게 주님은 친히 죄인에게 오기로 하신 것입니까?

주님은 이 종에게 선한 것이 하나도 없고, 주시는 은총을 받을 만한 자격이 전혀 없다는 것을 알고 계십니다. 그래서 나는 참으로 보잘것없는 존재임을 고백하고, 주의 선하심을 인정하며, 주의 온유하심을 찬양하고, 초월적인 사랑을 인해 주께 감사를 드립니다.

주님은 나의 공로 때문이 아니라 주님 자신을 위해 이 일을 하십니다. 그 목적은 주의 선하심이 나에게 더 잘 알려지고, 주의 사랑이 더 풍성하게 부어지고, 주의 겸손이 더 뚜렷이 나타나게 하기 위한 것입니다.

주의 기쁜 뜻에 따라 이렇게 되도록 명하셨고, 주의 겸비하심을 나도 기뻐하고 있사오니, 나의 허물은 아무 방해거리가 되지 않을 것입니다!

지극히 아름답고 선하신 예수님, 어느 인간도 표현할 수 없는 고귀한 몸을 우리에게 주셨으니, 주님은 마땅히 영원한 찬송과 함께 큰 영광과 감사를 받으실 분입니다.

나는 주님께 합당한 영광을 돌리지 못하면서도 주님을 영접하고픈 심정이 간절한데, 이런 내가 이 성찬예식에서 주님께 나아갈 때에 무슨 생각을 해야 합니까? 주님 앞에서 나 자신을 철저히 낮추고, 주님의 한량없는 선하심을 높이 드는 것보다 더 낫고 더 유익한 생각을 할 수 있겠습니까?

나의 하나님이여, 나는 주님을 찬양하고 영원토록 높이 받들 것입니다. 하지만 나 자신을 멸시하고, 주님 앞에서 내가 얼마나 보잘것없는 존재인지를 깊이 깨닫고 있습니다.

보십시오, 주님은 거룩한 자들 중의 거룩한 자요, 나는 죄인들 중의 쓰레기 같은 인간입니다! 보십시오, 주님을 쳐다볼 자격조차 없는 나를 향해 주님은 몸을 기울이고 계십니다.

보십시오, 주님은 오셔서 나와 함께하기를 원하시고, 주의 잔치에 나를 초대하십니다. 주님은 나에게 기꺼이 하늘의 양식과 천사들의 떡을 주기 원하시는데(시 78:25; 요 6:33), 그것은 다름 아니라 살아 있는 떡이신 주님 자신이요, 하늘로부터 내려와 세상에 생명을 주는 바로 그것입니다.

보십시오, 이 사랑이 어디로부터 나오는지요. 스스로 겸비하신 주님의 은혜가 얼마나 밝게 빛나는지요. 이 모든 은혜를 생각할 때 주님께 얼마나 큰 감사와 찬양을 드려야 하겠습니까!

주님이 성찬식을 제정하셨을 때, 주님의 생각이 얼마나 선하고 훌륭했는지 모릅니다. 주께서 자신을 우리의 양식으로 주셨을 때, 그것이 얼마나 달콤하고 즐거운 잔치였는지 모릅니다!

주께서 말씀으로 만물을 창조하셨고(창 1장; 시 148:5), 주께서 직접 명하심으로 만물이 지음을 받았기 때문입니다.

나의 주 하나님, 참 하나님이요 참 사람이신 당신이 자그마한 떡과 포도주를 통해 자신을 온전히 우리에게 주시고, 그것이 우리의 끝없는 양식이 되었으니, 이는 대단히 흠모할 만한 일이요, 진실로 믿을 만한 것이며, 사람의 지식을 뛰어넘는 것입니다.

만물의 주인이신 주님, 부족함이 전혀 없으신 주님(시 16:2), 당신은 이 성찬을 매개로 우리 안에 거하기를 기뻐하십니다.

주님이 나의 몸과 마음을 흠 없이 지켜주옵소서. 그리하여 내가 깨끗한 양심으로 성찬식에 기쁘게 참여함으로써, 주께서 주의 영광을 위해 그리고 끊임없이 주님을 기념하게 하기 위해 예식에 참여함으로써, 영원한 건강을 얻게 하소서.

내 영혼아 기뻐하라! 하나님께서 눈물의 골짜기에 사는 나에게 그토록 고결한 선물과 위로를 주셨으니 그분께 감사하여라. 여기에 담긴 신비를 기억하고 자주 그리스도의 몸을 받는 만큼, 구속의 은혜를 되새기고 그리스도의 모든 공로를 공유하게 되기 때문이다.

그리스도의 사랑은 결코 줄어드는 법이 없고, 그 속죄의 위대성은 결코 떨어지는 법이 없다. 그러므로 늘 마음을 새롭게 함으로써 이 성찬을 준비해야 하고, 받은 구원의 큰 신비에 대해 깊이 성찰해야 한다.

성찬을 거행하거나 참여할 때, 그것이 너무나 위대하고 새롭고 기쁜 사건으로 보일 것이 틀림없다. 마치 바로 이날 그리스도께서 동정녀의 뱃속으로 내려가시고, 사람이 되시고, 십자가에 달리시고, 바로 이날 인류의 구원을 위해 고난을 받고 죽으신 것처럼 말이다.

3
성찬식에 자주 참여하는 것이 유익하다

제자의 말

보십시오 주님, 내가 당신께로 나옵니다. 내가 주님의 선물을 통해 위로를 받고, 선하신 주께서 가난한 자를 위해 준비하신 그 거룩한 잔치에서 기쁨을 얻으려고 나아옵니다(시 68:10).

보십시오, 내가 원할 만한 것이나 원해야 마땅한 것은 모두 주님 안에 있습니다. 주님은 나의 구원이요 나의 구속이며, 나의 소망이요 나의 힘이며, 나의 명예요 나의 영광입니다.

그러므로 이날 종의 영혼을 기쁘게 하소서(시 86:4). 주 예수님, 당신을 향해 내 영혼을 높이 들었사오니 그렇게 해주옵소서.

나는 지금 믿음으로, 또 경외하는 심정으로 주님을 받고 싶습니다. 주님을 우리 집에 모시기를 원하고, 삭개오와 같이 주님의 축복을 받고 아브라함의 자손 중에 포함되기를 간절히 바랍니다. 내 영혼은 주님의 몸을 받기를 갈망하고, 내 마음은 주님과 하나가 되기를 소원합니다.

주님을 나에게 주소서, 그리하면 만족할 것입니다. 주님이 없으면 어떤 위로도 소용이 없기 때문입니다.

주님이 없으면 나는 존재할 수 없고, 주님의 찾아오지 않으면 살아갈 힘도 없습니다. 그렇기 때문에 자주 주님에게 가까이 나아가야 하고, 내 영혼의 평안을 위해 주님을 받을 필요가 있는 것입니다. 하늘 양식을 빼앗기면 길을 가다가 쓰러질 수도 있을 것입니다.

지극히 자비로운 예수님, 그래서 주님은 언젠가 사람들에게 복음을 전하시며 여러 질병을 고치실 때 이렇게 말씀하신 것입니다. "[저희가] 길에서 기진할까 하여 굶겨 보내지 못하겠노라"(마 15:32).

주님은 믿는 자들을 위로하려고 자신을 성찬에 남겨두기로 하셨으니, 지금 나도 그런 마음으로 다루어주소서. 주님은 영혼을 소생케 하는 양식이기 때문입니다. 주님을 합당하게 먹는 자는 영원한 영광에 참여하는 자요 상속자가 될 것입니다.

나처럼 자주 잘못과 죄에 빠지고 금방 둔해지고 기력을 잃는 사람은 자주 기도하고, 죄를 고백하고, 주의 거룩한 몸을 받음으로써 새롭게 되고, 깨끗해지고, 뜨거워지는 일이 필요합니다. 만일 오랫동안 그것을 삼가면, 나의 거룩한 목적을 저버릴까 두렵습니다.

사람의 생각은 어릴 때부터 악하기 때문에(창 8:21), 하나님의 치료약의 도움을 받지 못하면, 금방 더 나쁜 상태에 빠지고 말 것입니다. 그러므로 성찬은 악을 멀리하게 하고, 선을 행하도록

힘을 줍니다.

그런데 내가 성찬에 참여할 때 지금처럼 태만하고 냉담하다면, 그리고 이 치료약을 받지 않고 그처럼 큰 도움을 구하지 않는다면, 과연 어떻게 되겠습니까?

나는 비록 날마다 성찬에 참여할 준비가 되어 있지 않지만, 그럼에도 때가 되면 신비로운 성체를 받고 그 큰 은혜에 참여하기 위해 열심히 노력할 것입니다.

신실한 영혼들이 죽을 몸을 가지고 주님으로부터 떨어져 있는 동안에는, 성찬이 그들에게 큰 위로가 되기 때문입니다. 즉 그들은 하나님을 자주 생각하게 되며, 경건한 마음으로 사랑하는 주님을 받기 때문입니다.

주님의 온유한 자비가 우리에게 내려오다니 얼마나 놀라운 일입니까. 주 하나님께서 가난한 영혼에게 오시기로 하고, 주님의 신성과 인성으로 굶주린 자를 배불리 먹이시니 얼마나 놀라운 일입니까!

경건한 사랑으로 주 하나님을 받고, 그로 말미암아 영적인 기쁨이 충만해지는 특권을 가진 사람은 얼마나 행복한 마음과 축복된 영혼을 소유한 것입니까!

그들이 대접하는 분은 얼마나 위대한 주님이십니까. 그들이 맞이하는 분은 얼마나 사랑받는 손님입니까. 그들이 영접하는 분은 얼마나 즐거운 동반자입니까. 그들이 환영하는 분은 얼마나 믿음직한 친구입니까. 그들이 포옹하는 분은 얼마나 사랑스럽고 고귀한 동반자입니까. 그들은 실로 사랑받는 그 어떤 사람보다 더 사랑받아야 할 분, 갖고 싶은 그 무엇보다 더 갖고 싶어해야 할 분을 모시는 것입니다.

아, 아름답고 귀하신 주님이여, 하늘과 땅과 그 안에 있는 모든 아름다운 것들이 주님 앞에서 잠잠해지게 하소서. 그것들이 온갖 칭송을 받을 만한 아름다운 모습을 가지고 있다고 해도, 그것은 주님이 낮아지신 덕분에 받은 것이고, 헤아릴 수 없는 지혜를 가진 주님의 (시 147:5) 이름에 담긴 그 은혜와 아름다움에는 도무지 비길 수 없기 때문입니다.

4
경건하게 성찬에 임하는 사람에게 주어지는 은혜

🌱 제자의 말

나의 주 나의 하나님, 주의 종에게 아름다운 복을 주셔서(시 21:3) 합당하고 경건한 자세로 영광스러운 성찬에 나아가게 하소서.

마음을 일깨워 주님께 향하게 하시고, 우둔한 상태에서 벗어나게 하소서. 주의 구원과 함께 나를 찾아오셔서(시 106:4), 샘과 같은 이 성찬에 풍성하게 감춰져 있는 주의 감미로움을 나의 영으로 맛보게 하소서.

아울러 내 눈을 열어 위대한 신비를 보게 하시고, 나로 하여금 그것을 의심치 않고 믿음으로 더욱 강건해지게 하소서. 성찬은 주님의 사역이고, 인간의 능력으로 되는 일이 아니며, 주님이 제정한 거룩한 제도이지 사람이 만들 것이 아니기 때문입니다.

이러한 일들은 천사들의 정교한 솜씨조차 뛰어넘는 것인 만큼, 어떤 사람이라도 스스로 이해하고 깨달을 수 없기 때문입니다. 그렇다면 티끌과 재에 불과한 이 쓸모없는 죄인이 그토록 거룩한 신비를 얼마만큼이나 탐구하고 이해할 수 있겠습니까?

주님, 소박한 마음과 확고한 믿음을 갖고, 당신의 명령에 따라 소망과 경외심을 품은 채 주님께 가까이 나아갑니다. 하나님이자 사람이신 주님이 이 성찬에 실제로 임재하고 계심을 나는 진실로 믿습니다.

주님의 뜻은 내가 주님을 받고, 사랑 안에서 주님과 하나가 되는 것입니다. 그래서 주님의 자비를 간구하고 특별한 은혜를 갈망하오니, 그것은 내가 사랑으로 녹아서 주님께로 흘러들어가고, 이후로는 세상적 위로가 들어오는 것을 용납하지 않기 위한 것입니다.

고결하고 고귀한 성찬이야말로 영혼과 몸을 강건케 하고, 모든 영적 침체에 대한 치료약이기 때문입니다. 성찬에 의해 나의 악덕이 치료되고, 나의 정욕이 절제되고, 나의 시험은 극복되고 (아니 적어도 약화됩니다) 또한 더 큰 은혜가 스며들고, 미덕이 더욱 쌓이고, 믿음이 확고해지고, 소망이 강해지고, 사랑이 불타오르고 널리 퍼지게 됩니다.

나의 하나님, 내 영혼을 보호하시는 분, 연약한 인간을 강건케 하시는 분, 내적인 위로를 주시는 분이여, 주님은 성찬을 통하여 경건하게 거기 참여하는 사람들에게 많은 은혜를 내려주셨고, 지금도 내려주고 계십니다.

주님은 많은 환난을 당하는 사람들에게 큰 위로를 주십니다. 그들을 버림받은 상태에서 끌어올리시고 보호의 손길에서 소망을 갖게 하십니다. 아울러 새로운 은혜로 그들의 내면을 새롭게 하고 밝게 비추어서, 성찬 이전에는 온갖 염려와 냉혹함에 시달리던 마음을 하늘 양식과 음료로 새롭게 회복시켜 더 나은 상태로 만드십니다.

주님께서 선택된 사람들을 이런 식으로 다루시는 것은 그들이 얼마나 연약한 존재인지를 명백히 깨닫게 하고, 또한 주님이 얼마나 큰 자비와 은혜를 주시는지 인식하게 하기 위한 것입니다.

그들은 본래 차갑고 무감각하고 불경건한 상태였지만, 주님에 의해 뜨겁고 쾌활하고 경건한 사람들이 되었습니다.

아니, 달콤한 샘에 겸손히 나아온 사람들 가운데서 돌아갈 때 약간의 달콤함도 가져가지 않는 사람이 있을 수 있겠습니까? 활활 타오르는 불가에 서 있는 사람들 가운데서 열기를 받지 않는 사람이 있겠습니까?

주님은 언제나 차고 넘치는 샘이요, 끊임없이 타오르는 결코 꺼지지 않는 불입니다(사 12:3; 레 6:13).

그러므로 설사 내가 그 차고 넘치는 샘물을 잔뜩 마시는 것이 허락되지 않는다 할지라도, 나는 하늘 수도꼭지에 입술이라도 갖다 댈 것입니다. 그리하여 다만 몇 방울이라도 받아 마셔서 갈증을 채우고 완전히 말라버리는 것을 막을 것입니다.

비록 나는 아직 완전히 천상의 존재가 될 수는 없고, 그룹과 스랍처럼 뜨거운 불길에 휩싸일 수는 없지만, 겸손히 성체를 받음으로써 조그만 불꽃이라도 얻을 수 있다면, 경건한 삶에 몰두하고 내 마음을 준비하려고 애쓸 것입니다.

오 자비로운 예수님, 지극히 거룩한 구원자여, 나에게 어떤 부족한 점이 있다 하더라도 "수고하고 무거운 짐 진 자들아, 다 내게로 오라. 내가 너희를 쉬게 하리라"(마 11:28)는 말씀으로 우리를 초대하신 주님은 필요한 것을 풍성하게 공급해 주시는 은혜로운 분입니다.

나는 정말로 이마에 땀이 흐르도록 수고하고(창 3:19), 마음의 슬픔으로 괴로워하며, 죄악의 무거운 짐을 지고, 여러 시험을 당하고 악한 정욕에 사로잡혀 시달리고 있습니다. 그런데 주 하나님이여, 나의 구원자인 당신 외에는 나를 도울 자, 나를 구원할 자가 없습니다. 그래서 나 자신과 나의 모든 것을 주님께 의탁하오니, 주께서 나를 보호하시고 영원한 삶으로 안전하게 인도해 주소서.

주께서 몸과 피를 나의 양식과 음료로 준비해 주셨으니, 주의 이름의 명예와 영광을 위해 나를 받으소서.

주 하나님, 나의 구원자여, 주의 성찬에 자주 참여함으로 내 신앙의 열정이 더욱 뜨거워지도록 허락해 주소서.

5
성찬의 존엄성과 성직자의 역할

🌱 주님의 말씀

천사 같이 순결하고(마 18:10) 세례 요한처럼 거룩하지 않으면, 너는 이 성찬을 받거나 성찬식을 거행할 만한 자격이 없다. 왜냐하면 그리스도의 성찬을 거룩하게 구별하고 천사의 떡을 양식으로 받는 일은(시 78:25) 사람의 공로로 주어지는 것이 아니기 때문이다.

이는 참으로 크나큰 신비다. 천사들에게도 허락되지 않은 것을 성직자들이 부여받았으니, 그들의 권위도 참으로 큰 것이다. 오로지 교회에서 정식으로 안수를 받은 성직자만이 이 성찬을 거행하고 그리스도의 몸을 성별할 수 있는 권한이 있기 때문이다.

성직자는 하나님의 명령과 임명에 따라 하나님의 말씀을 다루는 하나님의 사역자다. 하지만 본래 만물을 만드신 창조주Author이시며 눈에 보이지 않는 일꾼Worker이신 하나님이 거기에 계시는데, 이는 만물이 그분의 뜻대로 그분에게 종속되고 모든 것이 그분의 명령대로 순종하기 때문이다(창 1장; 시 49:7; 롬 9:20).

그러므로 너는 지극히 존엄한 성찬에서 네 생각이나 눈에 보이는 징표보다도 전능하신 하나님을 더욱 믿어야 한다.

그러므로 너는 두렵고 경외하는 마음으로 성찬에 참여하여라. 네 자신을 잘 살피고(딤전 4:16), 네게 맡겨진 사역이 무엇인지를 곰곰이 생각해보라.

보라, 너는 성직자로 임명되어 주님의 성찬을 거행하도록 성별되었다. 그러므로 이제 신실하고 경건한 마음으로, 그리고 적절한 때에 하나님께 제물을 바치고, 비난받을 만한 일이 없도록 품행을 단정히 하여라. 이로써 네 짐이 가벼워진 것이 아니라, 오히려 더 엄격한 규율에 매이게 되었고, 더 완전한 성화의 수준에 도달할 의무를 부여받았다.

성직자는 스스로를 모든 덕행으로 치장하고, 남들에게 선한 삶의 모범을 보여주어야 한다. 성직자의 생활방식은(빌 3:20) 일반적이고 대중적인 수준에 머물러서는 안 되고, 하늘의 천사들이나 땅의 완전한 사람들과 같은 수준이어야 한다.

신성한 옷을 입은 성직자는 그리스도의 대리인으로서, 자기 자신과 온 백성을 위하여 간절하고 겸손한 자세로 하나님께 간구해야 한다(히 5:3). 또한 마침내 은혜와 자비를 얻기까지는 기도하는 일과 성체를 봉헌하는 일을 그쳐서는 안 된다.

성직자가 성찬을 거행할 때에는 하나님을 영화롭게 하고, 천사들을 기쁘게 하고, 교회에 덕을 세우고, 살아 있는 자들을 돕고, 세상을 떠난 자들을 기념하고, 모든 선한 일에 참여하는 자가 되는 것이다.

6
성찬 이전의 영적 준비과정

🍃 제자의 말

주의 존귀하심과 나의 비천함을 생각해보면, 내 마음이 심히 떨리고 당혹스러울 뿐입니다.

당신께로 나오지 않으면, 나는 생명으로부터 도망치는 셈이고, 마음 없이 억지로 주님 앞에 서면, 당신을 불쾌하게 만들 것이기 때문입니다. 나의 하나님, 그러면 내가 어떻게 해야 합니까. 내가 곤경에 처했을 때 당신은 나를 도우시고 권고하시는 분이 아닙니까?

나에게 바른 길을 가르쳐주시고, 성찬에 걸맞은 훈련을 알려주십시오. 왜냐하면 주님의 성찬을 잘 받는 일이나 크고 신성한 제사를 드리는 일을 위하여 경외하는 자세와 경건한 태도로 마음을 준비하는 법을 아는 것이 나에게 유익하기 때문입니다.

7
양심을 살피고
삶의 변화를 추구하라

주님의 말씀

성찬을 거행하고 또 받기 위해 나오는 하나님의 성직자는 무엇보다도 겸손한 마음과 경건한 기도, 온전한 믿음과 하나님의 영광을 바라는 심정으로 나와야 한다.

네 양심을 부지런히 살피고, 네 능력을 다하여 참된 회개와 겸손한 고백으로 양심을 씻으라. 그리하여 은혜의 보좌 앞에 나아가는 데 짐스러운 것이 없게 하고, 양심의 가책도 느끼지 않게 하라.

네가 지은 전반적인 죄악을 생각하며 슬퍼하고, 특히 날마다 짓는 죄를 몹시 슬퍼하고 탄식하여라. 시간이 있으면, 은밀한 곳에서 무질서한 정념이 짓는 모든 악을 하나님께 자백하여라.

네가 아직도 매우 육신적이고 세상적이며, 여전히 정욕이 죽지 않았고, 현세의 욕망으로 가득 차 있다는 것을 슬퍼하고 탄식하여라. 또한 외부적 감각을 경계하지 않고 온갖 헛된 생각에 자주 사로잡히는 것을 탄식하여라.

외적인 일에 치우쳐 내면을 소홀히 하는 것을 탄식하여라. 웃음거리와 음란한 것은 좋아하지만, 눈물을 흘리고 양심의 가책을 느끼기는 싫어하는 것을 탄식하여라.

육신의 편안함과 쾌락은 재빨리 추구하지만, 엄격하게 살고 열정을 품는 일에는 둔감하다는 것을 탄식하여라.

새로운 소식을 듣고 멋있는 광경을 보는 것은 좋아하지만, 비천하고 낮은 것을 끌어안는 일에는 느리다는 것을 탄식하여라.

많이 갖고 싶은 욕심은 있으나, 베푸는 일에는 인색하고, 자기의 소유를 악착같이 지키는 것을 탄식하여라.

무분별하게 말하고 침묵을 지키지 못하는 것을 탄식하여라.

침착하게 행하지 못하고 성급하게 행동하는 것을 탄식하여라.

음식을 절제하지 못하고, 하나님의 말씀을 귀담아 듣지 않는 것을 탄식하여라.

쉬는 것은 서두르고 일하는 데는 느린 것을 탄식하여라.

잡담을 나눌 때는 정신을 차리지만, 거룩한 예배를 드릴 때는 졸고 있는 것을 탄식하여라.

거룩한 예배를 마치는 것은 서두르지만, 정작 일할 때는 정신이 산만하고 부주의한 것을 탄식하여라.

기도를 소홀히 하고, 열정 없는 자세로 성찬을 거행하고, 성찬을 받을 때 메마르고 열의 없음을 탄식하여라.

너무나 쉽게 정신이 산만해지고, 정신을 온전히 집중하는 경우가 드문 것을 탄식하여라.

갑자기 화를 내고 서로의 마음을 상하게 하는 것을 탄식하여라.

남을 잘 판단하고 가혹하게 책망하는 것을 탄식하여라.

일이 잘될 때에는 기뻐하고, 역경이 닥치면 연약해지는 것을 탄식하여라.

많은 결심을 하지만 그 결과는 보잘것없다는 것을 탄식하여라.

이를 비롯한 여러 결점들을 고백하고 슬프게 탄식하며, 네 약점을 불만스럽게 여기고, 언제나 네 삶을 개선하겠다고, 또 더 거룩한 생활을 하기 위해 노력하겠다고 굳은 결심을 다져라.

그런 뒤에 자신을 완전히 포기하고 온 뜻을 다하여, 내 이름을 영화롭게 할 목적으로, 네 몸과 영혼을 나에게 맡김으로써 네 자신을 네 마음의 제단에 번제로 바쳐라. 그리하면 가까이 나아가서 하나님 앞에 이 제물을 드리고 내 몸의 성체를 받기에 합당한 존재로 여김 받을 수 있을 것이다.

왜냐하면 그리스도의 몸과 피를 나누는 성찬에서 자기 자신을 순전하고 온전하게 하나님께 드리는 일보다 죄를 씻기에 더 합당한 봉헌은 없고, 그보다 더 큰 봉헌도 없기 때문이다.

사람이 자기에게 주어진 일을 행하고, 진정 회개하는 마음으로 용서와 은혜를 받기 위해 주님께로 나아오면 주님은 "나의 삶을 두고 맹세하노니, 나는 악인이 죽는 것을 기뻐하지 아니하고, 악인이 그 길에서 돌이켜 떠나 사는 것을 기뻐하노라. 그 범죄한 것이 하나도 기억함이 되지 아니하리니, 모든 죄가 다 그를 위하여 도말될 것이다"(겔 18:22-23)라고 말씀하신다.

8
그리스도의 희생과 자신을 포기하는 일

🌿 주님의 말씀

나는 네 죄를 위하여 하나님 아버지께 내 자신을 드렸고(사 53:5; 히 9:28), 십자가 위에서 팔을 벌렸으며, 발가벗긴 채로 매달렸다. 그리하여 나에게 속한 것 가운데 하나님의 분노를 풀기 위해 제물로 바쳐지지 않은 것이 하나도 없었다.

이와 마찬가지로 너도 매일의 성찬에서, 온 힘과 사랑을 다해, 그리고 내적인 능력을 다해, 네 자신을 순전하고 거룩한 제물로 기꺼이 나에게 바쳐야 한다.

네 자신을 완전히 나에게 내어주는 일 말고는 더 요구할 것이 없다. 나는 네 선물이 아니라 너를 원하기 때문에, 네가 너 자신 이외에 무엇을 주든지 그것은 내가 보기에 아무런 가치가 없는 것이다(잠 23:26).

너 역시 나 이외에 모든 것을 소유하더라도 만족할 수 없는 것처럼, 네 자신을 드리지 않으면 무엇을 내놓든지 나도 기뻐할 수 없을 것이다.

너를 나에게 바치고, 하나님을 위해 네 자신을 완전히 내어주어라. 그리하면 그분이 네 제물을 기쁘게 받으실 것이다.

보라, 너를 위해 아버지에게 나 자신을 완전히 바쳤고, 온몸과 피를 네 양식이 되도록 내어주었다. 그것은 내가 완전히 너의 것이 되고, 네가 끝까지 나의 것이 되도록 하기 위한 것이었다.

그러나 네가 너 자신에게만 머물러 있고 너 자신을 아낌없이 바치지 않으면, 네 제물은 완전하지 않을뿐더러 우리 사이에 완전한 합일도 있을 수 없을 것이다. 그러므로 자유와 은혜를 얻고 싶으면, 모든 행동에 앞서 네 자신을 하나님 손에 아낌없이 바치는 일을 해야 할 것이다.

많은 사람은 자기 부인을 싫어하기 때문에, 극소수의 사람만이 내면의 자유를 얻고 깨달음에 이르는 것이다.

"누구든지 자기의 모든 소유를 버리지 아니하면, 능히 내 제자가 되지 못하리라"(눅 14:33). 그러므로 제자가 되기를 원한다면, 네 사랑을 다해 너 자신을 나에게 바쳐라.

9
자신을 하나님께 바치고
모두를 위해 기도하자

🌱 **제자의 말**

오 주님, 하늘과 땅에 있는 모든 것이 다 주의 것입니다(시 24:1). 나 자신을 제물로 드려서 영원히 주의 것이 되기를 원합니다. 이 날 영원히 주의 종이 되기 위하여, 일편단심으로 나 자신을 영원한 찬송의 제물로 바칩니다.

거룩한 제물로 바친 주님의 귀한 몸과 더불어 나를 받아주소서. 오늘 눈에 보이지 않는 천사들이 참석한 가운데 당신께 나를 드리오니, 이것이 나의 유익이 되고 주의 모든 백성에게 유익이 되기를 바랍니다.

오 주님, 내가 주님 앞에서, 그리고 주의 거룩한 천사들 앞에서 지은 모든 죄악과 과오, 곧 내가 처음 죄를 지은 날부터 이 시간에 이르기까지 범한 모든 죄를 속죄의 제단 위에 올려놓습니다. 제발 그것들을 주의 사랑의 불로 모두 삼켜서 태워주시고, 내 모든 죄의 얼룩을 씻어주시고, 내 양심을 정결케 하시고, 죄로 잃은 은혜를 다시 회복시켜 주시고, 나의 모든 범죄를 용서해주시고, 평화의 입맞춤으로 나를 자비롭게 받아주소서.

내 죄를 겸손히 자백하고 애통하는 것과 항상 주의 은총과 속죄를 간구하는 것(시 32:5) 말고 내가 무엇을 할 수 있겠습니까?

주님께 간구하오니, 하나님 앞에 섰을 때 자비를 베푸셔서 나의 기도를 들어주소서.

내 모든 죄악을 생각할 때 마음이 몹시 상합니다. 다시는 그런 죄를 짓지 않겠습니다. 그로 인해 나는 슬퍼하며, 살아 있는 동안 계속 슬퍼할 것입니다. 내 모든 죄악을 회개하며 힘을 다하여 그것을 보상하기로 결심했습니다.

오 하나님, 나를 용서하소서. 주의 거룩한 이름을 위하여 죄악을 용서해주시고, 주의 고귀한 피로 구속하신 영혼을 구원해 주소서.

보십시오. 나를 주의 자비에 의탁하며, 나를 주의 손에 맡깁니다. 나의 악함과 허물에 따라 나를 대하지 마시고, 주의 선하심에 따라 나를 다루소서.

또한 비록 아주 작고 불완전하지만, 내 속에 있는 선한 것을 모두 주님께 바치오니, 주께서 그것을 고치시고 거룩하게 하시며 주님이 받으실 만한 것으로 만들어주소서. 그리고 언제나 그것을 더욱더 온전하게 만들어주소서. 아울러 나 같이 게으르고 무익한 피조물이 유종의 미를 거두도록 축복해 주소서.

또한 경건한 사람들의 모든 믿음의 소원과, 부모와 친구와 형제와 자매, 그리고 나에게 소중한 모든 사람들, 곧 주의 사랑으로 말미암아 나에게나 다른 사람들에게 선을 베푼 사람들의 필요를 주님께 올려드립니다.

또한 아직도 살아 있든지 이생을 떠났든지, 자기와 자기에게 속한 자들을 위해 기도해달라고 나에게 간절히 부탁한 모든 사람을 주님께 의탁합니다.

이 모든 사람이 주의 도움의 손길, 위로의 능력, 위험으로부터의 보호, 고통에서의 해방을 얻게 하소서. 그리하여 그 모든 악으로부터 해방되어 주님께 풍성한 감사를 돌리게 하소서.

특히 어떤 것이든 나에게 해를 끼쳤거나, 나를 슬프게 했거나, 비방했거나, 상처를 준 사람들을 위해 주님께 중보의 기도를 올립니다.

아울러 내가 언제든지, 알게 모르게, 말이나 행동으로, 괴로움과 고통과 슬픔과 모욕을 안겨준 사람들을 위해서도 기도합니다. 우리가 서로서로 지은 죄악과 잘못을 모두 용서해 주소서.

우리의 마음으로부터 모든 의심과 분노와 노여움과 다툼을 없애주시고, 사랑을 해치고 형제 사랑을 좀먹는 모든 것을 제거해 주소서.

주의 자비를 간구하는 자들에게는 자비를, 은혜가 필요한 자들에게는 은혜를 주시고, 우리를 주의 은혜를 누리고 영원한 삶으로 나아가기에 합당한 자들로 만들어주소서, 아멘.

10
성찬을 가벼이 여기지 말라

✎ 주님의 말씀

너는 은혜와 자비의 원천, 모든 선과 순결의 원천으로 자주 돌아가야 한다. 그리하여 네 죄악과 정욕이 치유되고, 사탄의 모든 시험과 속임수를 더욱 경계하고, 더 강해져야 한다.

그 원수는 성찬을 통해 얼마나 큰 유익과 회복의 은총이 오는지를 알기 때문에, 기회가 있을 때마다 모든 수단을 동원하여 신실하고 경건한 사람들이 성찬에 참여하지 못하도록 방해한다.

그래서 성찬을 위해 몸과 마음을 준비하던 사람들 가운데 일부는 이전보다 더 악한 사탄의 현혹에 시달리게 된다.

그 악한 영이 직접 하나님의 아들들 가운데 찾아와서(욥 1:6), 상습적인 악의에 따라 그들을 괴롭히거나 두려움과 혼동에 빠뜨리기도 한다. 그리하여 그들의 애정을 약화시키거나, 직접적인 공격으로 그들의 믿음을 앗아감으로써, 가능하면 성찬에 참여하지 못하게 하거나 열정을 사라지게 만든다.

그러나 너무나 추잡하고 가증스러운 사탄의 교활하고 그럴듯한 농간에 주의를 기울여서는 안 되고, 모든 헛된 환상이 그의 머리로 돌아가게 해야 한다. 너는 비열한 존재를 멸시하고 조롱

해야 하며, 그의 공격이나 그가 너에게 일으키는 문제들 때문에 성찬을 중지해서는 안 된다.

때로는 어느 수준의 신앙에 오르고 싶은 지나친 갈망과 죄의 고백에 대한 일종의 염려가 너를 방해하기도 한다. 이런 염려와 지나친 우려는 하나님의 은혜를 방해하고 경건한 심령을 혼란하게 만들기 때문에, 지혜로운 자의 충고를 따르고(잠 13장) 그 모든 것을 떨쳐버려라.

사소한 문제와 어려움이 생길 때마다 성찬을 빠뜨려서는 안 되고, 오히려 단번에 네 죄악을 고백하고 남들이 네게 무슨 잘못을 저질렀든지 기꺼이 그들을 용서하여라. 네가 누구에게 잘못을 저질렀으면, 겸손하게 용서를 구하여라. 그리하면 하나님이 기꺼이 너를 용서해 주실 것이다(마 6:14).

죄를 고백하는 일을 오래 미루거나 성찬을 연기한다고 해서 무슨 유익이 있겠느냐? 가능하면 빨리 네 자신을 정결케 하고, 빠른 속도로 독을 뱉어내고, 서둘러 이 최고의 치료약을 복용하라. 이렇게 하는 것이 그 일을 미루는 것보다 낫다는 것을 알게 될 것이다.

오늘 어떤 이유로 성찬에 참여하지 않으면, 내일은 그보다 더 큰 일이 일어날 수도 있다. 그렇게 되면 오랫동안 성찬에 참여하지 못하게 되어 갈수록 더 합당치 못한 상태로 전락할 것이다.

가능한 한 빨리 네가 짊어지고 있는 무거운 짐과 게으름을 툴 툴 털어버려라. 왜냐하면 오랫동안 불안한 상태가 지속되거나 양심의 가책을 안고 있다는 이유로 경건생활을 하지 않는 것은 아무런 유익이 없기 때문이다.

그렇다, 오랫동안 성찬을 연기하는 것은 흔히 영적으로 심한 졸음을 몰고 오기 때문에 아주 해로운 일이다. 유감스럽게도, 훈련되지 않은 사람들은 죄를 고백하는 일을 기꺼이 연기하고, 성찬을 뒤로 미루곤 한다. 그리하여 스스로 감독하는 일을 소홀히 하지 않을까 우려된다.

너무도 쉽게 성찬을 미루는 사람들! 아, 그들의 사랑은 얼마나 빈약하고 초라한지, 그들의 믿음은 얼마나 연약한지!

반면 자기의 삶을 잘 정돈하고 양심을 깨끗하게 지키는 사람, 그래서 그것이 그의 권한에 속한 것이고 할 수만 있다면 매일이라도 성찬에 참여할 준비가 되어 있는 사람은 얼마나 행복하고, 또 얼마나 하나님의 마음에 드는 사람인지 모른다!

어떤 사람이 겸손하여서, 혹은 합법적인 이유가 있어서 때때로 성찬을 사양한다면, 그가 경외심을 보이는 한 칭찬을 받아야 마땅하다. 반면에 만일 영적 졸음이 그를 덮쳤다면, 그는 스스로 깨어나서 자기가 할 수 있는 일을 해야 할 것이다. 그리하면 하나님이 그가 품은 선한 뜻을 귀하게 여겨 그를 도와주실 것이다.

그러나 어떤 합법적인 방해거리가 생기더라도, 그가 항상 선한 뜻을 품고 성찬에 참여하고픈 경건한 의도를 가지고 있으면,

그는 성찬의 열매를 잃지 않을 것이다.

모든 경건한 사람은 날마다, 그리고 매 시간마다, 아무런 방해거리 없이, 신령한 성찬을 통하여 그리스도께 가까이 나아갈 수 있기 때문이다.

하지만 이런 사람들도 특정한 날, 규정된 시간의 성례전을 통해 자애로운 경외심과 함께 구원자의 몸을 받아야 하고, 자기의 편안함보다는 하나님의 영광과 명예를 먼저 구해야 한다(고전 11장).

경건한 자세로 성육신의 신비와 그리스도의 수난을 상기하고, 그분에 대한 사랑으로 마음이 불타오를 때마다, 그는 신비로운 성찬에 참여하게 되고 보이지 않게 새로워지는 것이다.

평소에는 준비하지 않다가, 축제가 다가올 때에나 관습에 따라 부득불 성찬을 준비하는 사람은 온전하지 못하다.

성찬을 거행하거나 받을 때마다 자신을 주님에게 번제로 드리는 사람은 복이 있다.

이 신비로운 의식을 거행할 때 너무 길거나 너무 짧게 하지 말고, 네가 함께 살고 있는 사람들의 좋은 관습을 좇도록 하여라.

너는 다른 사람들을 따분하게 만드는 골칫거리가 되어서는 안 되고, 물려받은 관습을 잘 지키며, 너 자신의 헌신적 열심이나 느낌보다는 다른 사람들의 유익을 도모해야만 한다.

11
신자에게 꼭 필요한 두 가지, 그리스도의 몸과 성경

🍃 제자의 말

오 거룩한 주 예수님, 주님의 만찬에서 당신과 함께 음식을 즐기는 경건한 영혼은 얼마나 큰 축복을 받았는지요. 그 만찬 자리에는 유일한 연인이요 무엇보다도 더 소원해야 할 주님 밖에는 다른 양식이 없습니다.

주님의 존전에서 내 마음 깊은 데서부터 눈물이 쏟아지고, 막달라 마리아와 함께 눈물로 주의 발을 씻는 것은 참으로 기쁜 일일 것입니다(눅 7:38). 그런데 지금은 그런 헌신이 어디에 있습니까? 거룩한 눈물이 쏟아지는 곳이 어디에 있습니까?

주님과 거룩한 천사들 앞에서, 나의 온 마음은 뜨겁게 불타오르고 기쁨의 눈물을 흘려야 마땅합니다. 주님은 성찬의 자리에서 비록 또 다른 형상 아래 숨어 계시지만, 진실로 거기에 임재하고 계십니다.

내 눈은 신적인 광채를 지닌 주님을 있는 그대로 보는 일을 감당할 수 없고, 온 세상도 그 찬란한 영광의 빛 가운데 설 수 없기 때문입니다. 그렇기 때문에 주님은 나의 연약함을 배려하셔서 이 성찬의 상징물 아래 자기를 숨기고 계시는 것입니다.

하늘의 천사들도 흠모하는 그분을 나 역시 진실로 붙잡고 흠모합니다. 단, 나는 당분간 믿음으로 그렇게 하지만, 천사들은 베일을 가리지 않고 직접 눈으로 보며 그렇게 합니다.

영원한 광명의 날이 밝아서 상징의 그림자가 사라질 때까지는 참된 믿음의 빛과 함께 있고, 그 빛 가운데 걷는 것에 만족해야 할 것입니다.

그러나 완전한 것이 올 때에는 성례전이 그치게 될 것입니다 (고전 13:10). 왜냐하면 하늘의 영광 속에 있는 축복받은 자들은 성찬의 치료약을 복용할 필요가 없기 때문입니다.

그들은 얼굴과 얼굴을 맞대고 하나님을 볼 것이며 그분의 임재 안에서 끝없이 기뻐할 것입니다. 그리고 우리가 이해할 수 없는 하나님의 형상을 따라 영광에서 영광으로 변화될 것이며, 육신이 된 하나님의 말씀 곧 태초부터 계셨고 영원히 살아 계시는 그 말씀을 맛보게 될 것입니다.

이 놀라운 일들을 생각하노라면 모든 위로가 따분하게만 느껴질 뿐입니다. 왜냐하면 영광 가운데 계시는 주님을 눈으로 보지 못하는 한, 이 세상에서 보거나 듣는 것을 모두 하찮게 여기게 되기 때문입니다.

오 하나님, 당신이 나의 증인이십니다. 아무것도 나를 위로할 수 없고, 어떤 피조물도 나에게 안식을 줄 수 없으며, 오직 내가 영원히 묵상하고픈 하나님만이 위로와 안식을 줄 수 있다는 것을 주님은 아십니다. 그러나 이 일은 내가 죽을 몸에 거하고 있는 동안에는 불가능합니다. 그러므로 나는 많이 인내할 수밖에 없고, 내 모든 소원을 주님께 의탁하지 않을 수 없습니다.

왜냐하면 지금 하늘나라에서 주님과 함께 기뻐하고 있는 성도들도 이 땅에 살 동안에는, 믿음과 큰 인내로써 주의 영광이 임하는 날을 기다렸기 때문입니다(히 10:35-36; 11장). 그들이 믿었던 것을 나도 믿습니다. 그들이 소망했던 것을 나도 소망합니다. 장차 나도 그들이 도달한 곳에 주의 은혜로 도달할 것을 믿습니다. 그동안에는 내가 성도들의 모범에 의해 힘을 얻고 믿음 안에서 행할 것입니다.

나는 또한 성경을 통해 위로받고 그것을 삶의 거울로 삼고자 합니다. 그러나 무엇보다도 주님의 거룩한 몸을 유일한 치료제와 피난처로 삼으려 합니다.

이생에서 나에게 특별히 필요한 것이 두 가지라고 생각합니다. 이 두 가지가 없으면 비참한 인생을 도무지 지탱할 수 없을 것입니다. 이 몸의 감옥에 갇혀 있는 한 나에게는 두 가지가 필요한데, 그것은 곧 양식과 빛입니다.

그래서 연약하고 무력한 자에게 주님은 자신의 거룩한 몸을 주셔서 내 영혼과 몸의 양식이 되게 하셨습니다(요 6:51). 주님의 말씀을 주셔서 내 발의 빛이 되게 하셨습니다(시 119:105).

이 두 가지가 없으면 나는 잘 살 수 없습니다. 하나님 말씀은 내 영혼의 빛이고, 주의 성찬은 생명의 떡이기 때문입니다. 이 둘은 또한 거룩한 교회의 보고寶庫의 이편과 저편에 진열되어 있는 두 개의 상床이라고 부를 수도 있습니다(시 23:5; 히 9:2; 8:10).

한 상은 거룩한 떡, 곧 그리스도의 귀한 몸이 놓인 거룩한 제단의 상이고, 다른 상은 거룩한 교리를 담은 하나님의 율법의 상으로서, 사람들에게 바른 믿음을 가르치고 지성소가 있는 휘장 안으로까지 그들을 인도하는 것입니다.

주 예수님, 빛 중의 가장 영원한 빛이여, 주께서 종들, 곧 선지자와 사도와 여러 선생들을 통해 준비하신 거룩한 교리의 상을 베푸신 것 감사드립니다.

인류의 구속주인 주님은 온 세상을 향한 사랑을 나타내기 위해 성대한 만찬을 준비하셨습니다(눅 14:16). 거기에서 우리 앞에 상징적인 어린양이 아니라 주님의 거룩한 몸과 피를 내놓으시고(요 6:53-56), 이 거룩한 잔치로 모든 신자를 즐겁게 하시고, 그들로 낙원의 모든 기쁨이 담겨 있는 구원의 잔을 흡족하게 마시게 하셨습니다(시 23:5; 지혜서 16:20-21). 그리고 거룩한 천사들도 우리와 함께 잔치를 즐겼으며, 그들은 한층 더 기뻐했습니다.

아, 하나님의 성직자라는 직분은 얼마나 위대하고 영광스러운 것인지요! 그들은 거룩한 말로 영광의 주님의 성찬을 성별하고, 입술로 축복하고, 손으로 잡고, 입으로 받고, 또한 다른 사람들에게도 나누어주는 자들이 아닙니까.

그들의 손은 얼마나 청결해야 하고, 그들의 입은 얼마나 깨끗해야 하고, 그들의 몸은 얼마나 거룩해야 하고, 순결의 창조주가 자주 들어오시는 그들의 마음은 얼마나 흠이 없어야 하는지요!

그리스도의 성찬을 자주 받는 그의 입에서는 오직 거룩한 말, 오직 선하고 유익한 말만 나와야 합니다.

그리스도의 몸을 바라보는 데 익숙한 성직자의 눈은 단순하고 순결해야 하고, 하늘과 땅의 창조주를 만지는 데 익숙한 그의 손은 깨끗해야 하고 하늘을 향해 들어야 합니다. 특히 성직자들에 대해 율법은 이렇게 말하고 있습니다. "너희는 거룩하라. 이는 나 여호와 너희 하나님이 거룩함이니라"(레 19:2; 20:26).

오 전능하신 하나님, 성직자의 직분을 맡은 우리가 순결한 가운데, 선한 양심과 함께, 합당하게 또 경건하게 주님을 섬길 수 있도록 주의 은혜를 베풀어주소서.

마땅히 영위해야 할 순결한 삶을 살지 못한다면, 우리가 범한 죄악을 슬퍼하게 도와주시고, 겸손한 정신과 선한 목적을 품고 앞으로 더욱 진실하게 주님을 섬기게 하소서.

12
성찬에 임하는 사람이 갖춰야 할 준비

🌿 주님의 말씀

나는 순결을 사랑하는 자요, 신성한 것을 주는 자다. 나는 순수한 마음을 찾으며, 거기에서 안식한다(시 24:4; 마 5:1). 나를 위하여 잘 꾸며진 큰 다락방을 준비하여라(마 14:14-15; 눅 22:11-12). 그리하면 내 제자들과 함께 네 집에서 유월절을 지키리라.

내가 너와 함께 지내기를 원하면, 묵은 누룩을 내어버리고(고전 5:7) 네 마음의 거처를 청결하게 하라. 온 세상과 온갖 죄악을 멀리하라(출 24:18). 지붕 위의 외로운 참새와 같이 홀로 앉아서 비통한 심정으로 네 잘못을 곰곰이 생각해보라.

사랑하는 사람은 누구나 연인을 위해 가장 좋고 아름다운 자리를 준비할 것이고, 이로써 자기 연인을 대접하는 사람의 애정이 드러나기 때문이다.

하지만 비록 네가 일 년 내내 다른 것은 전혀 생각지 않고 이것만을 준비했다고 하더라도, 노력만으로 충분한 준비를 했다고 공로를 내세울 수 없다는 것을 알아라.

네가 내 식탁에 오도록 허락받는 것은, 마치 거지가 부잣집 만찬에 초대받는 것처럼, 순전히 나의 은혜와 은총 때문이다. 거지에게는 은혜에 보답할 다른 길이 없고, 단지 자기를 낮추고 부자에게 감사할 수 있을 따름이다.

너에게 주어진 일을 하되 부지런히 수행하여라. 습관적으로 하지 말고, 의무적으로도 하지 말라. 그 대신 네가 사랑하는 주 하나님이 네게 오기로 하시면, 두려움과 경외심을 품고 애정을 지닌 채 그분의 몸을 받으라.

바로 내가 너를 불렀고 너에게 그 일을 하도록 맡겼으니, 부족한 것은 내가 공급할 것이다. 그러므로 나에게 와서 그것을 받으라.

내가 너에게 헌신적인 믿음의 은혜를 줄 때는 하나님께 감사하라. 네가 그런 은혜를 받을 자격이 있어서가 아니라, 내가 자비를 베풀기 때문에 그것을 주는 것이다.

너에게 은혜가 없어서 메마르게 느끼고 있다면, 구원의 은혜를 조금이라도 받을 때까지 즉시 기도하고 탄식하고 두드리고 결코 포기하지 말라.

너에게는 내가 필요하지만, 나에게는 네가 필요하지 않다. 네가 나를 성화시키려고 오는 것이 아니라, 내가 너를 성화시키며 더 나은 사람으로 만들려고 오는 것이다.

네가 나에게 오는 것은, 나로 말미암아 네가 성화되고 나와 하나가 되어 새로운 은혜를 받고, 더 나은 삶을 살라는 도전을 받게 하기 위한 것이다. 이 은혜를 소홀히 하지 말고, 부지런히 네 마음을 준비하고, 네가 사랑하는 자를 영혼 안으로 영접하여라.

너는 성찬식 이전에 경건한 마음으로 준비해야 할 뿐 아니라, 성찬 받은 뒤에도 은혜를 간직하기 위해 주의해야 한다.

성찬식 이전에 경건하게 준비하는 것 못지않게 그 이후에도 네 자신에게 주의를 기울여야 한다. 이렇게 하는 것이 다시 더 큰 은혜를 받기 위한 최선의 준비이기 때문이다. 어떤 사람이 외적인 위로에 너무 탐닉하게 되면, 경건한 삶을 살고 싶은 마음이 사라지게 되기 때문이다.

말을 많이 하지 말고(잠 10:19), 은밀한 장소에서 지내면서 네 하나님을 즐거워하라. 그분을 네가 모시고 있고, 온 세상이라도 그분을 빼앗아갈 수 없기 때문이다.

네가 자신을 완전히 내어주어야 할 대상은 바로 나다. 그리하면 이제부터 모든 염려에서 벗어나서, 너 홀로 사는 것이 아니라 내 안에서 살아가게 될 것이다.

13
온 마음으로
그리스도와의 합일을 추구하라

🌿 제자의 말

오 주님, 어떻게 하면 오직 주님만을 찾고, 내 온 마음을 열고, 영혼의 소원에 따라 주님을 즐거워하는 은총을 얻을 수 있겠습니까? 그리하여 아무도 나를 바라보지 않고, 어떤 세상 것도 나를 감동시키지 못하고, 내게 주의를 기울이지 않음에도, 마치 연인이 연인에게 말하고 친구가 친구와 말하듯이, 오직 주님만이 나에게 말씀하시고 내가 주님께 말하는 것이 가능하겠습니까(출 33:11; 찬가 8:2).

실로 나는 주님과 온전히 하나 되고 모든 피조물로부터 마음을 멀리하고, 성찬을 통해 하늘의 영원한 것을 맛있게 먹는 법을 배우고 싶은 심정이 간절합니다.

하나님, 언제쯤에나 내가 주님과 온전히 하나가 되고, 주님께 완전히 흡수되어, 나 자신을 잊어버릴 수 있겠습니까? "내 안에 거하라, 나도 너희 안에 거하리라"(요 15:4). 이와 같이 우리가 줄곧 하나로 지내게 허락하소서.

진실로, 당신은 만인 위에 뛰어난 나의 연인이며(아 5:10), 내 영혼이 평생 동안 당신 안에 사는 것을 즐거워할 것입니다. 진실로, 당신은 나를 평화롭게 하는 분이고, 당신 안에 완전한 평화와 안식이 있으며, 당신 밖에는 고생과 슬픔과 끝없는 불행이 있을 뿐입니다.

진실로, 당신은 숨어 계시는 하나님이요(사 45:15), 악한 자는 권고하지 않고 마음이 겸손하고 단순한 자에게 말씀하시는 분입니다(잠 3:34).

주님, 당신의 영은 얼마나 달콤한지요! 주님은 당신의 자녀들에게 달콤한 성품을 보여주시기 위하여 하늘에서 내려오는 달콤한 떡을 먹이십니다(지혜서 16:20-21).

우리 하나님이 모든 신자들을 가까이 하심과 같이 이방의 신들이 이방인들에게 가까이 하는, 그런 나라는 결코 없습니다(신 4:7). 신자들은 날마다 주님으로부터 위로를 받고, 그들의 마음을 하늘 향해 들어올리며, 그들에게 주님 자신을 먹고 즐기도록 내어주십니다.

하나님의 백성처럼 명성 높은 이방 민족이 어디에 있습니까?

하나님이 너무나 사랑하는 나머지 친히 그 영혼에 들어가시고, 자신의 영광스러운 몸을 양식으로 내어주시는 그런 피조물이 하늘 아래 어디에 있습니까?

아, 이루 말할 수 없는 은혜로다! 아, 흠모할 만한 겸손이로다! 아, 사람에게 특별히 임하는 측량할 수 없는 사랑이로다!

그런데 이 놀라운 은혜(시 116:12), 비할 데 없이 큰 사랑을 주신 주님께 나는 무엇으로 보답할 수 있겠습니까?

마음을 온전히 하나님께 드리고, 마음이 주님과 하나 되게 하는 것 말고는 더 드릴 만한 것이 없습니다. 내 영혼이 하나님과 완전히 하나가 되면, 내 속에 있는 모든 것들이 기뻐할 것입니다.

그러면 하나님이 나에게 이렇게 말씀하실 것입니다. "네가 나와 함께 있기를 원하면, 나도 너와 함께 있기를 원하노라." 그러면 나는 이렇게 응답할 것입니다. "오 주여, 나는 기꺼이 주님과 함께 있기를 원하오니, 나와 함께 있어 주소서."

내 마음이 주님과 하나가 되는 것이 나의 모든 소원입니다.

14
그리스도의 몸을 받고 싶은 뜨거운 열망을 품으라

🍃 제자의 말

오 주님, 주를 두려워하는 자들을 위해 쌓아 두신 은혜가 얼마나 큰지요(시 31:19).

지극히 큰 믿음과 애정을 품고 주의 성찬으로 나오는 경건한 사람들을 생각할 때면, 그토록 열정 없는 마음, 아니 차가운 마음을 가지고 주의 제단과 성찬 식탁에 나오는 나 자신이 창피하고 부끄러울 때가 많습니다.

내가 주님에 대한 애정 없이 그토록 메마른 것을 생각하면 무척 슬퍼집니다. 나의 하나님, 많은 경건한 사람들은 성찬을 향한 간절한 열망과 애정으로 인해 눈물을 주체할 수 없었고, 그들의 마음과 몸의 입으로 마음속 깊이 생명의 원천이신 주님을 갈망했으며, 기쁨과 영적인 열정으로 주의 몸을 받지 않고는 도무지 굶주림을 채울 수 없었습니다. 그런데 나는 주님의 존전에서 마음이 뜨거워지지 않는 것이 너무나 슬픕니다.

아, 그런 사람들의 믿음은 얼마나 뜨거운지요! 그것은 주의 거룩한 임재를 보여주는 확실한 증거입니다.

오 예수님, 주께서 그들과 함께 걸으며 대화를 나누시는 동안,

그들의 마음은 너무도 뜨겁게 불타오르고, 떡을 떼는 순간에 주님을 알아보기 때문입니다(눅 24:32, 35). 이와 같은 열망과 헌신, 그토록 뜨거운 사랑과 열정이 나에게는 없을 때가 많습니다.

오 자비로운 예수님, 향기롭고 은혜로운 주님이여, 이 가련한 피조물에게 주님의 은총을 허락하소서. 이 성찬식에서 가끔이라도 주님의 뜨거운 사랑을 조금이나마 느끼게 하셔서, 내 믿음이 더욱 강해지고, 주의 선하심을 바라보는 소망이 더욱 커지고, 하늘의 만나를 맛본 뒤에 언젠가 불타올랐던 사랑이 결코 사라지지 않게 하소서.

주님의 자비는 커서 내가 갈망하는 은혜를 주시기에 충분합니다. 주님은 나를 찾아오고 싶은 날에 그 뜨거운 열정을 선사하실 것입니다.

나는 비록 주님에게 특별히 헌신한 사람들만큼 커다란 열정은 없지만, 주님의 은혜로 큰 열정을 갖고 싶은 소원이 있으며, 주님을 사랑하는 열렬한 연인들과 함께하고, 그 거룩한 무리 가운데 포함되기를 기도하고 갈망합니다.

15
헌신의 은혜는
겸손과 자기 부정으로 얻는다

주님의 말씀

너는 즉시 헌신의 은혜를 구하고, 진지하게 간청하고, 인내와 확신을 품고 기다리고, 감사하는 마음으로 받고, 겸손하게 지키고, 부지런히 일하고, 하나님이 기쁘게 너에게 오실 때까지 하늘의 선물이 내려오는 때와 방법을 하나님께 맡겨라.

네가 내적으로 헌신하지 않는다고 느낄 때는 특별히 네 자신을 낮추어야 하지만, 지나치게 낙담하거나 슬퍼해서는 안 된다.

하나님은 오랫동안 거절하셨던 것을 한 순간에 주실 때가 종종 있다. 네가 기도하기 시작할 때는 그분이 주지 않고 미루었던 것을, 때로는 마지막에 가서 주기도 하신다.

은혜가 항상 즉각적으로 주어지고, 바라는 즉시 손에 넣을 수 있다면, 연약한 사람은 그것을 감당할 수 없을 것이다. 그러므로 헌신의 은혜는 선한 소망과 겸손한 인내로 기다려야 하는 것이다.

그렇지만 이 은혜가 너에게 주어지지 않거나 은밀히 떠나버린다면, 그것을 네 자신과 네 죄악의 탓으로 돌려라. 때로는 사소한 문제 때문에 은혜가 임하는 것이 방해받고 또 은혜를 가리기도 한다. 아주 사소한 문제가 은혜를 방해할 수도 있다. 그 문제가 크든 작든, 네가 그것을 극복하면, 소원대로 이루어질 것이다.

온 마음으로 너를 하나님께 바치고, 네 뜻대로 구하지 않고 오로지 하나님 안에 자리 잡으면, 곧바로 하나님과 하나 되어 평안을 찾을 것이다. 왜냐하면 하나님의 뜻을 따르는 기쁨만큼 환희를 줄 수 있는 것이 아무것도 없기 때문이다.

그러므로 누구든지 일편단심으로 하나님을 바라보고, 지나치게 피조물을 좋아하거나 싫어하는 마음을 깨끗이 정리하면, 은혜를 받기에 합당한 상태가 되고, 참된 헌신의 은사를 받게 될 것이다. 주님은 빈 그릇이 있는 곳에 축복을 부어주시기 때문이다.

한 사람이 이런 저급한 것들을 완전히 버릴수록, 자기에 대해 죽으면 죽을수록, 그만큼 더 빨리 은혜가 찾아올 것이고, 더 풍성하게 들어올 것이며, 자유로운 마음이 더 높이 고양될 것이다.

그러면 그분 안에서 보게 되고, 그분과 함께 흘러가고, 마음이 한층 더 넓어질 것이다(사 55:5). 주님의 손이 그와 함께하고, 그는 자신을 주님의 손에 영원히 맡겼기 때문이다.

보라, 온 마음으로 하나님을 찾고 그 뜻을 헛된 곳에 두지 않는 사람은 축복을 받을 것이다. 이 사람은 성찬 받을 때 하나님과 하나 되는 은총을 얻게 된다. 그는 자신의 헌신과 위로에 관심 두지 않고, 하나님의 명예와 영광에 주목하기 때문이다.

16
필요를 그리스도께 알리고 은혜를 구하라

🍃 **제자의 말**

지극히 아름답고 사랑스러운 주님, 나는 지금 경건한 마음으로 주님을 받고 싶습니다. 주님은 나의 여러 약점, 나에게 필요한 것들, 내가 얼마나 많은 죄악에 연루되어 있는지, 얼마나 자주 침울해지고, 유혹받고, 흔들리고, 불결해지는지 모두 알고 계십니다. 그래서 치료를 받으려고 주님께 나옵니다. 제발 나에게 위로와 도움을 허락하소서.

나는 지금 모든 것을 아시는 분, 내 마음의 모든 생각을 아시는 분, 홀로 나를 위로하고 도와주실 분인 주님께 아룁니다. 가장 필요한 것이 무엇인지, 내가 얼마나 미덕이 결여된 존재인지 주님은 알고 계십니다.

보십시오, 나는 가련하고 발가벗은 상태로 주님 앞에 서서 은혜와 자비를 탄원하고 있습니다. 이 굶주린 탄원자를 먹여주시고, 나의 차가움을 주님의 사랑의 불길로 데워주시고, 나의 캄캄한 눈을 주님의 임재의 빛으로 밝혀주소서.

세상적인 것은 모두 쓴맛이 나도록, 고통스럽고 거슬리는 것은 모두 인내할 수 있도록, 저급한 피조물은 모두 멸시하고 잊어버리게 하소서. 내 마음을 하늘에 계신 주님을 향하게 들어주시고, 땅 위에서 이리저리 방황하지 않게 하소서.

주님이여, 이제부터 나에게 더 한층 향기로운 분이 되소서. 오직 주님만이 나의 양식이고, 나의 사랑과 기쁨이며, 나의 연인과 나의 보화가 되시기 때문입니다.

주님의 임재로 나를 완전히 불태워서 주의 형상으로 만들어주소서. 내적인 합일의 은혜로, 그리고 뜨거운 사랑으로 녹아져서 내가 주님과 합하여 한 영이 되게 하소서(고전 6:17).

나를 굶주리고 메마른 상태로 돌려보내지 마시고, 주께서 성도들을 놀라운 손길로 다루셨듯이 나를 자비롭게 다루어주소서.

설사 내가 주님의 불길에 완전히 휩싸여서 모두 타버린다고 해도 놀랄 일은 아닙니다. 주님은 언제나 활활 타오르고 결코 꺼지지 않는 불이며, 마음을 정결케 하고 지성을 깨우치는 사랑이기 때문입니다.

17
사랑과 열정으로
그리스도를 받으라

많은 성도들과 경건한 사람들이 성찬에 참여할 때 주님을 갈망했던 것처럼, 나도 깊은 헌신과 뜨거운 사랑, 충만한 애정과 열정을 품고 주님을 받기 원합니다. 그들은 거룩한 삶으로 주님을 기쁘시게 했고, 뜨거운 헌신에 불탔던 사람들이기도 합니다.

제자의 말

영원한 사랑이요, 나의 모든 보화요, 끝없는 행복 그 자체이신 나의 하나님, 나는 성도들이 당신을 향해 품었거나 품을 수 있는 가장 진실한 애정과 합당한 경외심을 품고 당신을 받고 싶습니다.

비록 나는 그 모든 헌신의 감정을 품을 만한 자격이 없을지라도, 마치 주님이 기뻐하는 모든 것을 가지고 주님을 뜨겁게 갈망하는 유일한 사람인 것처럼, 마음속의 모든 애정을 다 바칩니다.

충성스러운 마음이 품고 바랄 수 있는 모든 것을 지극히 깊은 경외심과 마음의 애정과 함께 당신께 모두 바칩니다. 아무것도 내 것으로 남겨두지 않고, 나 자신과 내게 속한 모든 것을 또 아주 기쁘게 주님께 드립니다.

주님, 나의 하나님, 나의 창조주, 나의 구속자여, 천사가 거룩하신 어머니 곧 그 영광스러운 동정녀 마리아에게 신비로운 성육신의 기쁜 소식을 전했을 때, 그녀가 겸손하고 경건한 태도로 "주의 여종이오니, 말씀대로 내게 이루어지이다"(눅 1:38) 하고 응답하면서 주님을 영접했던 것처럼, 나 역시 그런 애정과 경외심과 찬양과 경의를 가지고, 그런 감사와 존경과 사랑을 가지고, 그런 믿음과 소망과 순결함으로 오늘 당신을 영접하기를 원합니다.

그리고 당신보다 먼저 온 자요, 성도들 중에 가장 훌륭한 인물이었던 세례 요한은 어머니의 뱃속에 있을 동안에도 주님의 임재를 즐거워하고 성령의 기쁨으로 뛰어놀았습니다(눅 1:44). 그리고 나중에 예수님이 사람들 가운데 다니시는 것을 보고는 자기를 크게 낮추면서 경건한 애정을 품고 "서서 신랑의 음성을 듣는 친구가 크게 기뻐하나니"(요 3:29)라고 말했습니다. 이와 같이 나도 거룩한 열정에 불타올라 온 마음을 다하여 나 자신을 주님께 바치고 싶습니다.

그러므로 기도 중에 내게 맡겨진 사람들을 위하여, 하늘과 땅에 있는 모든 피조물이 경축하는 미덕과 찬양과 함께, 경건한 마음에 담긴 승리의 기쁨과 뜨거운 애정과 정신적 황홀경과 초자연적인 조명과 천상의 환상을 모두 주님께 바칩니다. 그리하여 만물이 주님께 합당한 찬양과 영광을 영원히 돌리기를 바랍니다.

나의 주 나의 하나님, 이루 말할 수 없이 위대하신 주님, 당신이 마땅히 받아야 할 끝없는 찬양과 한없는 축복을 드리고 싶은 내 소원을 받으소서.

주님께 이런 찬양을 드리되, 날마다, 매순간 드리기를 원합니다. 그리고 모든 간구와 애정을 다하여 하늘의 모든 영들과 주의 모든 신실한 종들을 초대하여, 주님께 감사와 찬양을 드리자고 요청합니다.

모든 백성과 나라와 언어로 주님을 찬송하게 하소서(시 117편). 최고의 환희와 뜨거운 헌신으로 주의 거룩하고 감미로운 이름을 찬양하게 하소서.

경외하는 자세와 경건한 태도로 주의 성찬을 거행하고, 온전한 믿음으로 성찬 받는 모든 사람들이 당신의 손에서 은혜와 자비를 찾기에 합당한 자로 여겨지며, 죄인인 나를 위하여 겸손한 중보의 기도를 드리게 하소서.

그리고 그들이 바람직한 신앙의 수준에 도달하고, 깊이 위로 받고 놀랍도록 힘을 얻어 거룩한 식탁을 떠날 때에는, 그들로 나의 가련한 영혼을 기억하게 하소서.

18
호기심으로 성찬을 탐색하지 말고 믿음으로 그리스도를 본받으라

주님의 말씀

깊은 의심의 구덩이에 빠지고 싶지 않으면, 호기심에 이끌려 쓸데없이 성찬을 탐색하지 않도록 주의해야 한다. 나의 위엄을 자세히 살피는 자는 그 영광에 의해 압도당할 것이다. 나는 사람이 이해할 수 있는 수준 이상으로 일할 능력이 있다.

항상 배울 준비가 되어 있고, 교부들의 건전한 가르침에 따라 행할 자세를 갖추고, 성실하고 겸손하게 진리를 탐구하라.

논란이 가득한 어려운 길을 버려두고, 평탄하고 확고한 계명의 길을 따라가는 사람은 복 있는 사람이다. 많은 사람이 너무 고고한 것을 탐색하려고 하다가 신앙을 잃고 말았다.

정작 네게 필요한 것은 믿음과 성실한 삶이지, 지식도 아니고 하나님의 신비를 아는 심오한 통찰력도 아니다. 네 아래에 있는 이런 것들도 이해하지 못하면서 어떻게 네 위에 있는 것들을 파악할 수 있겠느냐?

스스로 하나님께 순종하고, 네 이성을 믿음에 종속시켜라. 그리하면 네게 유익하고 필요한 만큼 지식의 빛이 주어질 것이다.

어떤 이들은 믿음과 성찬과 관련해 큰 유혹을 당하기도 한다. 하지만 그것은 그들의 탓이 아니라 원수의 탓으로 돌려야 한다.

너는 염려하지 말고, 네 생각과 다투지도 말며, 마귀가 부추기는 의심에 아무런 반응도 하지 말라. 그 대신 하나님의 말씀을 신뢰하고 그분의 성도들과 선지자들을 신뢰하여라. 그리하면 악한 원수가 도망칠 것이다.

종이 그런 유혹을 견디는 것은 무척 유익하다. 마귀는 이미 자기 손아귀에 있는 불신자들과 죄인들은 유혹하지 않고, 신앙적이고 신실한 사람들을 여러 방법으로 유혹하고 괴롭히기 때문이다.

그러므로 너는 의심하지 않는 단순한 믿음으로 나아가고, 간절한 마음으로 경외심을 품고 이 성찬에 나아오라. 네가 이해할 수 없는 것은 무엇이든지 전능하신 하나님께 의탁하라. 하나님은 너를 속이지 않으신다. 오히려 자기를 너무 신뢰하는 자가 속임을 당하는 법이다.

하나님은 단순한 자와 동행하시고(시 19:7; 119:130; 마 11:29-30), 겸손한 자에게 자기를 나타내시고, 작은 자에게 깨달음을 주시고, 순수한 마음에게 분별력을 주시고, 호기심 많고 교만한 자에게는 은혜를 숨기신다.

인간의 이성은 연약하여 속임을 당하기 쉬우나, 참된 믿음은 속임 당하지 않는다.

모든 이성과 자연적인 탐구는 믿음보다 앞서 가거나 그것을

방해 해서는 안 되며, 믿음 뒤에 좇아가야 한다. 지극히 거룩하고 특별한 성찬식에서는 믿음과 사랑이 주도권을 잡고 은밀한 방법으로 일하기 때문이다.

영원하고 헤아릴 수 없는, 무한한 능력을 가진 하나님은 하늘과 땅에서 크고 측량할 수 없는 일을 행하고 계시며, 그분의 놀라운 일들은 도무지 추적할 수 없는 것이다.

하나님의 일들을 인간 이성이 쉽게 파악할 수 있다면, 놀랍다거나 말로 표현할 수 없다고 말하진 않을 것이다.

작품해설

기독교의 기본 진리를 가르치는 책

최형걸(백석대학교 신학부 교수)

기독교인이라면 아마 한 번쯤은 '그리스도를 본받아'라는 책 제목을 들어봤을 것이다. 실제로 이 책은 기독교 역사에서 "성경 다음으로 많이 읽힌 책"이라는 대단한 명성을 자랑하고 있다. 그렇다면 '성경에 버금가는 책'이라는 말일 텐데 대체 어떤 책이기에 이렇게 특별한 평가를 받고 있는 것일까?

일단, 이렇게 거창한 평가로 인해 책을 펼쳐보게 된 사람이라면 혹시 실망할지도 모르겠다. 기독교인들에게는 아주 익숙하고도 뻔한 이야기라는 생각이 들 테니까. 사실 틀린 말도 아니다. 그러나 이 뻔한 이야기가 왜 그렇게 오랜 세월 동안 큰 주목을 받고 있는 것인지에 대해서는 흥미를 가지고 한 번쯤 책을 읽어 보는 것도 나쁘지 않을 것이다.

이 책을 특별하게 만들고 있는 것은 바로 그리스도를 온몸으로 체험한 사람만이 할 수 있는 신앙의 진솔한 고백이다. 그 고백들은 어떤 문학적 기교나 철학적 논리 또는 어려운 신학 지식이 줄 수 있는 감동과는 또 다른 무언가를 담고 있다. 세상의 언어로 말하고 있지만 세상에 대한 것들이 아닌, 세상에 속하지 않은 것들을 보여주며, 더 나아가 읽는 사람까지도 그 체험에 동참할 수 있도록 이끌어주고 있다. 바로 이러한 점이 이 책을 뻔하지만 뻔하지 않게 만들어주는 특별함이라고 해도 과언이 아닐 것이다.

이 책은 총 4장으로 비교적 단순한 구성을 갖고 있다.

제1장 〈영적 생활에 유익한 권면〉
제2장 〈내면 생활에 유익한 권면〉
제3장 〈내적인 위로에 관하여〉
제4장 〈성찬에 관한 권면〉

이렇게 네 장으로 이루어져 있지만 내적으로는 하나의 통일된 흐름을 갖는다. 그 흐름은 외적인 권면에서 시작해서 내면으로 들어가고, 내적인 묵상을 통해 예수 그리스도와 합일의 체험을 얻는 흐름이다. 이 합일의 정점은 그리스도의 고난에 동참함, 곧 성찬에 있다. 이는 기독교 신앙에서의 진정한 영적 생활은 외적인 것이 아니라 내적인 묵상(수도원 용어로 관상觀想, contemplatio), 즉 하나님과의 대화를 통해서 이루어지고, 이를 통해 얻어지는 구체적인 경험이 마음의 위로와 평안으로 나타난다는 것이다.

이것은 결국 고난을 넘어서면 부활, 즉 새로운 탄생이 있고, 그 후로 평안이 있다는 기독교의 가장 기본적인 진리를 가르치고 있다. 내적 묵상이, 예수님의 고난과 부활이 나에게 실질적으로 이루어진다는 사실을 몸과 마음으로 체험하도록 해준다는 것이다. 한마디로 말하자면 이 책의 전체 흐름은 예수 그리스도를 깊이 묵상하며 고난에 동참하는 것, 그 고난에의 동참을 통해 참된 영적 생활로 들어가는 것을 말하고 있다.

이 내용은 구체적으로 제2장의 마지막 두 절의 제목이 각각 '예수님의 십자가를 사랑하는 사람'과 '거룩한 십자가의 길'이어서 제3장 〈내적 위로에 관하여〉로 들어가는 길목이 그리스도의 고난에 대한 관상임을 보여주고 있다.

또한 제4장 13, 14절의 제목인 '온 마음으로 그리스도와의 합일을 추구하라', '그리스도의 몸을 받고 싶은 뜨거운 열망을 품으라'를 통해, 진정한 영적 생활이란 그리스도의 고난을 깊이 묵상함으로 성찬의 참 의미를 알게 되며, 이를 통해서 그리스도와의 합일을 추구하는 것임을 잘 보여주고 있다.

그리스도와의 합일은 기독교 수도사들의 전통적 수련목적이다. 이 수련은 정화, 조명, 합일의 단계를 거쳐 완성된다. 정화는 일반적으로 회개를 말하며, 조명은 성령의 인도와 함께하심을, 그리고 합일은 그리스도처럼 내가 죽어 완전히 하나님의 도구로 쓰임을 받는 단계, 자기 포기의 최고 단계를 말한다. 그리스도를 묵상함으로 이루어지는 자기 포기는 제3장 37절에서 "내 아들아, 네 자신을 버려라. 그러면 나를 찾게 될 것이다." "네가 자신을 완전히 포기하고, 그러고는 돌아서서 자신을 취하지 않는다면, 너는 더 큰 은혜를 받게 될 것이다." "만일 네가 안팎으로 자기 의지를 모두 버리지 않으면 어떻게 네가 내 것이 되겠느냐?"라고 소개되고 있다. '그리스도를 본받아'라는 이 책의 제목 자체도 이러한 수도원의 이상을 그대로 드러내고 있다.

'자기 포기'라는 수도원 덕목 외에, 전통과는 다른 독특한 특징이 이 책에 있다. 그것은 '학문 또는 신학을 무시 또는 경시'하는 것이다. 이 내용은 1장 초반부에서 집중적으로 강조되고 있어서, 그리스도를 묵상하기 위한 준비단계처럼 소개되고 있다.

> 삼위일체에 관해 심오한 논쟁을 한다고 한들, 겸손하지 않아서 삼위 하나님의 마음을 슬프게 한다면 그게 무슨 소용이 있겠습니까?
> [제1장] 1. 그리스도를 본받고 세상의 모든 허영을 멸시하라

… 하나님을 경외하지 않으면 지식이 무슨 소용이 있겠습니까? … 하나님을 섬기는 겸손한 농부가 천체의 경로를 알려고 애쓰는 교만한 철학자보다 낫습니다. … 가장 유익한 독서는 자신을 잘 알고 헤아려보는 것입니다.

[제1장] 2. 자신에 대해 겸손하게 생각하라

〔학문에서 말하는〕 속과 종이 우리와 무슨 상관 있습니까? … 나는 많은 것을 읽고 듣는 데 지쳤습니다. 내가 원하고 바라는 것은 모두 주님 안에 있습니다. … 하나님 앞에서 모든 학자들이 입을 다물게 하시고 모든 피조물이 잠잠하게 하소서.

[제1장] 3. 진리의 가르침

이 두 가지 특징, 전통적 수도원 가치인 '자기 포기', 그리고 '학문과 신학의 경시'가 이 책을 이해하는 중요한 열쇠이다. 이 두 특징은 곧바로 이 책의 저자와 이 책이 저술된 시대배경을 고스란히 담고 있다.

이 책의 저자로 알려진 토마스 아 켐피스는 1380년경 독일의 켐펜에서 태어났다. 그는 열두 살 때 그의 형을 따라 네덜란드에 있는 학교로 가게 되는데, 이 학교는 '공동생활형제단'이라는 곳에서 운영하는 학교였다. 네덜란드 사람인 헤르트 호로테Geert Groote의 이상인 '그리스도를 본받는 삶'을 기초로 세운 학교였는데, 그는 또한 '새로운 경건운동'이라고 알려진 데보치오 모데르나Devotio Moderna 운동의 선구자였다.

공동생활형제단이나 데보치오 모데르나 운동은 수도원 역사에서 독특한 위치를 가진다. 14세기 유럽에는 전통적 수도원과는 다른 개념의 수도회가 나타났다. 흔히 '제3수도회'라고 불리기도 하는 이들은 수도원의 전통적 규율인 '가난', '순명', '순결'을 지키며 살지만 특정한 수도원 이름이나 규범을 따르지 않는 평신도 수도회였다. 즉, 수도원과 수도자의 이상을 따라 살되 수도원에 들어가지 않고 일상적인 삶의 형태를 갖는 수도회였던 것이다.

14-15세기에 제3수도회는 주로 여성들이 모여 사는 소규모 공동생활 형태로 나타난 경우가 대부분이었다. 창시자인 흐로테 역시 개인 재산을 들여 여성들을 위한 공동생활단을 시작했다. 그리고 그가 죽은 후 흐로테와 함께하며 그의 이상을 따랐던 사람들이 세운 제3수도회가 바로 공동생활형제단이었고 이 공동생활형제단에서 세운 학교에서 토마스 아 켐피스가 공부하였던 것이다.

이러한 배경의 학교에서 공부하면서 토마스 아 켐피스는 자연스럽게 공동생활형제단의 일원이 되었으며 '데보치오 모데르나'에 몰두하게 되었다. 이 새로운 경건운동은 수도원 역사에서 제3수도회 개념과 별로 다르지 않다. 이 운동 역시 교회나 수도원이 가르치는 신학이나 교리, 또는 학문에 상관없이 성경에 나오는 그리스도의 삶을 있는 그대로 묵상하며 따르는 것이 참된 그리스도인의 삶이라는 것을 주장하고 있었다. 성경을 있는 그대로 받아들여 그리스도의 삶을 깊이 묵상하고 실제의 삶에서 그대로 적용시켜야 한다는 것이다.

이 데보치오 모데르나 운동을 서방 수도원 전체 역사와 관련시켜 보면 그 의미가 잘 드러난다. 12세기 전후는 서양 기독교 역사, 특히 중세 기독교 역사에서 수도원의 전성기였다. 전통적인 수도원으로 베네딕트 수도원 외에도 우리가 잘 아는 프란체스코 수도원, 도미니크 수도원이 세워지고 서양 전체의 영적인 흐름을 이 수도원들이 주도했던 시기였다. 그런데 13세기 전후로 유럽 전역에 대학들이 세워지기 시작하면서 학문적 흐름의 주도권을 수도사들이 가져가게 된다. 거의 모든 대학의 교수직을 수도사들이 차지했기 때문이다. 그렇게 되면서 수도사들의 관심사가 묵상이나 그리스도와의 합일에서 신학 논쟁과 이론적 체계로 옮겨가는 현상이 현저하게 나타났다. 이렇게 되자 신학적 내용이나 가르침은 평신도들이 이해할 수 없는 스콜라 신학의 논쟁이 빈번했고, 이에 대한 일종의 반발로 데보치오 모데르나 운동이 나타나 참된 신앙은 성경과 그리스도를 그대로 본받아 사는 것이라고 주장하고, 신학과 학문에 대해서는 비판적 입장을 드러내게 되었던 것이다.

호로테는 회심한 후 그리스도를 따르는 삶을 살기 위해 방랑 설교자로 회개, 회심, 관상의 삶을 전파하고 다녔다. 그의 설교에는 직접적, 그리고 간접적으로 당시 교회와 수도사의 삶에 대한 비판이 들어 있었다. 이는 다시 말하면 스콜라 신학이라고 불리는 이론적인 신학 논쟁들에 대한 부정적인 시각이었고 더 나아가 당시 최고 권력을 자랑하던 교회에 대한 도전이기도 했다. 이러한 내용을 담고 있던 그의 설교를 듣고 그를 따르는 사람들이 많아지자, 교회와 수도사들은 그를 고발했으며 그에게 사제가 아니라는 이유로 설교 금지 명령을 내렸다. 호로테는 대학에서 당시 최고의 학문인 의학, 천문학, 신학 그리고 교회법을 전공한 엘리트였으나 사제가 아닌 것은 사실이었으므로 설교 금지 명령의 대상이 될 수밖에 없었다. 그리고 교회와 수도사에게 고발을 당함에 따라 이단판정을 받을 뻔했으나 다행인지 불행인지 판정이 내려지기 전에 페스트에 걸려 사망하게 된다.

호로테를 자세하게 소개하는 이유는 《그리스도를 본받아》가 토마스 아 켐피스의 독자적인 책이라기보다는 호로테의 사상을 요약해 놓은 것이라는 일반적 평가 때문이다. 사실 호로테는 생전에 정식 수도원을 세우려고 노력했다. 아마도 이런 노력 때문이었겠지만 그가 죽은 후 그의 사상을 따르는 운동은 두 가지 경향으로 나타난다. 하나는 공동생활형제단처럼 교회나 신학과는 상관없이 평신도로서 성경을 묵상하며 순종하고 살아가는 삶이었고 또 다른 하나는 정식 수도원을 세우고 사제로 서품도 받아 수도회 조직의 일원으로 살아가되 새로운 경건운동이었던 데보치오 모데르나 이상을 따르는 삶이었다. 이 책의 저자인 토마스 아 켐피스는 후자에 속한다.

공동생활형제단에 있으면서 흐로테의 직계제자인 플로렌티우스 라데윈Florentius Radewijn에게서 공부한 토마스 아 켐피스는 흐로테의 사상적 손자가 된다. 그는 형제단에서 공부한 후에 자신의 형이 원장으로 있는 아그네스텐베르크 수도원으로 옮겨가는데 죽을 때까지 72년 동안 이 수도원에서 지냈으나, 수도사가 되는 것도 사제가 되는 것도 별로 내켜하지 않았기 때문에 아주 늦게야 수도사(1406년)로 입회하고, 사제(1413년)로 서품되었다. 그는 주로 필사와 저작을 맡아 했지만 그가 맡은 일 중에서도 가장 중요한 일은 신입수도사들의 교육이었다. 《그리스도를 본받아》가 바로 신입수도사들의 교육을 위해 쓴 교육서인 것이다. 이 책에 토마스 아 켐피스는 수도원의 전통적 시각인 "그리스도를 본받아"라는 사상과 함께 당시 데보치오 모데르나 운동이 가진 스콜라 신학에 대한 비판적 시각을 고스란히, 그리고 집약적으로 담아내고 있다.

책의 내용이 당시에 있었던 신비적 묵상의 요약이다 보니 토마스 아 켐피스가 독자적으로 저술한 것이 아니라, 흐로테나 플로렌티우스 라데원이 원저자든가 아니면 함께 저술했을 것으로 꽤 오랜 기간 동안 추정되기도 했다. 그러나 오히려 이런 추정은 이 책이 단순히 토마스 아 켐피스라는 개인의 견해가 아니라 당시의 시대적 상황과 흐름을 반영하는 것으로 이해하는 것이 더 옳다는 사실에 힘을 실어준다. 오늘날에는 저자가 토마스 아 켐피스라는 것을 일반적으로 인정하는 분위기이다.

어떻든 이 책은 기독교 영성의 역사에서 고전적인 위치를 차지하는 마이스터 에크하르트, 하인리히 수소, 요하네스 타울러 등의 사람들과, 종교개혁자 마르틴 루터에게 특별한 영향을 미친 기독교 신비주의적 저작물 《독일 신학》 같은 것들과 대등한 위치로 인식되는 것이 당연시되고 있다. 게다가 루터가 어린 시절 공부한 학교가 공동생활형제단에서 세운 학교였고, 그는 공동생활형제단과 같은 흐름의 기독교라면 교회 개혁이 필요없다고 말하기도 했다. 이 같은 사실로 인해 이 책은 종교개혁이 일어나기 전 교회개혁의 흐름을 준비한 역사적 전개 과정에 있었다고 보는 것이 일반적이다.

이러한 평가가 옳은지 그른지를 따지는 것은 개인적인 문제겠지만 분명한 것은, 토마스 아 켐피스가 이 책에서 주장하고 있는 것은 참된 그리스도인이 되기 위해서는, 교회나 수도원이라는 조직, 수도사라는 신분 혹은 신학적 지식보다, 개개인이 자신의 모든 것을 포기하고 예수 그리스도를 깊이 묵상하며 그의 고난을 함께 체험하는 것이 필요하다는 것이다.

  5세기 유럽에 전해진 기독교는 교황이나 교회라는 기관이 신앙을 이끌었다. 하지만 12-13세기에는 수도원 운동과 신앙고백 운동을 통해서 개인의 그리스도 체험이 기독교 신앙의 본질이라는 흐름을 만들어냈다. 14-15세기에 이르러서 이 흐름이 데보치오 모데르나 운동과 공동생활형제단이라는 기관으로 발전해서 그리스도와의 합일을 신앙의 최고 목적으로 삼는 흐름으로 이어졌고, 비슷한 다른 신앙의 갱신 흐름들과 연결되어 종교개혁으로 나아갔다고 본다면, 결국 예수 그리스도를 내 안에 받아들여 그가 나의 주인이 되는 사실을 고백하는 것이 기독교 신앙의 핵심이라는 사실을 알게 된다. 그리고 이러한 일련의 이유로 이 책이 수도원의 벽을 넘어서서 모든 그리스도인의 필독서로 자리잡게 되었을 것이다.

✐

자료 조사를 하면서 새롭게 알게 된 사실은 이 책이 2,000판이 넘는 인쇄 판수를 갖고 있으며 그중에서도 대영박물관에만도 1,000여 판이 있고 라틴어판만도 545판, 불어판도 900판이나 있다는 것이다. 존 웨슬리, 뉴턴이 이 책의 영향으로 회심했다는 것은 널리 알려진 사실이고, 철학자 라이프니츠는 물론 이그나

티우스 데 로욜라가 쓴 예수회의 영성수련서인 《영신수련》이라는 책도 이 책에 영향을 받았다고 하니 이렇게 많은 인쇄판을 가지고 있는 것도 이해가 된다. 그야말로 신앙의 고전이라고 할 만하다.

　호로테와 토마스 아 켐피스는 바울과 아우구스티누스를 즐겨 묵상했다고 한다. 혹시 이들은 그중에서도 특히 "내가 그리스도와 함께 십자가에 못 박혔나니 그런즉 이제는 내가 산 것이 아니요 오직 내 안에 그리스도께서 사신 것이라"(갈 2:20)는 구절을 유독 즐겨하지 않았을까?

성찰과 토론을 위한 질문

제1장 영적 생활에 유익한 권면

1. 토마스 아 켐피스는 영적 생활의 기초는 세상을 멸시하고 천국을 향해 나아가는 것이고, 그것이 최고의 지혜라고 말한다. 당신은 무엇을 멸시하고, 또 갈망하고 있는가?
2. 해마다 한 가지 악을 뿌리 뽑으면 조만간 온전한 사람이 될 것이다. 올해 뽑아내고 싶은 한 가지 악이나 잘못, 습관이 있다면 무엇인가?
3. "우리의 영적 생활을 뒤흔드는 유혹이 시작될 때 초기에 저항하라"고 토마스 아 켐피스는 조언한다. 저항하지 않고 타협하거나 나중으로 미루고 있는 유혹은 무엇인가? 그 유혹에 대한 저항을 당장 시작한다면 무엇부터 해야 할 것인가?
4. 토마스 아 켐피스는 영적 생활을 위해 아침저녁으로 해야 할 일이 있다고 했다. 그것이 무엇인지 나누고, 당신은 지금 어떻게 실천하고 있는지도 함께 나누어보라.
5. 저자는 영적 생활을 위해서 머리를 써야 하는 글보다 양심을 자극하는 글을 읽으라고 권한다. 당신이 읽고 있는 책들 중에서 양심을 자극하는 책은 어떠한 책인가? 그리고 앞으로 어떤 책을 읽을 것인지 도서 목록을 만들어보자.

제2장 내면생활에 유익한 권면

1. 토마스 아 켐피스는 말하기를 "우리의 내면에 그리스도를 위한 거처를

마련하면 그 분이 친히 오셔서 위로해 주신다"고 했다. 우리의 내면이 그리스도를 위한 거처가 되기 위해 버리고 비워야 할 부분은 무엇인가?
2. 토마스 아 켐피스가 제시하는 우리의 모습은 "하나님의 눈에 보이는 그대로"이다. 그럼에도 불구하고 우리는 타인의 시선이나 평가, 내가 쌓아올린 외적인 것으로 자신을 평가하곤 한다. 내가 보기에 나는 어떤 사람인가? 하나님은 나를 어떻게 보고 있을까?
3. "우리 주 예수 그리스도조차 이 땅에 계실 때 고뇌가 없으셨던 순간이 단 한 시간도 없었다"고 말한다. 그리스도를 본받는 우리 내면은 그저 아무 걱정 없이 편안한 상태가 아니라 그리스도처럼 하나님과 자신을 아파해야 한다는 것이다. 최근 당신의 고민은 무엇인가?
4. "그리스도의 전 생애가 곧 십자가요 순교였는데도 그대는 스스로 편안함과 즐거움을 찾고 있습니까? 고난을 겪는 것 말고 다른 것을 찾고 있다면, 그대는 속고 있는 것"이라고 이 책은 말한다. 당신은 지금 어떠한가? 십자가를 지기 원하는가, 편안함만을 추구하는가?

제3장 내적인 위로에 관하여

1. 토마스 아 켐피스는 일시적인 것을 내려놓고 영원한 것만 추구하라고 권면한다. 당신의 분주한 일상 가운데 내려놓을 것은 무엇인가?
2. "우리 인간은 부당하게 자신을 사랑하다가 자신을 잃어버린다"라고 말하고 있다. 우리의 최고의 목표이자 궁극적인 목표인 하나님께 비추어 볼 때 당신이 부당하게 사랑하는 것은 무엇인가?
3. 하나님께서 우리에게 찾아오시는 두 가지 방법이 있다. 바로 시험과 위로이다. 당신은 경험했던 시험과 위로를 하나님이 찾아오시는 통로로 받아들일 수 있는가?
4. 다음의 기도를 묵상하고 우리의 기도가 어떠해야 할지 생각해보자.

"당신이 가장 받으실 만하고 가장 기뻐하실 만한 것을 내가 항상 소원하고 바라도록 허락하소서. 당신의 뜻이 내 뜻이 되고, 내 뜻이 당신의 뜻을 따르며 그것과 완전히 일치하게 하소서."

5. "너는 사람들의 말에 흔들리지 마라. 그들이 좋게 말하든지 나쁘게 말하든지 그로 인해 네가 다른 사람이 되는 것은 아니기 때문이다." 내가 흔들렸거나 또는 남을 뒤흔든 적은 없었는지 사람들과 나누어보라.

제4장 성찬에 관한 권면

1. 토마스 아 켐피스는 "성찬이야말로 가련하고 불쌍한 자를 초대하시는 주님의 은혜"라고 말한다. 스스로 배부르다 여기는 자에게는 성찬이 필요 없기 때문이다. 성찬을 대하는 나는 스스로를 어떤 사람으로 여기는가?

2. 노아는 주님의 일을 수행하기 위해 백 년 동안 방주를 짓고, 모세는 법궤를 만들었으며, 솔로몬은 7년 동안 성전을 지었다. 당신은 성찬을 어떻게 준비하는가?

3. 토마스 아 켐피스는 성찬을 통하여 영적인 은혜가 주어지고, 잃었던 영적인 힘이 회복되고, 죄로 망가졌던 아름다움이 되돌아온다고 고백한다. 성찬으로 회복된 경험을 말해보자.

4. 이생에서는 특별히 양식과 빛이 필요하다. 빛은 주의 말씀이고 양식은 생명의 떡인 주의 성찬을 의미한다. 당신은 말씀과 성찬을 지금까지 어떻게 이해하여 왔는가? 성찬에 참여할 때 어떠한 갈망을 가지고 참여하고 있는가?

* 〈성찰과 토론을 위한 질문〉은 로고스서원(김기현)에서 이 책을 가지고 토론한 질문을 정리한 것이다.